Annales 2018

SUJETS & CORRIGÉS

Physique-Chimie
Sciences de la Vie et de la Terre
Technologie
3e

W0336207

Sous la direction de **Nicolas Coppens**

- **Physique-Chimie**
  Nicolas Coppens
  Olivier Doerler

- **Sciences de la Vie et de la Terre**
  Laurent Lafond

- **Technologie**
  Sébastien Guivarc'h
  Arnaud Lopin
  Philippe Mayer

Avec la collaboration de **Carole Feugère** et **Gilles Mora**, professeurs de mathématiques

Nathan

PRÉSENTATION

Ces *Annales ABC du Brevet* ont été conçues pour vous aider à préparer efficacement la nouvelle épreuve de Physique-Chimie, Sciences de la Vie et de la Terre, et Technologie du **Brevet 2018**. Vous y trouverez **les sujets du Brevet 2017** et des sujets inédits rédigés par nos auteurs et conformes au nouveau programme du collège qui entre en application à la rentrée 2016.

Les nouvelles épreuves du Brevet

→ **Depuis mai 2017**, l'examen du Brevet est constitué de 3 épreuves :

– **deux épreuves écrites** : d'une part la **1re épreuve** regroupant les Maths, la Physique-Chimie, les SVT et la Technologie, et d'autre part la **2de épreuve** regroupant le Français, l'Histoire-Géographie et l'Enseignement moral et civique ;

– **1 épreuve orale**.

→ Nous proposons dans ce titre **2 sujets complets** de la **1re épreuve**.

→ La Physique-Chimie, la SVT et la Technologie sont les nouvelles matières évaluées à l'épreuve écrite du Brevet. Nous proposons également des sujets combinant deux de ces trois matières. En effet, chaque année, c'est une **combinaison différente qui vous sera proposée à l'épreuve**.

→ Ces sujets ont été rédigés selon les instructions officielles du ***Bulletin Officiel*** **du 8 avril 2016**.

64 sujets de Physique-Chimie, SVT, Technologie corrigés

→ Des **sujets classés par matière** pour permettre un **entraînement efficace** tout au long de l'année.

→ Et en plus, 2 sujets pour préparer **l'épreuve orale**.

Une analyse détaillée de chaque sujet

→ **Une rubrique *Les Clés pour réussir*** pour bien analyser et comprendre l'énoncé avant chaque corrigé.

→ **Un corrigé détaillé** et **entièrement rédigé**, conforme à ce que l'on attend de vous à l'examen.

Des compléments indispensable et pratiques

→ **L'Infos-Brevet** : un dossier complet pour aborder la nouvelle épreuve.

→ **Des fiches de révisions** pour retenir les points-clés.

→ **Un lexique** des termes à connaître.

Et en plus, une offre numérique innovante

→ **Gratuitement** avec ce livre, **un abonnement au site abcbrevet.com** vous est offert. Vous y trouverez des exercices et des fiches de révisions, ainsi que des sujets d'annales.

→ Grâce à l'**application gratuite Nathan live**, flashez les pages de votre ouvrage pour avoir accès à **des ressources supplémentaires en direct** :
- des exerices de révisions (p. 267), QCM, textes à trous…
- les fiches de révisions adaptées aux DYS (pp. 268 à 285).

Nathan live!

(!) L'application nécessite une connexion Internet

COMMENT FAIRE ? C'EST FACILE !

1. Téléchargez l'application gratuite **Nathan live** disponible dans tous les stores sur votre smartphone ou votre tablette (Appstore, GooglePlay, Windows Store).
2. Ouvrez l'application. Flashez les pages de vos annales où ce logo apparaît en plaçant votre appareil au-dessus de la page.
3. Consultez les ressources !

Nathan live!

En flashant cette page

▸ Des exercices interactifs sur tous les thèmes du programme.

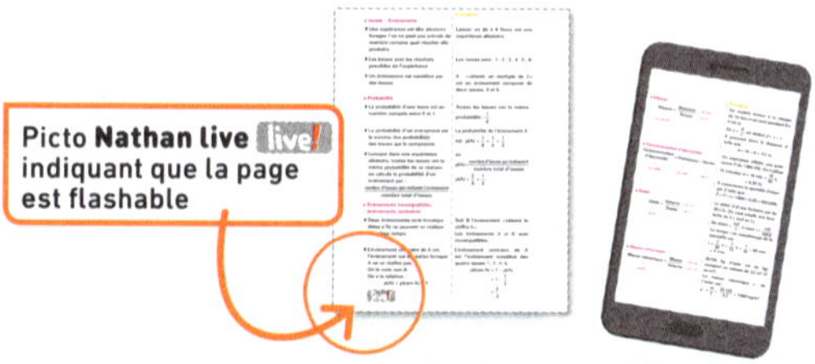

Couverture : Élise Launay – **Schémas** : COREDOC
Coordination éditoriale : Julie Langlais – Marine Estève et Clémentine Carmo
Édition : Nicolas Waszak – **Fabrication** : Camille Friquet
Mise en page : Nord Compo – **Conception graphique intérieur** : Julie Lannes

Nathan 2017 - 25, avenue de Coubertin - 75013 Paris - ISBN 978-2-09-150272-4

Mon planning de révisions,

Ce planning propose une sélection de sujets de difficulté progressive et adaptée à différents besoins.

Choisissez votre parcours en fonction de vos objectifs de révisio

Parcours vert — Objectif : REPRENDRE CONFIANCE

Parcours bleu — Objectif : RÉUSSITE ASSU

BREVET – 6 semaines

Lun	
Mar	n° 40 SUJET La formation de la cordillère des Andes (SVT)
Mer	n° 35 SUJET Le saut à l'élastique (PC)
Jeu	n° 52 SUJET Du boulier au supercalculateur (Techno)
Ven	n° 29 SUJET Le dioxygène dans le sang (PC)
Sam	n° 49 SUJET Bracelet intelligent pour sportifs (Techno)
Dim	

BREVET – 5 semaines

Lun	
Mar	
Mer	n° 48 SUJET Immunisations naturelle et artificielle (SVT)
Jeu	n° 44 SUJET La couleur de la peau (SVT)
Ven	
Sam	n° 51 SUJET Évolution de la mesure du temps (Techno)
Dim	n° 23-24 1re ÉPREUVE, PARTIE 2 Base nautique (PC-Techno)

BREVET – 4 semai

Lun	n° 31 SUJET Approvisionnement énergétique en Fran (PC)
Mar	n° 30 SUJET L'acide chlorhydriqu (PC)
Mer	n° 43 SUJET La digestion des ma (SVT)
Jeu	
Ven	
Sam	n° 25-26 1re ÉPREUVE, PARTIE 2 Tapis de course (Techno-SVT)
Dim	n° 57 SUJET Réseau de véhicule électriques (Techno)

6 semaines avant le BREVET !

Pour choisir votre parcours, vous pouvez vous aider du QUIZ sur www.abcbrevet.com

rcours
ouge

Objectif : EXCELLENCE

	VET – 3 semaines	BREVET – 2 semaines	BREVET – 1 semaine
Lun	n° 53 SUJET Un véhicule hybride (Techno)		
Mar		n° 23-24 1re ÉPREUVE, PARTIE 2 Base nautique (PC-Techno)	
Mer		n° 25-26 1re ÉPREUVE, PARTIE 2 Tapis de course (Techno-SVT)	n° 19-20 1re ÉPREUVE, PARTIE 2 La culture des tomates sous serre (SVT-Techno)
Jeu	n° 19-20 1re ÉPREUVE, PARTIE 2 La culture des tomates sous serre (SVT-Techno)	n° 57 SUJET Réseau de véhicules électriques (Techno)	n° 1 à 9 1re ÉPREUVE France métropolitaine, juin 2017 (Maths-PC-SVT)
Ven	n° 21-22 1re ÉPREUVE, PARTIE 2 L'habitat (PC-SVT)		n° 10 à 18 1re ÉPREUVE La sécurité du freinage en voiture (Maths-PC-Techno)
Sam	n° 34 SUJET Mesure de la vitesse de la lumière (PC)	n° 1 à 9 1re ÉPREUVE France métropolitaine, juin 2017 (Maths-PC-SVT)	n° 1 à 9 1re ÉPREUVE France métropolitaine, juin 2017 (Maths-PC-SVT)
Dim		n° 21-22 1re ÉPREUVE, PARTIE 2 L'habitat (PC-SVT)	

SOMMAIRE

1RE ÉPREUVE : SUJETS DE PHYSIQUE-CHIMIE – SVT – TECHNOLOGIE

à revoir / *réussi*

SUJETS DE PHYSIQUE-CHIMIE PAR THÈME

à revoir réussi

Les mouvements et l'organisation de la matière dans l'Univers

SUJETS DE SVT PAR THÈME

La Terre, la biodiversité, l'environnement et l'action humaine

L'organisation, l'évolution du monde vivant et la reproduction

La protection de l'organisme, le système nerveux et l'appareil digestif

SUJETS DE TECHNOLOGIE PAR THÈME

Le design, l'innovation et la créativité

Annexes

Infos-Brevet

Le nouveau Brevet

Le contrôle continu
Évaluation des compétences tout au long de l'année scolaire
⟶ **400 pts**

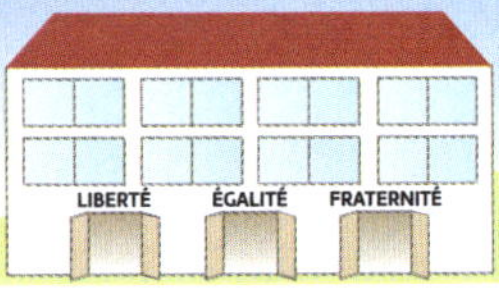

L'épreuve écrite 1
Mathématiques et Physique-Chimie, Sciences de la Vie et de la Terre, Technologie
⟶ **100 pts (3 h)**

Ce qui est nouveau
- Une épreuve supplémentaire : Physique-Chimie, SVT, Techno
- Une épreuve orale
- Des épreuves écrites remaniées
- Une notation revue
- Une cérémonie républicaine de remise des diplômes

L'épreuve écrite 2
Histoire, Géographie, Enseignement moral et civique, Français
⟶ **100 pts (4 h)**

L'épreuve orale
Présentation d'un projet étudié lors d'un EPI ou d'un parcours éducatif (Avenir, Citoyen, Éducation culturelle et artistique)
⟶ **100 pts (15 min)**

Diplôme et mentions

Obtention du Brevet
350 points sur 700

Mention assez bien
entre 420 et 490 points

Mention bien
entre 490 et 560 points

Mention très bien
plus de 560 points

Publication des résultats
(juillet)

Cérémonie républicaine de remise des diplômes du Brevet
(septembre)

La 1re épreuve du nouveau Brevet : Mathématiques, Physique-Chimie, SVT, Technologie

PARTIE 1

Mathématiques — 2H — 50 pts

Notation des exercices	45 pts
	+
Présentation, orthographe, syntaxe, vocabulaire	5 pts

Exercice	Durée	Points
Exercice 1	10 à 25 min	3 à 12 pts
Exercice 2	10 à 25 min	3 à 12 pts
Exercice 3	10 à 25 min	3 à 12 pts
Exercice 4	10 à 25 min	3 à 12 pts
Exercice 5	10 à 25 min	3 à 12 pts
Exercice 6	10 à 25 min	3 à 12 pts

… jusqu'à 10 exercices

PARTIE 2

Physique-Chimie – SVT – Technologie — 1H — 50 pts

Notation des exercices	45 pts
	+
Présentation, orthographe, syntaxe, vocabulaire	5 pts

3 combinaisons possibles

Physique-Chimie et Technologie (1H – 50 pts)		SVT et Technologie (1H – 50 pts)		Physique-Chimie et SVT (1H – 50 pts)
Partie 2.1 : Physique-Chimie – 30 min – 25 pts	ou	Partie 2.1 : SVT – 30 min – 25 pts	ou	Partie 2.1 : Physique-Chimie – 30 min – 25 pts
et		et		et
Partie 2. 2 : Technologie – 30 min – 25 pts		Partie 2. 2 : Technologie – 30 min – 25 pts		Partie 2. 2 : SVT – 30 min – 25 pts

L'épreuve de Physique-Chimie – SVT – Techno expliquée

Comment s'organise l'épreuve ?

- **Durée** : 1 heure.
- **Structure** : la seconde partie de la 1re épreuve porte sur les programmes de Physique-Chimie, SVT et Technologie.
- **Notation** : sur 50 points.

Ces points sont répartis de la façon suivante :
– 45 points pour les exercices de Physique-Chimie, SVT et Technologie ;
– 5 points réservés à la présentation de la copie et à l'utilisation de la langue française (précision et richesse du vocabulaire, correction de la syntaxe).

- La commission nationale d'élaboration des sujets détermine, à chaque session, les **deux disciplines sur les trois** (Physique-Chimie, SVT, Technologie) qui sont évaluées (sur **25 points** chacune) pour cette partie 2 de l'épreuve.

Il y a donc **3 combinaisons possibles** : Physique-Chimie et SVT, Physique-Chimie et Technologie, ou Technologie et SVT.

- **L'épreuve porte sur une thématique commune.**
- Les énoncés sont volontairement concis afin qu'une éventuelle difficulté en lecture ne constitue pas un obstacle supplémentaire. Les exercices sont identifiés pour chaque discipline.

Quels sont les critères d'évaluation de ma copie de Brevet ?

On attend de vous que vous soyez capable :

- de **maîtriser** les attendus de fin de cycle prévus dans les programmes ;
- de **pratiquer** différents langages (textuel, symbolique, schématique, graphique) pour observer, raisonner, argumenter et communiquer ;
- d'**exploiter** des données chiffrées et/ou expérimentales ;
- d'**analyser et** de **comprendre** des informations en utilisant les raisonnements, les méthodes et les modèles propres aux disciplines concernées ;
- d'**appliquer** les principes élémentaires de l'algorithmique et du codage pour résoudre un problème simple.

La méthode pour le Brevet

Comment s'organiser le jour de l'épreuve ?

- **Prenez le temps de lire l'intégralité du sujet** avant de commencer.
- **Commencez** par les questions avec lesquelles vous êtes le plus à l'aise.
- **Gérez correctement votre temps.** Prévoyez de garder un peu de temps pour la relecture des copies à la fin de l'épreuve.

Comment aborder les différents exercices ?

- Les questions peuvent demander **une réponse rédigée ou prendre la forme de questionnaires à choix multiples** (dans le cas d'un QCM, chaque question est posée avec au moins une réponse juste).
- Quelle que soit la forme proposée, l'évaluation peut porter sur les **connaissances** et/ou sur leur utilisation, ainsi que sur la mise en œuvre d'un **raisonnement**.

Comment travailler avec un brouillon ?

- Réécrivez précisément au brouillon les différents **termes des questions** et des consignes qui les accompagnent.
- Lorsque des documents sont proposés :
  - **repérez les informations qui sont en rapport avec la consigne** ;
  - **mettez en relation** les différents documents lorsque cela est possible ;
  - **reliez les informations** du ou des documents **avec vos connaissances**.
- Lorsque des calculs sont demandés, **vérifiez plusieurs fois vos calculs**, en faisant attention aux unités utilisées.

L'astuce du prof

Dans le cas d'un QCM, lisez bien la consigne pour savoir s'il y a une ou plusieurs bonnes réponses acceptées.

Comment rédiger sa copie ?

- **Si la question nécessite uniquement l'utilisation de documents**, présentez d'abord les informations précises qui vous serviront d'arguments et terminez par votre interprétation.
- **Si la question exige une mise en relation des documents avec des connaissances**, utilisez d'abord les documents en les décrivant précisément, puis interprétez-les à l'aide de vos connaissances.

Gagnez des points !

Ne récitez pas systématiquement votre cours pour étoffer votre réponse. Les réponses aux questions posées sont souvent courtes, cela évite d'être hors sujet.

- **Si la question est une restitution de connaissances** ou **nécessite un raisonnement sans s'appuyer sur des documents**, soyez le plus clair et le plus précis possible.

Comment présenter sa copie ?

Les contraintes

- **Rédigez chaque partie de l'épreuve** sur une **copie distincte par discipline**, car des enseignants de trois matières différentes corrigent cette épreuve.
- **Indiquez le titre de la partie traitée et précisez bien le numéro de la question** (surtout si vous n'avez pas répondu aux questions dans l'ordre) afin d'éviter les erreurs.

Le soin

- **Écrivez lisiblement**. Si votre écriture est difficile à lire, essayez d'aérer votre devoir, de soigner votre écriture et de bien séparer les lettres.
- **Soulignez à la règle les mots importants**. Vous pouvez utiliser des stylos de couleur pour faire ressortir les idées importantes de la copie, mais attention à la copie arc-en-ciel avec trop de couleurs !
- **Tracez les schémas à la règle**.
- **Construisez des phrases simples et assez courtes. Si la réponse est longue, créez des paragraphes** qui regrouperont des ensembles d'idées (ne créez pas de paragraphes au hasard de votre copie, juste pour l'aspect esthétique).
- **Faites attention à la syntaxe, à la grammaire et à l'orthographe**, notamment lors de la relecture : pas de phrase sans verbe conjugué, sans sujet, etc.

Les clés de la réussite !

- **Prenez le temps** de bien comprendre les termes du sujet et de la consigne.
- **Reliez les informations pertinentes** des documents à vos connaissances.
- Même si vous n'arrivez pas à trouver le résultat final, **détaillez les démarches suivies et vos essais de calcul sur votre copie**. Cela valorisera votre copie et vous pourrez gagner des points.

Les programmes

Les programmes de cycle

Les programmes de Physique-Chimie, SVT et Technologie ont été conçus pour le cycle 4, qui regroupe les classes de 5e, 4e et 3e. À la fin de la classe de 3e, l'élève devra maîtriser les **attendus de fin de cycle** propres à chaque discipline et détaillés ci-dessous.

Le programme de Physique-Chimie

Thèmes	Attendus de fin de cycle
Organisation et transformation de la matière	**Décrire la constitution et les états de la matière :** – caractériser les changements d'état de la matière ; – distinguer les corps purs et les mélanges ; – déterminer une masse volumique, une valeur de solubilité ; – connaître la composition de l'air...
	Décrire et expliquer des transformations chimiques : – savoir utiliser la classification périodique des éléments ; – étudier les transformations et les mélanges ; – utiliser une équation de réaction chimique ; – étudier le caractère acide ou basique d'une solution...
	Décrire l'organisation de la matière dans l'Univers : – décrire la structure de l'Univers et ses éléments ainsi que les constituants de l'atome ; – étudier des distances astronomiques...
Mouvement et interaction	**Caractériser un mouvement :** – étudier la relativité du mouvement ; – utiliser la relation liant vitesse, distance et durée...
	Modéliser une interaction par une force caractérisée par un point d'application, une direction, un sens et une valeur : – identifier les interactions et les associer à la notion de force ; – étudier la gravitation universelle et la force de pesanteur...
L'énergie et ses conversions	**Identifier les sources, les transferts, les conversions et les formes d'énergie, et utiliser la conservation de l'énergie :** – établir un bilan énergétique ; – utiliser la relation liant puissance, énergie et durée...
	Réaliser des circuits électriques simples et exploiter les lois de l'électricité : – exploiter les lois d'additivité de tensions et d'intensités, la loi d'Ohm ; – étudier la puissance électrique et effectuer des calculs de consommations d'énergie électrique...
Des signaux pour observer et communiquer	**Caractériser différents types de signaux (lumineux, sonores, radio...) et utiliser les propriétés de ces signaux :** étudier l'émission, la propagation et la réception d'un signal et faire le lien avec le transport d'informations...

Le programme de SVT

Thèmes	Attendus de fin de cycle
La planète Terre, l'environnement et l'action humaine	**Explorer et expliquer certains phénomènes géologiques liés au fonctionnement de la Terre :** – étudier la tectonique des plaques ; – connaître les ères géologiques...
	Explorer et expliquer certains éléments de météorologie et de climatologie : – comprendre la différence entre météo et climat ; – étudier les changements climatiques passés et actuels...
	Identifier les principaux impacts de l'action humaine, bénéfices et risques, à la surface de la planète Terre : analyser l'exploitation de quelques ressources naturelles par l'être humain...
	Envisager ou justifier des comportements responsables face à l'environnement et à la préservation des ressources limitées de la planète : – expliquer comment une activité humaine peut modifier l'organisation et le fonctionnement des écosystèmes ; – proposer des argumentations sur les impacts des actions de l'être humain sur l'environnement...
Le vivant et son évolution	**Expliquer l'organisation du monde vivant, sa structure et son dynamisme à différentes échelles d'espace et de temps.**
	Mettre en relation différents faits et établir des relations de causalité pour expliquer : – la nutrition des organismes ; – la dynamique du vivant ; – la classification du vivant ; – la biodiversité (diversité des espèces) ; – la diversité génétique des individus ; – l'évolution des êtres vivants.
Le corps humain et la santé	**Expliquer quelques processus biologiques impliqués dans le fonctionnement de l'organisme humain, jusqu'au niveau moléculaire :** – activité musculaire ; – activités nerveuse et cardiovasculaire ; – activité cérébrale ; – alimentation et digestion ; – relations avec le monde microbien ; – reproduction et sexualité...
	Relier la connaissance de ces processus biologiques aux enjeux liés aux comportements responsables individuels et collectifs en matière de santé : – argumenter l'intérêt des politiques de prévention et de lutte contre la contamination et/ou l'infection ; – expliquer sur quoi reposent les comportements responsables dans le domaine de la sexualité...

Le programme de Technologie

Thèmes	Attendus de fin de cycle
Le design, l'innovation, la créativité	**Imaginer des solutions en réponse aux besoins, matérialiser des idées en intégrant une dimension design :** – identifier un besoin et énoncer un problème technique ; – identifier les conditions, les contraintes et les ressources correspondantes, et étudier les performances d'un objet technique ; – imaginer des solutions pour produire des objets et des éléments de programme en réponse au besoin (design...) ; – utiliser un cahier des charges ; – synthétiser et formaliser une procédure, un protocole...
	Réaliser, de manière collaborative, le prototype d'un objet communicant : – réaliser un prototype pour valider une solution ; – effectuer un prototypage de structures et de circuits de commande à partir de cartes standard...
Les objets techniques, les services et les changements induits dans la société	**Comparer et commenter les évolutions des objets et des systèmes :** – regrouper des objets en familles et en lignées ; – relier les évolutions technologiques aux inventions et aux innovations ; – comparer et commenter les évolutions des objets...
	Exprimer sa pensée à l'aide d'outils de description adaptés.
	Développer les bonnes pratiques de l'usage des objets communicants : – utiliser des croquis, des schémas, des graphes, des diagrammes, des tableaux ; – lire, utiliser et produire, à l'aide d'outils de représentation numérique, des choix de solutions sous forme de dessins ou de schémas...
La modélisation et la simulation des objets techniques	**Analyser le fonctionnement et la structure d'un objet :** – associer des solutions techniques à des fonctions ; – identifier les entrées et les sorties d'un objet ; – identifier le(s) matériau(x), les flux d'énergie et d'information sur un objet et décrire les transformations qui s'opèrent...
	Utiliser une modélisation et simuler le comportement d'un objet : – utiliser une modélisation pour comprendre, formaliser, partager, construire, investiguer, prouver ; – interpréter le comportement d'un objet technique et le communiquer en argumentant...
L'informatique et la programmation	**Comprendre le fonctionnement d'un réseau informatique :** – analyser les composants et l'architecture d'un réseau ; – étudier les notions de protocole, d'organisation de protocoles en couche, d'algorithme de routage ; – comprendre le fonctionnement d'Internet...
	Écrire, mettre au point et exécuter un programme : – structurer un programme de commande ; – écrire et exécuter un programme commandant un système réel et vérifier le comportement attendu...

1re épreuve complète

Sujets 1 à 9

100 pts — 3 heures

1re épreuve complète du Brevet

France métropolitaine, juin 2017

MATHÉMATIQUES – PHYSIQUE-CHIMIE – SVT

PARTIE 1

2 h 00 **50 pts**

Mathématiques

→ corrigé p. 33

Toutes les réponses doivent être justifiées, sauf si une indication contraire est donnée. Pour chaque question, si le travail n'est pas terminé, laisser tout de même une trace de la recherche. Elle sera prise en compte dans la notation.

Exercice 1

10 min **4 pts**

Dans une urne contenant des boules vertes et des boules bleues, on tire au hasard une boule et on regarde sa couleur. On replace ensuite la boule dans l'urne et on mélange les boules.
La probabilité d'obtenir une boule verte est $\frac{2}{5}$.

1 Expliquer pourquoi la probabilité d'obtenir une boule bleue est égale à $\frac{3}{5}$. 1 pt

2 Paul a effectué 6 tirages et a obtenu une boule verte à chaque fois.
Au 7e tirage, aura-t-il plus de chances d'obtenir une boule bleue qu'une boule verte ? 1 pt

3 Déterminer le nombre de boules bleues dans cette urne sachant qu'il y a 8 boules vertes. 2 pts

Exercice 2

15 min **6 pts**

On donne le programme suivant qui permet de tracer plusieurs triangles équilatéraux de tailles différentes.
Ce programme comporte une variable nommée « **côté** ». Les longueurs sont données en pixels.
On rappelle que l'instruction `s'orienter à 90` signifie que l'on se dirige vers la droite.

Numéros d'instruction	Script	Le bloc triangle
1	quand [drapeau] est cliqué	définir triangle stylo en position d'écriture répéter 3 fois avancer de côté tourner ↺ de 120 degrés relever le stylo
2	effacer tout	
3	aller à x: -200 y: -100	
4	s'orienter à 90	
5	mettre côté à 100	
6	répéter 5 fois	
7	triangle	
8	avancer de côté	
9	ajouter à côté -20	

1 Quelles sont les coordonnées du point de départ du tracé ? **1 pt**

2 Combien de triangles sont dessinés par le script ? **1 pt**

3 **a.** Quelle est la longueur (en pixels) du côté du deuxième triangle tracé ? **1 pt**

b. Tracer à main levée l'allure de la figure obtenue quand on exécute ce script. **2 pts**

4 On modifie le script initial pour obtenir la figure ci-dessous.
Indiquer le numéro d'une instruction du script **après laquelle** on peut placer l'instruction [tourner ↺ de 60 degrés] pour obtenir cette nouvelle figure. **1 pt**

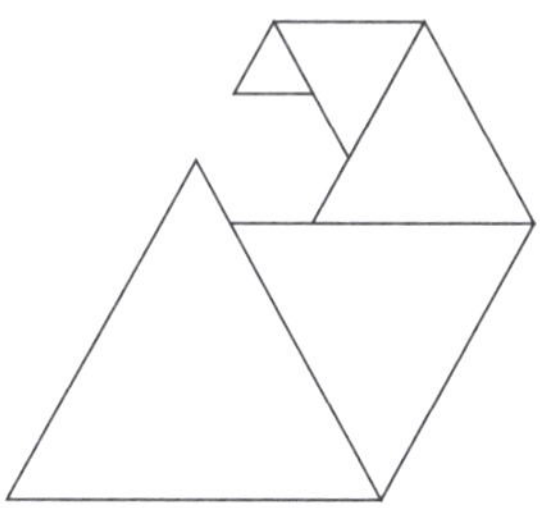

Exercice 3

10 min **4 pts**

Un condensateur est un composant électronique qui permet de stocker de l'énergie électrique pour la restituer plus tard.
Le graphique ci-après montre l'évolution de la tension mesurée aux bornes d'un condensateur en fonction du temps lorsqu'il est en charge.

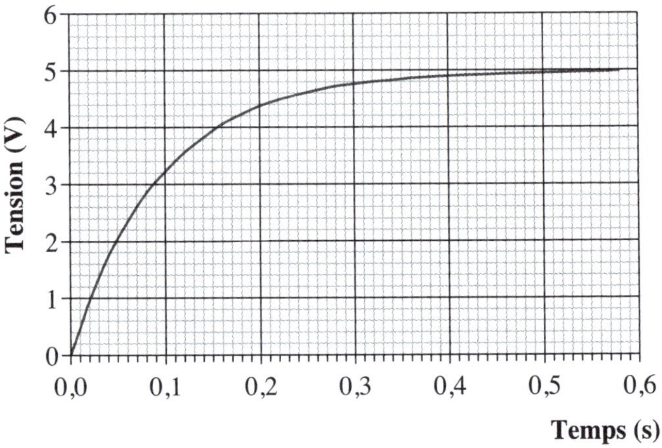

1 S'agit-il d'une situation de proportionnalité ? Justifier. **1 pt**

2 Quelle est la tension mesurée au bout de 0,2 s ? **1 pt**

3 Au bout de combien de temps la tension aux bornes du condensateur aura-t-elle atteint 60 % de la tension maximale qui est estimée à 5 V ? **2 pts**

Exercice 4

25 min **8 pts**

Les panneaux photovoltaïques permettent de produire de l'électricité à partir du rayonnement solaire. Une unité courante pour mesurer l'énergie électrique est le kilowattheure, abrégé en kWh.

1 Le plus souvent, l'électricité produite n'est pas utilisée directement, mais vendue pour être distribuée dans le réseau électrique collectif. Le prix d'achat du kWh, donné en **centimes d'euro**, dépend du type d'installation et de sa puissance totale, ainsi que de la date d'installation des panneaux photovoltaïques. Ce prix d'achat du kWh est donné dans le tableau ci-dessous.

Tarifs d'un kWh en **centimes d'euro**

		Date d'installation			
Type d'installation	**Puissance totale**	**Du 01/01/15 au 31/03/15**	**Du 01/04/15 au 30/06/15**	**Du 01/07/15 au 30/09/15**	**Du 01/10/15 au 31/12/15**
Type A	0 à 9 kW	26,57	26,17	25,78	25,39
Type B	0 à 36 kW	13,46	13,95	14,7	14,4
	36 à 100 kW	12,79	13,25	13,96	13,68

Source : http://www.developpement-durable.gouv.fr

En mai 2015, on installe une centrale solaire du type B, d'une puissance de 28 kW.
Vérifier que le prix d'achat de 31 420 kWh est d'environ 4 383 €. **1,5 pt**

2 Une personne souhaite installer des panneaux photovoltaïques sur la partie du toit de sa maison orientée au sud. Cette partie est grisée sur la figure ci-contre. Elle est appelée pan sud du toit.
La production d'électricité des panneaux solaires dépend de l'inclinaison du toit.
Déterminer, au degré près, l'angle $\widehat{ABC}$ que forme ce pan sud du toit avec l'horizontale. **1,5 pt**

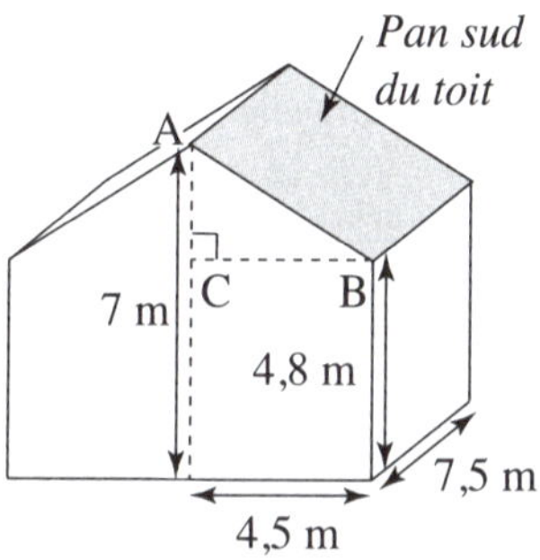

3 **a.** Montrer que la longueur AB est environ égale à 5 m. **1,5 pt**
b. Les panneaux photovoltaïques ont la forme d'un carré de 1 m de côté.
Le propriétaire prévoit d'installer 20 panneaux.
Quel pourcentage de la surface totale du pan sud du toit sera alors couvert par les panneaux solaires ? On donnera une valeur approchée du résultat à 1 % près. **1,5 pt**
c. La notice d'installation indique que les panneaux doivent être accolés les uns aux autres et qu'une bordure d'au moins 30 cm de large doit être laissée libre pour le système de fixation tout autour de l'ensemble des panneaux.
Le propriétaire peut-il installer les 20 panneaux prévus ? **2 pts**

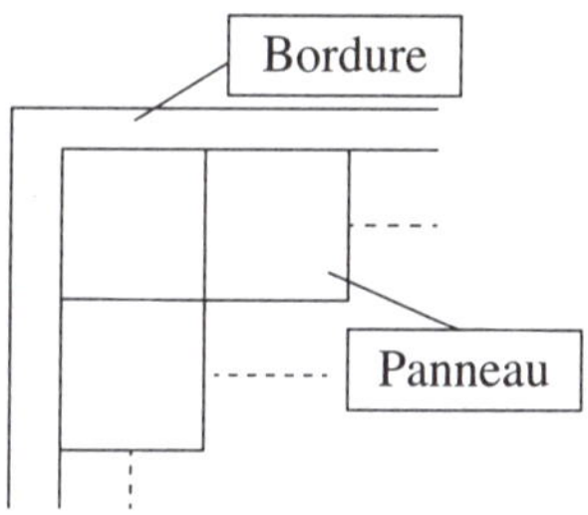

Exercice 5

25 min **8 pts**

1 Lors des Jeux Olympiques de Rio en 2016, la Danoise Pernille Blume a remporté le 50 m nage libre en 24,07 secondes.
A-t-elle nagé plus rapidement qu'une personne qui se déplace en marchant vite, c'est-à-dire à 6 km/h ? **1,5 pt**

2 On donne l'expression $E = (3x + 8)^2 - 64$.
a. Développer E. **1,5 pt**
b. Montrer que E peut s'écrire sous forme factorisée : $3x\,(3x + 16)$. **1,5 pt**
c. Résoudre l'équation $(3x + 8)^2 - 64 = 0$. **2 pts**

3 La distance d de freinage d'un véhicule dépend de sa vitesse et de l'état de la route.

On peut la calculer à l'aide de la formule suivante :

$$d = k \times V^2$$

avec :
– d la distance de freinage en m ;
– V la vitesse du véhicule en m/s ;
– k le coefficient dépendant de l'état de la route ($k = 0{,}14$ sur route mouillée, $k = 0{,}08$ sur route sèche).

Quelle est la vitesse d'un véhicule dont la distance de freinage sur route mouillée est égale à 15 m ? **1,5 pt**

Exercice 6

20 min **8 pts**

Doc. 1 Le surpoids

Le surpoids est devenu un problème majeur de santé, celui-ci prédispose à beaucoup de maladies et diminue l'espérance de vie.
L'indice le plus couramment utilisé est celui de masse corporelle (IMC).

Doc. 2 Calcul de l'IMC

L'IMC est une grandeur internationale permettant de déterminer la corpulence d'une personne adulte entre 18 ans et 65 ans.

Il se calcule avec la formule suivante :

$$\text{IMC} = \frac{\text{masse}}{\text{taille}^2}$$

avec « masse » en kg et « taille » en m.
Normes :
- $18{,}5 \leq \text{IMC} < 25$ corpulence normale ;
- $25 \leq \text{IMC} < 30$ surpoids ;
- $\text{IMC} \geq 30$ obésité.

1 Dans une entreprise, lors d'une visite médicale, un médecin calcule l'IMC de six des employés. Il utilise pour cela une feuille de tableur dont voici un extrait :

	A	B	C	D	E	F	G
1	Taille (en m)	1,69	1,72	1,75	1,78	1,86	1,88
2	Masse (en kg)	72	85	74	70	115	85
3	IMC (*)	25,2	28,7	24,2	22,1	33,2	24,0
4	(*) valeur approchée au dixième						

a. Combien d'employés sont en situation de surpoids ou d'obésité dans cette entreprise ? **1 pt**

b. Laquelle de ces formules a-t-on écrite dans la cellule B3, puis recopiée à droite, pour calculer l'IMC ?
Recopier la formule correcte sur la copie. **1 pt**

= 72/1.69^2	= B1 / (B2 * B2)	= B2 / (B1 * B1)	= $B2 / ($B1 * $B1)

2 Le médecin a fait le bilan de l'IMC de chacun des 41 employés de cette entreprise. Il a reporté les informations recueillies dans le tableau suivant dans lequel les IMC ont été arrondis à l'unité près.

IMC	20	22	23	24	25	29	30	33	Total
Effectif	9	12	6	8	2	1	1	2	41

a. Calculer une valeur approchée, arrondie à l'entier près, de l'IMC moyen des employés de cette entreprise. **2 pts**

b. Quel est l'IMC médian ? Interpréter ce résultat. **2 pts**

c. On lit sur certains magazines : « On estime qu'au moins 5 % de la population mondiale est en surpoids ou est obèse ». Est-ce le cas pour les employés de cette entreprise ? **2 pts**

Exercice 7

15 min **7 pts**

Léo a ramassé des fraises pour faire de la confiture.

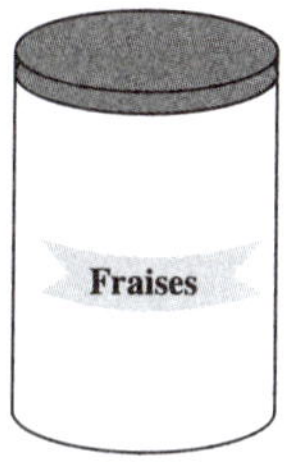

1 Il utilise les proportions de sa grand-mère : 700 g de sucre pour 1 kg de fraises.
Il a ramassé 1,8 kg de fraises. De quelle quantité de sucre a-t-il besoin ? **1 pt**

2 Après cuisson, Léo a obtenu 2,7 litres de confiture.
Il verse la confiture dans des pots cylindriques de 6 cm de diamètre et de 12 cm de haut, qu'il remplit jusqu'à 1 cm du bord supérieur.
Combien pourra-t-il remplir de pots ? **3 pts**

Rappels :

- 1 litre = 1 000 cm^3 ;
- volume d'un cylindre = $\pi \times R^2 \times h$.

3 Il colle ensuite sur ses pots une étiquette rectangulaire de fond blanc qui recouvre toute la surface latérale du pot.

a. Montrer que la longueur de l'étiquette est d'environ 18,8 cm. **1,5 pt**

b. Dessiner l'étiquette à l'échelle $\frac{1}{3}$. **1,5 pt**

PARTIE 2

1 h 00 **50 pts**

Physique-Chimie, SVT

L'ÉNERGIE

PARTIE 2.1 • Physique-Chimie

→ corrigé p. 47

Les centrales géothermiques

30 min **25 pts***

La production d'électricité à partir des centrales thermiques à flamme est le mode le plus répandu dans le monde et bénéficie des abondantes, mais épuisables, ressources en charbon, pétrole et gaz de la planète. Certains pays se lancent dans le développement de centrales géothermiques, on veut ici comprendre ce choix.

Doc. 1 Principe de fonctionnement d'une centrale géothermique

Une centrale géothermique produit de l'électricité, sans qu'il y ait de combustion, grâce à la chaleur de la Terre qui transforme l'eau contenue dans les nappes souterraines en vapeur.
Le mouvement de la vapeur d'eau sous pression permet de faire tourner une turbine entraînant un alternateur, qui produit alors un courant alternatif.

Centrale géothermique de Waikarei en Nouvelle-Zélande

* Dont 2,5 points pour la présentation de la copie, l'orthographe, la syntaxe et le vocabulaire.

Doc. 2 Principe de fonctionnement d'une centrale thermique à flamme

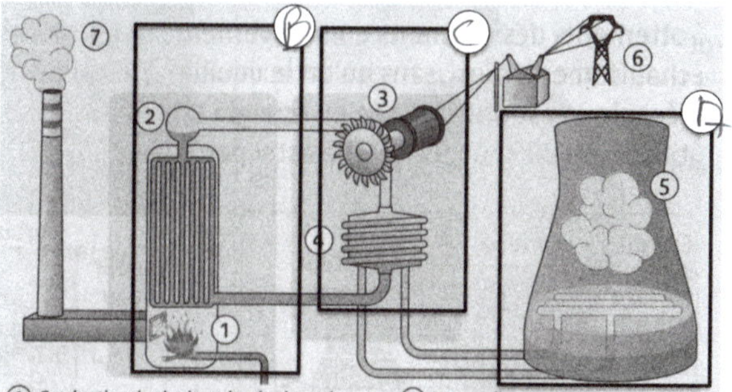

① Combustion du charbon, du pétrole ou du gaz ② Vapeur d'eau
③ Turbine et alternateur ④ Condenseur (transforme la vapeur en eau liquide)
⑤ Dans ces tours, l'eau de refroidissement de la centrale est elle-même refroidie en circulant au contact de l'air, ce qui explique le dégagement de vapeur d'eau
⑥ Réseau électrique ⑦ Cheminée libérant gaz et fumées produits lors de la combustion

Source : Microméga Physique-chimie 3e paru chez Hatier

1 Compléter le tableau suivant en exploitant les *documents 1* et *2*.

Nom de la centrale	Source(s) d'énergie utilisée(s)	Source d'énergie renouvelable ou non ?	Dégage ou ne dégage pas de fumées lors de son utilisation ?
Thermique à flamme	charbon pétrol gaz	non	dégage de fumée
Géothermique	chaleur de la terre	renouvelable	dégage pas

2 Il s'agit de repérer sur le dessin de la centrale thermique à flamme (*document 2*) les trois circuits distincts *A*, *B* et *C* décrits ci-dessous :

- *A* : circuit de refroidissement ;
- *B* : circuit primaire ou lieu de transformation d'énergie chimique en énergie thermique ;
- *C* : circuit secondaire ou lieu de transformation de l'énergie mécanique en énergie électrique.

Pour répondre à cette question, mettre *A*, *B* ou *C* à l'intérieur des cercles blancs du *document 2*.

3 On étudie la réaction de combustion ayant lieu dans le circuit primaire d'une centrale thermique utilisant le gaz naturel, composé essentiellement de méthane CH_4. Le méthane réagit avec le dioxygène O_2 de l'air pour former du dioxyde de carbone CO_2 et de l'eau H_2O, selon l'équation de réaction :

$$CH_4 + 2\,O_2 \rightarrow CO_2 + 2\,H_2O$$

a. Nommer le gaz participant à l'effet de serre produit lors de cette transformation chimique.
b. Lorsqu'on brûle 6×10^{22} molécules de méthane de manière complète, combien de molécules de dioxygène sont nécessaires ? Expliquer.
Combien de molécules de dioxyde de carbone sont formées ? Expliquer.

4 Un réacteur de centrale thermique à flamme produit une puissance d'environ 1 100 MW. Un réacteur de centrale géothermique peut délivrer une énergie de 7 500 000 MWh par an, en fonctionnant 6 820 heures.
a. Montrer, par un calcul, que la puissance électrique du réacteur de centrale géothermique est équivalente à celle du réacteur de centrale thermique à flamme.
b. En faisant référence aux réponses précédentes, donner deux arguments expliquant pourquoi certains pays ont opté pour des centrales géothermiques.

PARTIE 2.2 • SVT

→ corrigé p. 51

Consommation de pétrole et transition énergétique — 30 min — 25 pts*

L'augmentation de la population mondiale et des différents besoins en énergie s'accompagne d'une consommation de pétrole de plus en plus forte. L'augmentation de l'exploitation des ressources en pétrole entraîne un appauvrissement rapide de celles-ci.

Doc. 1 Productions énergétiques mondiales en 2012

(en Mtep : Mégatonne équivalent pétrole*).

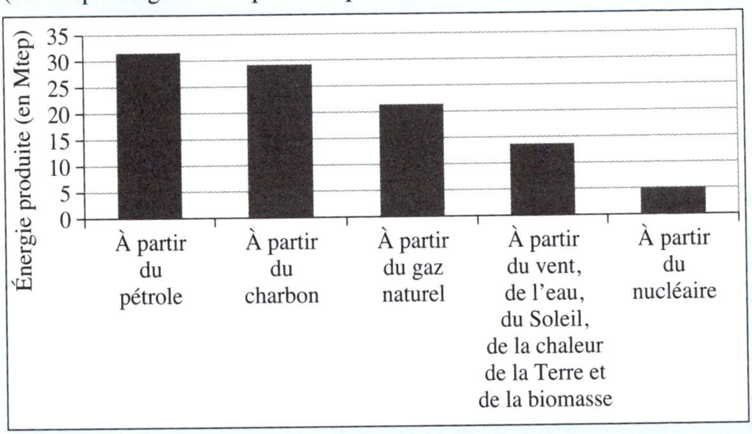

(*) La Mégatonne équivalent pétrole est une unité de mesure de l'énergie utilisée en économie et dans l'industrie.

D'après les données du Key World Energy Statistics 2014 de l'AIE

* Dont 2,5 points pour la présentation de la copie, l'orthographe, la syntaxe et le vocabulaire.

Une énergie non renouvelable désigne l'énergie que l'on produit à partir de la combustion de matières premières fossiles d'origine organique (issues d'êtres vivants) : le pétrole, le charbon et le gaz naturel. Elle n'est pas renouvelable à l'échelle d'une vie humaine.
Une énergie renouvelable est une ressource énergétique dont le renouvellement naturel est assez rapide pour qu'elle puisse être considérée comme inépuisable à l'échelle d'une vie humaine. L'énergie solaire, l'énergie éolienne, l'énergie hydraulique et l'énergie biomasse** sont des types d'énergies renouvelables.

(**) L'énergie biomasse provient de la combustion de matières vivantes (bois, végétaux, déchets agricoles, ordures ménagères organiques) ou du biogaz issu de la fermentation de ces matières, dans des centrales.

1 En utilisant les données du *document 1*, comparer la part des sources d'énergies renouvelables à celle des sources d'énergies non renouvelables en 2012 dans les productions énergétiques mondiales.

Doc. 2 Évolution de la production et de la consommation mondiale de pétrole (en millions de barils par jour) entre 1975 et 2035

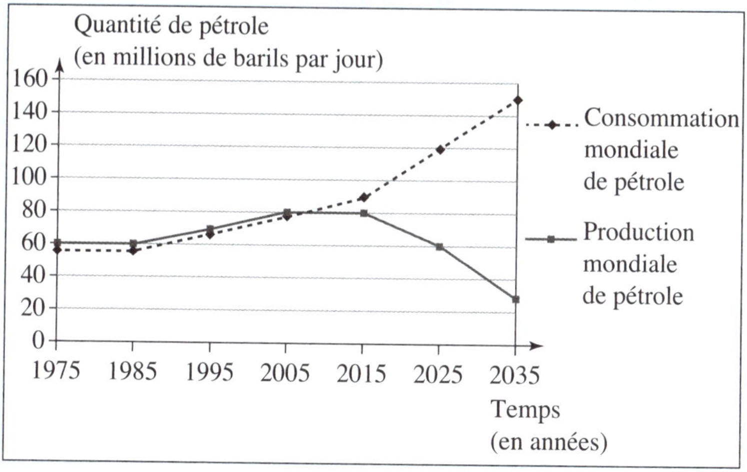

2 **a.** Comparer les courbes de la production mondiale et de la consommation mondiale de pétrole depuis 2005.
b. Formuler le problème auquel l'être humain est confronté depuis 2015.

Doc. 3 **La transition énergétique pour la croissance verte** [croissance économique respectueuse de l'environnement naturel]

La loi du 17 août 2015 relative à la transition énergétique pour la croissance verte est une loi qui engage le pays tout entier : citoyens, entreprises, territoires, pouvoirs publics. Elle va permettre à la France de renforcer son indépendance énergétique [...] et donne à tous des outils concrets pour accélérer la croissance verte.
Le discours de Ségolène Royal* du 25 avril 2016 fixe : « ... l'objectif d'augmenter de 50 % la capacité installée** des énergies renouvelables d'ici 2023. »

(*) Ministre de l'Environnement, de l'Énergie et de la Mer.
(**) Installations technologiques permettant de produire de l'énergie renouvelable (éoliennes, panneaux solaires...).

D'après http://www.gouvernement.fr/action/la-transition-energetique-pour-la-croissance-verte

Doc. 4 **Estimation de l'épuisement des ressources énergétiques disponibles** [en prenant en compte le rythme actuel de consommation et de production]

Énergies/ ressources	Pétrole	Gaz	Charbon	Éolienne*	Solaire
Estimation de la durée de l'épuisement des stocks	54 ans	63 ans	112 ans	Jamais	Jamais

(*) Énergie éolienne : énergie produite à partir du vent.

3 En vous appuyant sur les *documents 3* et *4*, identifier et argumenter les objectifs relatifs à la transition énergétique pour la croissance verte.

Sujets 1 à 9 Corrigé

PARTIE 1

→ énoncé p. 22

Les clés pour réussir

Exercice 1

Révisez **Les probabilités**

- Deux événements contraires A et B sont tels que $p(A) + p(B) = 1$.
- En situation d'équiprobabilité, une probabilité p se calcule avec la formule :

$$p = \frac{\text{nombre de cas favorables}}{\text{nombre de cas possibles}}$$

Les difficultés du sujet

1 Obtenir une boule verte et obtenir une boule bleue sont deux événements contraires dont la somme des probabilités vaut 1.

2 À chaque tirage, les conditions sont identiques et ainsi, les nombres de boules vertes et bleues restent les mêmes, comme les probabilités.

3 Nombre de boules et probabilités sont deux nombres proportionnels. Un tableau de proportionnalité permet de calculer le nombre de boules bleues.

Exercice 2

Révisez **Les algorithmes et la programmation**

Les difficultés du sujet

1 et **2** Les réponses sont notées dans le script.

3 **b.** Chaque bloc triangle trace un triangle équilatéral dont la dimension du côté diminue.

4 Identifiez une rotation de 60° entre chaque triangle sur le croquis proposé. Le script trace un triangle, effectue une rotation de la direction d'écriture, puis trace un nouveau triangle…

Exercice 3

Révisez **Les lectures graphiques et la proportionnalité**

- Une situation de proportionnalité entre deux grandeurs s'illustre graphiquement par une droite passant par l'origine du repère.
- Prendre t % d'un nombre, c'est le multiplier par $\frac{t}{100}$.

Les difficultés du sujet

1 Deux critères sont à vérifier : la courbe passe-t-elle par l'origine du repère ? la courbe est-elle une droite ?

3 Commencez par calculer la tension correspondant à 60 % de 5 V. Puis utilisez des pointillés pour lire le temps associé à cette tension en abscisses.

Exercice 4

Révisez **Les calculs numériques et la géométrie dans le plan**

- Dans un triangle rectangle :

$$\cos\hat{x} = \frac{\text{côté adjacent à } \hat{x}}{\text{hypoténuse}} \qquad \sin\hat{x} = \frac{\text{côté opposé à } \hat{x}}{\text{hypoténuse}}$$

$$\tan\hat{x} = \frac{\text{côté opposé à } \hat{x}}{\text{côté adjacent à } \hat{x}}$$

- Le théorème de Pythagore permet de calculer la longueur manquante dans un triangle rectangle dont on connaît déjà deux longueurs.

Les difficultés du sujet

1 • Le tableau contient de nombreuses informations. Trouvez d'abord la colonne des tarifs à partir de la date d'installation de la centrale solaire.
Le type de la centrale et sa puissance vous permettent d'obtenir le prix d'achat d'1 kWh.
• Faites attention, les prix proposés sont en centimes d'euro !

3 **a.** Le théorème de Pythagore ou la trigonométrie permettent de calculer AB.
b. • Calculez la surface de panneaux solaires, puis la surface du pan sud du toit (qui est un rectangle).
• Le pourcentage cherché est : $\frac{\text{surface des panneaux}}{\text{surface du pan sud}}$.
c. Il s'agit de bien visualiser la situation en faisant un croquis sur lequel vous portez toutes les mesures utiles. Reste à y placer des carrés de côté 1 m.

Exercice 5

Révisez **La vitesse, le développement-factorisation et les équations**

- Vitesse = $\frac{\text{distance parcourue}}{\text{temps de parcours}}$
- $(a+b)^2 = a^2 + 2ab + b^2$
- $a^2 - b^2 = (a-b)(a+b)$
- Un produit A × B est nul si et seulement si A = 0 ou B = 0.

Les difficultés du sujet

1 Il s'agit de comparer deux vitesses qu'il faut mettre dans la même unité, le km/h par exemple.

2 a. $(3x)^2 = 3x \times 3x = 9x^2$

b. $(3x+8)^2 - 64 = (3x+8)^2 - 8^2$. On peut reconnaître l'identité remarquable $a^2 - b^2$ qui se factorise en $(a - b)(a + b)$ avec $a = 3x + 8$ et $b = 8$.

c. Utilisez la question **2** pour vous ramener à une équation produit-nul.

3 Calculez d'abord V^2, puis déduisez-en V grâce à $\sqrt{\ }$.

Exercice 6

Révisez **Le tableur, le calcul numérique et les pourcentages**

- Dans le cas de valeurs regroupées dans un tableau comme ci-contre, la moyenne m est :

x_i	x_1	x_2	…	x_p
n_i	n_1	n_2	…	n_p

$$m = \frac{n_1x_1 + n_2x_2 + .. + n_px_p}{n_1 + n_2 + .. + n_p}$$

- Dans une série ordonnée dans le sens croissant à effectif impair, la médiane Me est le terme « du milieu ».
- Proportion $= \dfrac{\text{effectif}}{\text{effectif total}}$

Les difficultés du sujet

2 a. Mettez des parenthèses dans votre calcul quand vous l'effectuez sur votre calculatrice.

b. Commencez par écrire la liste des IMC, autant de fois que leur effectif : 20 20 20 20 20 20 20 20 20 22 22…

Puis déterminez le terme central.

3 Comparez la proportion obtenue avec 5 % et concluez.

Exercice 7

Révisez **La proportionnalité, les volumes et la réduction**

- Périmètre disque = $2 \times \pi \times$ rayon
- Dans une réduction de rapport k, les longueurs sont multipliées par k.

Les difficultés du sujet

2 Procédez en plusieurs étapes : calculez le volume de confiture dans un pot. Après avoir converti le volume de confiture en cm³, calculez combien de pots complets peuvent être remplis.

3 a. La longueur cherchée est le périmètre du cercle de rayon R associé au cylindre.

b. Il s'agit de construire le rectangle correspondant à l'étiquette dont les dimensions ont été multipliées par $\frac{1}{3}$.

Exercice 1

1 Probabilité d'obtenir une boule bleue

L'urne contient des boules vertes et des boules bleues. Les événements B « obtenir une boule bleue » et V « obtenir une boule verte » sont deux événements contraires.

$p(B) + p(V) = 1$

$p(B) + \frac{2}{5} = 1$

$p(B) = 1 - \frac{2}{5} = \frac{5}{5} - \frac{2}{5}$

D'où le résultat : $\mathbf{p(B) = \frac{3}{5}}$.

Rappel
La somme des probabilités de deux événements contraires vaut 1.

Remarque
On dit aussi V = non B.

2 Probabilité d'obtenir une boule verte au 7e tirage

À chaque tirage, on replace la boule tirée dans l'urne et on mélange les boules : les conditions de tirage restent donc à chaque fois identiques.

Ainsi, au 7e tirage (comme à n'importe quel tirage) : $p(V) = \frac{2}{5}$ et $p(B) = \frac{3}{5}$, soit $p(B) > p(V)$.

Paul a plus de chances d'obtenir une boule bleue qu'une boule verte.

3 Calcul du nombre de boules bleues

Dans l'urne, il y a 8 boules vertes, et on sait que $p(V) = \frac{2}{5}$.

Il s'agit alors de déterminer le nombre de boules bleues sachant que $p(B) = \frac{3}{5}$.

Remarque
On est en situation d'équiprobabilité, car les boules sont tirées au hasard.

On peut utiliser un tableau de proportionnalité puisque probabilité et nombre de boules sont proportionnels.

	Couleur verte	Couleur bleue
Nombre de boules	8	x
Probabilité	$\frac{2}{5}$	$\frac{3}{5}$

Par égalité des produits en croix :

$x \times \frac{2}{5} = 8 \times \frac{3}{5}$

$\frac{2}{5}x = \frac{24}{5}$ en multipliant par 5 chacun des membres

$2x = 24$

$x = 24 \div 2$

$x = 12$

En conclusion, l'urne contient 12 boules bleues.

Autre méthode

$p(\text{V}) = \frac{2}{5} = \frac{\text{nombre de boules vertes}}{\text{nombre total de boules}}$

Soit x le nombre total de boules. Il y a 8 boules vertes.

On obtient l'égalité : $\frac{2}{5} = \frac{8}{x}$.

D'où : $2 \times x = 8 \times 5$

$2x = 40$

$x = 40 \div 2 = 20$

L'urne compte un total de 20 boules, dont 8 boules vertes.
Il y a donc 20 – 8 = 12 boules bleues.

Exercice 2

1 Coordonnées du point de départ du tracé

Les coordonnées du point de départ du tracé se lisent à la 3e ligne d'instruction du script : **(–200 ; 100)**.

2 Nombre de triangles dessinés par le script

Selon la ligne 6 du script, il faut répéter 5 fois l'instruction « bloc triangle ».
Ainsi, **ce script dessine 5 triangles**.

Remarque
L'instruction « répéter 5 fois » constitue une boucle.

3 a. Longueur du côté du deuxième triangle

- Initialement, le côté du triangle est mis à 100 pixels (ligne 5).
- Un premier triangle est construit grâce à la première application du « bloc triangle ».
- Puis la longueur du côté est modifiée (ligne 9) : côté – 20, soit 100 – 20 = 80.
- Le deuxième triangle est alors construit.

Le côté du deuxième triangle tracé mesure 80 pixels.

b. Figure obtenue à l'exécution du script

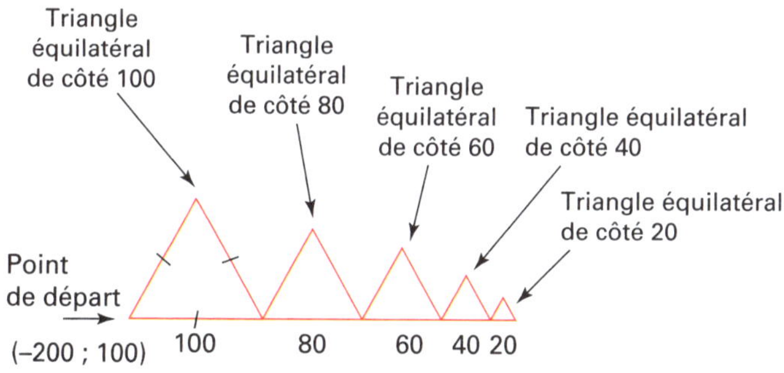

4 Instruction à modifier

Chaque nouveau triangle est construit après que le crayon ait effectué une rotation de 60°.

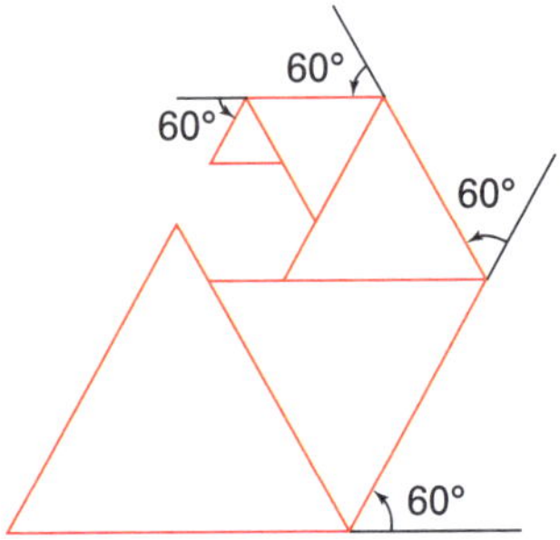

Aussi, **on place l'instruction** tourner ↺ de 60 degrés **après l'instruction n° 8 ou après l'instruction n° 9.**

Exercice 3

1 Étude de proportionnalité

Une situation de proportionnalité entre deux grandeurs s'illustre graphiquement par une droite passant par l'origine du repère.
La courbe proposée passe par l'origine du repère mais n'est pas une droite.
Elle n'illustre donc pas une situation de proportionnalité.

2 Mesure de tension

Sur le graphique, pour $t = 0{,}2$ s, **on lit une tension associée d'environ 4,4 V** (voir pointillés verts).

Pensez-y !

Aucune justification n'est demandée. Écrivez une phrase pour répondre.

3 Temps d'accès à 60 % de la tension maximale

- La tension maximale est estimée à 5 V.
60 % de la tension maximale correspond à :

$$\frac{60}{100} \times 5 = 0{,}6 \times 5 = 3 \text{ V}.$$

- Sur le graphique, une tension de 3 V (voir pointillés roses) correspond à $t = 0{,}09$ s.
La tension aux bornes du condensateur aura atteint 60 % de la tension maximale au bout de 0,09 s.

L'astuce du prof

On trace la droite horizontale $y = 3$ et on lit la valeur de t correspondante.

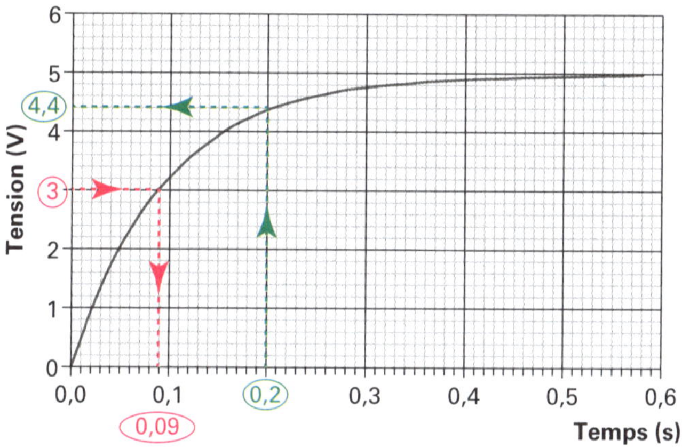

Exercice 4

1 Vérification du prix d'achat de l'électricité

- L'installation étudiée a été faite en mai 2015, donc dans la période du 01/04/15 au 30/06/15.
- C'est une installation de type B d'une puissance totale de 28 kW : le prix d'achat d'un kWh est donc de 13,95 centimes d'euro.
- Le prix d'achat de 31 420 kWh est alors : 31 420 × 13,95 = 438 309 centimes d'euro, soit 4 383,09 €.

Pensez-y !
1 € = 100 centimes d'euro.

Le prix d'achat de 31 420 kWh est bien d'environ 4 383 €.

2 Calcul de l'angle formé par le pan sud du toit

Il s'agit de déterminer la mesure de l'angle $\widehat{ABC}$ dans le triangle ABC.

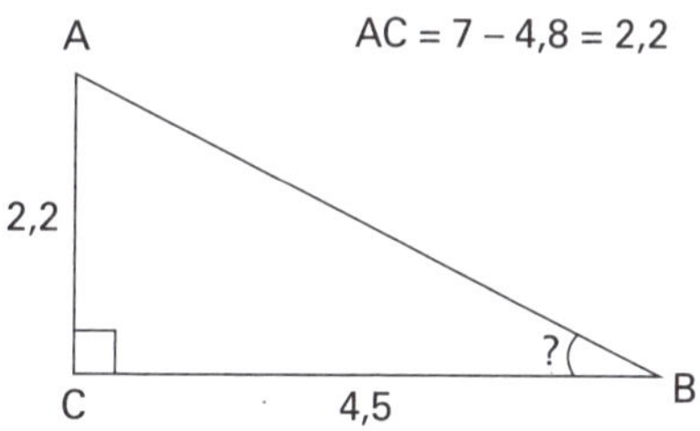

Gagnez des points !
Construisez un croquis sur lequel vous portez toutes les informations données par l'énoncé.

Dans le triangle ABC rectangle en C, on utilise la trigonométrie.

$$\tan \widehat{ABC} = \frac{\text{côté opposé à } \widehat{ABC}}{\text{côté adjacent à } \widehat{ABC}} = \frac{AC}{BC} = \frac{2,2}{4,5}.$$

À la calculatrice, on déduit :

$\widehat{ABC} = \tan^{-1}\left(\frac{2,2}{4,5}\right)$

$\widehat{ABC} \approx 26°$ (valeur arrondie au degré près).

Pensez-y !
Assurez-vous que votre calculatrice est en mode degrés.

3 a. Calcul de la longueur AB

Dans le triangle ABC rectangle en C, on applique le théorème de Pythagore :

$AB^2 = AC^2 + BC^2$
$AB^2 = 2,2^2 + 4,5^2$
$AB^2 = 4,84 + 20,25$
$AB^2 = 25,09$

AB est une longueur (donc AB > 0), d'où $AB = \sqrt{25,09}$.

Ainsi, AB ≈ 5 m (valeur approchée).

La longueur AB est bien environ égale à 5 m.

Gagnez des points !
Le théorème de Pythagore nécessite de travailler dans un triangle rectangle.

Remarque
Deux nombres ont leur carré égal à 25,09 : $\sqrt{25,09}$ et $-\sqrt{25,09}$. Ici, la seconde valeur est exclue.

Autre méthode

- Comme on a calculé $\widehat{ABC}$ dans la question 2, on peut aussi utiliser la trigonométrie dans le triangle ABC rectangle en C.

$\cos \widehat{ABC} = \frac{\text{côté adjacent}}{\text{hypoténuse}}$ ou $\sin \widehat{ABC} = \frac{\text{côté opposé}}{\text{hypoténuse}}$

$\cos \widehat{ABC} = \frac{BC}{AB}$	$\sin \widehat{ABC} = \frac{AC}{AB}$
$\cos 26° = \frac{4,5}{AB}$	$\sin 26° = \frac{2,2}{AB}$
Par produit en croix :	Par produit en croix :
$AB \times \cos 26° = 4,5$	$AB \times \sin 26° = 2,2$
$AB = \frac{4,5}{\cos 26°}$	$AB = \frac{2,2}{\sin 26°}$
$AB \approx 5$	$AB \approx 5$

- Cette méthode a toutefois deux inconvénients :
– 26° est déjà une valeur approchée de $\widehat{ABC}$;
– il faut être certain du résultat obtenu en 2 pour le réinvestir dans la question suivante.

b. Occupation de la surface du pan sud du toit par les panneaux solaires

- Un panneau photovoltaïque a la forme d'un carré de 1 m de côté.
Sa surface est donc de $1 \times 1 = 1$ m².
- Le propriétaire prévoit d'installer 20 panneaux. Cela correspond à une surface de $20 \times 1 = 20$ m².
- Le pan sud du toit a la forme d'un rectangle de longueur 7,5 m et de largeur AB ≈ 5 m.
Sa surface est donc : $7,5 \times 5 = 37,5$ m².

• La proportion p du pan sud du toit occupée par ces panneaux photovoltaïques est :

$$p = \frac{\text{surface des panneaux}}{\text{surface du pan sud}} = \frac{20}{37,5}$$

$p \approx 0,53$ soit 53 % (résultat arrondi à 1 % près).
Environ 53 % du pan sud du toit est occupé par des panneaux photovoltaïques.

Rappel
Une proportion est un nombre compris entre 0 et 1, exprimé en % pour être plus représentatif.

c. Étude de la faisabilité de l'installation

• Schéma du pan sud du toit

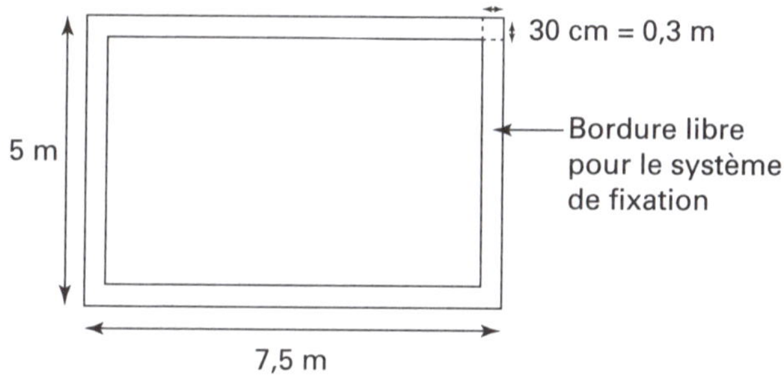

• Ainsi, les dimensions du rectangle disponible pour la pose des panneaux accolés sont :
$7,5 - 2 \times 0,3 = 6,9$ m de longueur
$5 - 2 \times 0,3 = 4,4$ m de largeur

• Sur une longueur de 6,9 m, on peut poser 6 panneaux carrés de 1 m de côté.
Sur une largeur de 4,4 m, on peut poser 4 panneaux carrés de 1 m de côté.
On peut donc poser un maximum de $6 \times 4 = 24$ panneaux.

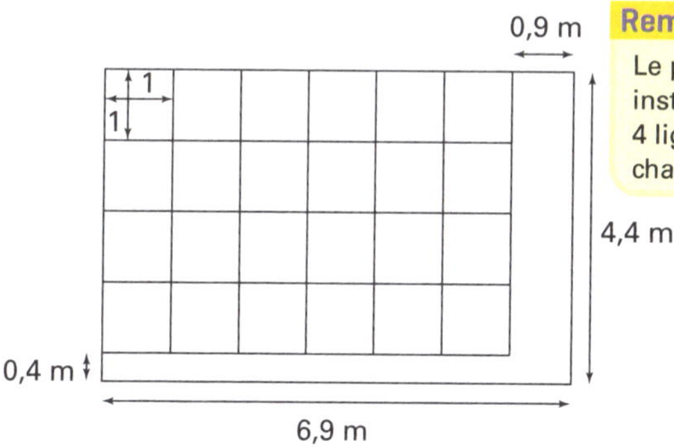

Remarque
Le propriétaire peut installer au maximum 4 lignes de 6 panneaux chacune.

En conclusion, le propriétaire peut installer les 20 panneaux prévus.

Exercice 5

1 Comparaison de vitesses

- Calculons la vitesse v de nage de Pernille Blume en kilomètres par heure.

50 m = 0,05 km

$$24,07 \text{ s} = 24,07 \times \frac{1}{60} \text{ min} = \frac{24,07}{60} \text{ min}$$

$$= \frac{24,07}{60} \times \frac{1}{60} \text{ h} = \frac{24,07}{3\,600} \text{ h}$$

$$v = \frac{d}{t} = \frac{0,05}{\left(\frac{24,07}{3600}\right)} = 0,05 \times \frac{3600}{24,07}$$

$v \approx 7{,}48$ km/h

$v > 6$ km/h

En conclusion, Pernille Blume a nagé plus rapidement qu'une personne se déplaçant en marchant vite.

Pensez-y !

$1 \text{ s} = \frac{1}{60} \text{ min}.$

$1 \text{ min} = \frac{1}{60} \text{ h}.$

Rappel

$$\text{Vitesse} = \frac{\text{distance parcourue}}{\text{temps de parcours}}$$

Autres méthodes

- **Calcul de la vitesse**

La vitesse v de Pernille Blume en $\text{m} \cdot \text{s}^{-1}$ est :

$$v' = \frac{50}{24,07}$$

$v' \approx 2{,}08$ m/s

En 1 s, elle parcourt environ 2,08 m.

Donc en 1 h (1 h = 3 600 s), elle parcourt 3 600 × 2,08 ≈ 7 488 m, soit environ 7,49 km.

Sa vitesse est donc de 7,49 km par heure.

- **Comparaison avec la vitesse du marcheur**

On compare les deux vitesses en m/s.

La vitesse v du marcheur est $v = 6$ km/h.

6 km = 6 000 m et 1 h = 60 × 60 s = 3 600 s.

$v = \frac{6\,000}{3\,600}$ m/s soit $v \approx 1{,}67$ m/s.

La vitesse de la nageuse est $v' = \frac{50}{24,07}$ m/s, soit $v' \approx 2{,}08$ m/s.

$v' > v$: la nageuse est plus rapide que le marcheur.

2 a. Développement de E

$E = (3x + 8)^2 - 64.$

L'expression $(3x + 8)^2$ est une identité remarquable de la forme $(a + b)^2$ avec $a = 3x$ et $b = 8$ qui se développe en $a^2 + 2ab + b^2$.

$E = (3x)^2 + 2 \times 3x \times 8 + 8^2 - 64$
$E = 9x^2 + 48x + \cancel{64} - \cancel{64}$
$\mathbf{E = 9x^2 + 48x}$

Gagnez des points !
$(3x)^2 = 3x \times 3x = 9x^2$.

b. Factorisation de E

$E = (3x + 8)^2 - 64$

$E = \underbrace{(3x + 8)^2}_{a^2} \underbrace{- 8^2}_{-b^2}$

E est de la forme $a^2 - b^2$ avec $a = 3x + 8$ et $b = 8$ qui se factorise en $(a - b)(a + b)$:

$E = [\underbrace{(3x + \cancel{8})}_{[a} \underbrace{- \cancel{8}]}_{- b]} \; [\underbrace{(3x + 8)}_{[a} \underbrace{+ 8]}_{+ b]}$

$E = (3x + \cancel{8} - \cancel{8}) (3x + 8 + 8)$

La forme factorisée de E est : $E = (3x)(3x + 16)$.

Rappel
Factoriser E, c'est transformer E en un produit de deux facteurs.

Autres méthodes

- **Méthode 1**

On part de la forme développée de $E = 9x^2 + 48x$ que l'on factorise.
On identifie le facteur commun $3x$ de part et d'autre du signe +.
$E = \underline{3x} \times 3x + \underline{3x} \times 16$
$E = \underline{3x}\,(3x + 16)$.

- **Méthode 2**

On développe : $3x\,(3x + 16) = 3x \times 3x + 3x \times 16 = 9x^2 + 48x$.
Or d'après la question **2 a.** : $E = 9x^2 + 48x$.
On en déduit alors : $E = 3x\,(3x + 16)$.

Ces deux autres méthodes sont efficaces, mais ont pour inconvénient d'utiliser le résultat de la question précédente. Aussi faut-il être sûr de soi !

c. Résolution d'équation

$(3x + 8)^2 - 64 = 0$

En utilisant le résultat de la question **2 b.**, on est ramené à :

$3x\,(3x + 16) = 0$.

C'est une équation produit-nul.

$3x = 0$ ou $3x + 16 = 0$

$x = \frac{0}{3}$ $\qquad 3x = -16$

$x = 0$ $\qquad x = -\frac{16}{3}$.

L'équation a pour solutions les nombres 0 et $-\frac{16}{3}$.

Rappel
Dans une équation produit-nul type $A \times B = 0$, $A = 0$ ou $B = 0$.

Remarque
Il ne faut pas de donner de valeur approchée de x pour solution de l'équation.

Autre méthode

$(3x+8)^2 - 64 = 0$
$(3x+8)^2 = 64$
Deux nombres ont leur carré qui vaut 64 : les nombres 8 et −8.

$3x + 8 = 8$ ou $3x + 8 = -8$
$3x = 8 - 8$ $\quad$ $3x = -8 - 8$
$3x = 0$ $\quad$ $3x = -16$
$x = \frac{0}{3} = 0$ $\quad$ $x = -\frac{16}{3}$

Les solutions de l'équation sont 0 et $-\frac{16}{3}$.

3 Calcul de vitesse sur route mouillée

On utilise la formule :

$$d = k \times V^2$$

avec $\begin{cases} d = 15 \text{ m} \\ k = 0{,}14 \end{cases}$ (k, coefficient correspondant à une route mouillée)

$15 = 0{,}14 \times V^2$

$V^2 = \frac{15}{0{,}14}$

$V^2 \approx 107{,}14$

D'où $V \approx \sqrt{107{,}14}$ (car $V > 0$)

$V \approx 10{,}35$

Un véhicule mettant 15 m à s'arrêter sur route mouillée roulait à environ 10,35 m/s.

Remarque

L'équation $V^2 = 107{,}14$ admet deux solutions : $\sqrt{107{,}14}$ et $-\sqrt{107{,}14}$. Comme $V > 0$, la seconde solution ne répond pas à notre exercice.

Remarque

$10{,}35 \text{ m/s} = 10{,}35 \times 3{,}6 \text{ km/h}$
$\approx 37 \text{ km/h}$.

Exercice 6

1 a. Lecture de données dans le tableur

Les employés en situation de surpoids ou d'obésité dans cette entreprise sont ceux dont l'IMC dépasse 25 (d'après le *document 2*).

Ils sont au nombre de 3.

b. Formule écrite dans la cellule B3

En B3 figure l'IMC de l'employé dont la taille est notée en B1 et la masse en B2.

$\text{IMC} = \frac{\text{masse}}{\text{taille}^2}$.

La formule correcte est donc :

```
= B2/(B1 * B1)
```

L'astuce du prof

Pour déterminer la bonne formule, on remplace les nombres par le contenu de la cellule correspondante.

Étude des autres propositions

- La formule = 72/1,69^2 donne le bon résultat 25,2. Mais comme il n'y a pas de référence à une cellule, par recopie vers la droite, le résultat sera toujours égal à 25,2.

- La formule = B1/(B2 * B2) fait pour l'employé le calcul : $\frac{\text{taille}}{\text{masse} \times \text{masse}}$.

Cela ne correspond pas à l'IMC.

- La formule = $B2/($B1 * $B1) n'est pas correcte, car chaque $ placé devant la lettre B fixe la colonne B. Et donc un étirement vers la droite ne permettra pas de passer « à la colonne suivante » (pour faire le calcul C2/(C1 * C1), puis D2/(D1 * D1)...).

2 a. Calcul de l'IMC moyen

L'IMC moyen des 41 employés de cette entreprise est :

$$\text{IMC}_{\text{moyen}} = \frac{9 \times 20 + 12 \times 22 + 6 \times 23 + 8 \times 24 + 2 \times 25 + 1 \times 29 + 1 \times 30 + 2 \times 33}{41}$$

$$\text{IMC}_{\text{moyen}} = \frac{949}{41}$$

$\textbf{IMC}_{\textbf{moyen}} \approx \textbf{23}$ (résultat arrondi à l'entier le plus proche).

b. Calcul de l'IMC médian

- L'entreprise compte 41 employés, un nombre impair.

Dans la série des 41 IMC, l'IMC médian est donc le terme central, le 21e terme.

Gagnez des points !

Dans une série à n termes, avec n impair, la médiane est le $\frac{n+1}{2}$ ème terme.

20 termes — médiane — 20 termes

20 20 … 20 22… 22 23 … 23 … 30 33 33

9 termes du 1er au 9e terme — 12 termes du 10e au 21e terme — 6 termes du 22e au 27e terme

Ainsi, $\textbf{IMC}_{\textbf{médian}}$ = 22.

- Interprétation du résultat :

Au moins 50 % des employés de l'entreprise ont un IMC supérieur ou égal à 22 (ou inférieur ou égal à 22).

c. Comparaison de proportions

- Parmi les 41 employés de l'entreprise, 2 + 1 + 1 + 2 = 6 sont en surpoids ou obèses (c'est-à-dire qu'ils ont un IMC $\geq$ 25).

Cela correspond à une proportion de : $\frac{6}{41} \approx 0{,}146$ soit 14,6 %.

• Selon certains magazines, au moins 5 % de la population mondiale est en surpoids.
14,6 % > 5 %.
Les employés de cette entreprise vérifient cette affirmation.

> **Gagnez des points !**
> N'oubliez pas la conclusion.

Exercice 7

1 Calcul de la quantité de sucre nécessaire

Pour 1 kg de fraises, il faut 700 g de sucre.
En respectant ces proportions, pour 1,8 kg de fraises, il faut $1{,}8 \times 700 = 1\,260$ g de sucre.
Léo a besoin de 1 260 g, soit 1,26 kg de sucre.

2 Calcul du nombre de pots de confiture

• Schéma d'un pot de confiture :

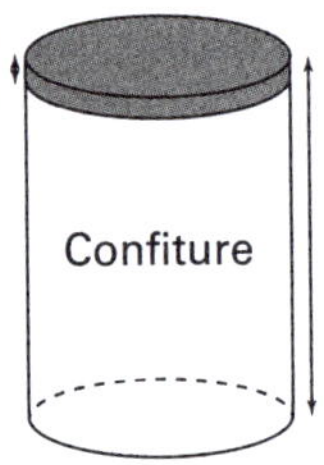

• Le volume ϑ de confiture contenu dans un pot est celui d'un cylindre de rayon $R = \frac{\text{diamètre}}{2} = \frac{6}{2} = 3$ cm et de hauteur h celle du pot moins un centimètre, soit $h = 12 - 1 = 11$ cm.
$\vartheta = \pi \times 3^2 \times 11$
$\vartheta = 99\,\pi$ cm^3 (volume exact)
$\vartheta \approx 311$ cm^3 (volume arrondi au cm^3 près).

> **Gagnez des points !**
> $\vartheta_{\text{cylindre}} = \pi r^2 h$.

• Léo a obtenu 2,7 L de confiture.
2,7 L = 2,7 dm^3 = 2 700 cm^3.

> **Rappel**
> 1 L = 1 dm^3 = 1 000 cm^3.

• On déduit le nombre de pots de confiture à remplir.
$2\,700 \div 311 \approx 8{,}7$.
Léo pourra remplir complètement 8 pots, et le 9e pot ne sera pas complètement rempli.

> **Pensez-y !**
> Le nombre de pots est un entier.

3 a. Calcul de la longueur de l'étiquette

L'étiquette du pot recouvre toute la surface latérale du cylindre. Elle a la forme d'un rectangle de longueur correspondant au périmètre du cercle de base du cylindre.

$L = 2 \times \pi \times \text{rayon}$
$L = 2 \times \pi \times 3$
$L = 6\pi$ (valeur exacte)
$L \approx 18{,}8$.
La longueur de l'étiquette est bien d'environ 18,8 cm.

Rappel
Périmètre d'un cercle $= 2 \times \pi \times \text{rayon}$.

b. Étiquette à l'échelle $\frac{1}{3}$

- L'étiquette a la forme d'un rectangle de longueur $L \approx 18{,}8$ cm et de largeur ℓ correspondant à la hauteur du pot, soit 12 cm.
- Dans une réduction de rapport $\frac{1}{3}$, les longueurs sont multipliées par $\frac{1}{3}$.

$L_{\text{réduit}} = L \times \frac{1}{3} = 18{,}8 \times \frac{1}{3}$ soit $L_{\text{réduit}} \approx 6{,}3$ cm.

$\ell_{\text{réduit}} = \ell \times \frac{1}{3} = 12 \times \frac{1}{3} = 4$ cm.

- Réduction à l'échelle $\frac{1}{3}$ de l'étiquette :

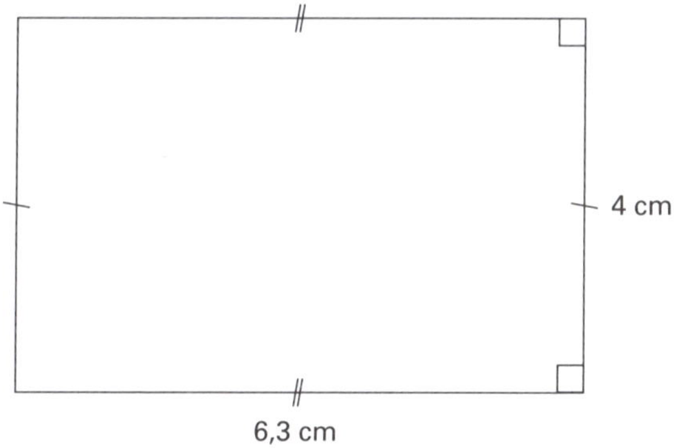

PARTIE 2

PARTIE 2.1 • PHYSIQUE-CHIMIE

→ énoncé p. 28

Les clés pour réussir

L'essentiel à connaître

- Une **source d'énergie renouvelable** est une source d'énergie pouvant être exploitée de façon **illimitée** à l'échelle humaine.
- Une **source d'énergie non renouvelable** est une source d'énergie dont les stocks sont **limités** à l'échelle humaine.
- Le charbon, le pétrole et le gaz contiennent de **l'énergie** sous forme **chimique**.

- Lors d'une **combustion**, une partie de l'énergie chimique du combustible est convertie en énergie thermique.
- Le **dioxyde de carbone** CO_2 est un gaz participant à **l'effet de serre**.
- L'**énergie électrique *E*** délivrée par un réacteur de centrale dépend de la **puissance électrique *P*** du réacteur et de sa **durée de fonctionnement *t*** :

$$E = P \times t$$

watts (W)
ou mégawatts (MW)

joules (J)
ou mégawattheures (MWh)

secondes (s)
ou heures (h)

Analyser l'énoncé

Prenez le temps de bien lire les deux documents, qui explicitent le fonctionnement d'une centrale géothermique et d'une centrale thermique à flamme :

- Dans une centrale géothermique, il n'y a pas de combustion et donc pas de fumées dégagées.
- Dans une centrale thermique à flamme, il y a une combustion du charbon, du pétrole ou du gaz, ce qui entraîne un dégagement de fumées.
- Un alternateur convertit de l'énergie mécanique en énergie électrique.

Bien comprendre les questions

Question 1

- Lisez attentivement les *documents 1* et *2* avant de compléter le tableau. Il n'est pas nécessaire de justifier les réponses données.

Question 2

- Étudiez le dessin du *document 2* pour trouver où sont converties les différentes formes d'énergie (chimique, mécanique et électrique).

Question 3

- Utilisez les coefficients stœchiométriques donnés dans l'équation de la réaction de combustion pour répondre aux questions posées.

Question 4

- Calculez la puissance du réacteur d'une centrale géothermique grâce à la relation liant l'énergie, la puissance et la durée d'utilisation.

1 D'après le *document 1*, dans une centrale géothermique, la source d'énergie utilisée est la Terre, et plus spécifiquement la chaleur de la Terre. C'est une source d'énergie renouvelable, car elle est illimitée à l'échelle humaine. De plus, il n'y a pas de combustion et donc pas de fumée dégagée : il y a uniquement de la vapeur d'eau qui se condense en eau liquide.

Remarque
La chaleur de la Terre correspond à un transfert d'énergie thermique de la Terre.

D'après le *document 2*, dans une centrale thermique à flamme, la source d'énergie est soit du charbon, soit du pétrole, soit du gaz. Ce sont des sources d'énergie non renouvelables, car leurs stocks sont limités à l'échelle humaine. Une centrale thermique à flamme fonctionne grâce à la combustion du charbon, du pétrole ou du gaz : il y a donc un dégagement de fumées lors de son utilisation.
Ainsi, il est possible de compléter de la façon suivante le tableau proposé.

Nom de la centrale	Source(s) d'énergie utilisée(s)	Source d'énergie renouvelable ou non ?	Dégage ou ne dégage pas de fumées lors de son utilisation ?
Thermique à flamme	Charbon, pétrole ou gaz	Non renouvelable	Dégagement de fumées
Géothermique	Chaleur de la Terre	Renouvelable	Pas de dégagement de fumées

2 Sur le dessin de la centrale thermique à flamme ci-dessous :
– **le circuit de refroidissement** se trouve dans le cadre désigné par la lettre ***A*** ;
– **le circuit primaire ou lieu de transformation d'énergie chimique en énergie thermique** se trouve dans le cadre désigné par la lettre ***B*** ;
– **le circuit secondaire ou lieu de transformation de l'énergie mécanique en énergie électrique** se trouve dans le cadre désigné par la lettre ***C***.

Gagnez des points !
Ne perdez pas de temps à justifier vos réponses car cela n'est pas demandé ici.

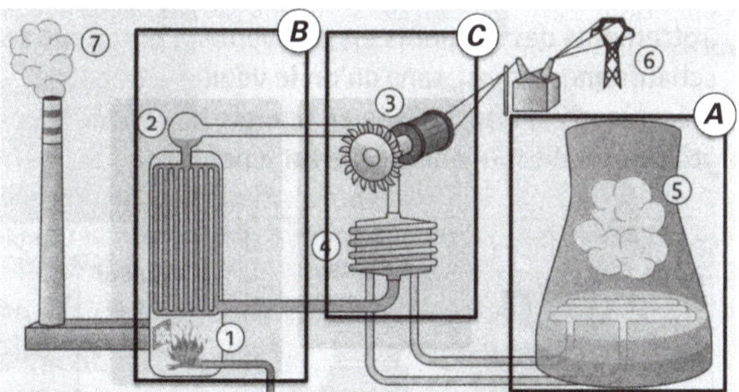

① Combustion du charbon, du pétrole ou du gaz ② Vapeur d'eau
③ Turbine et alternateur ④ Condenseur (transforme la vapeur en eau liquide)
⑤ Dans ces tours, l'eau de refroidissement de la centrale est elle-même refroidie en circulant au contact de l'air, ce qui explique le dégagement de vapeur d'eau
⑥ Réseau électrique ⑦ Cheminée libérant gaz et fumées produits lors de la combustion

3 **a.** Le gaz participant à l'effet de serre produit lors de la transformation chimique est le **dioxyde de carbone CO_2**.

b. D'après l'équation de la réaction de combustion ayant lieu dans le circuit primaire d'une centrale thermique utilisant le gaz naturel, deux molécules de dioxygène sont nécessaires lorsqu'on brûle une molécule de méthane de manière complète.
Ainsi, lorsqu'on brûle 6×10^{22} molécules de méthane de manière complète, **le nombre de molécules de dioxygène nécessaires est de** :
$2 \times 6 \times 10^{22} = 12 \times 10^{22} = \mathbf{1{,}2 \times 10^{23}}$.

D'après l'équation de la réaction de combustion, une molécule de dioxyde de carbone est formée lorsqu'on brûle une molécule de méthane de manière complète.
Ainsi, lorsqu'on brûle 6×10^{22} molécules de méthane de manière complète, **6×10^{22} molécules de dioxyde de carbone sont formées**.

4 **a.** L'énergie électrique E délivrée par le réacteur d'une centrale géothermique dépend de sa puissance électrique P et de sa durée de fonctionnement t : $E = P \times t$.
Ainsi, la puissance électrique P du réacteur d'une centrale géothermique est égale à :
$P = \frac{E}{t}$.

$$P = \frac{7\,500\,000}{6\,820} = \mathbf{1\,100\ MW}.$$

> **L'astuce du prof**
> N'oubliez pas l'unité à la fin du calcul : la puissance s'exprime ici en mégawatts (MW).

D'après l'énoncé de cette question, un réacteur de centrale thermique à flamme produit également une puissance d'environ **1 100 MW**. La puissance électrique du réacteur de centrale géothermique est donc **équivalente** à celle du réacteur de centrale thermique à flamme.

b. La production d'électricité à partir de centrales thermiques à flamme bénéficie des abondantes **ressources en charbon, pétrole et gaz** de la planète. Cependant, ces ressources sont **épuisables**, et **leur combustion dégage des gaz participant à l'effet de serre,** comme le dioxyde de carbone par exemple.
Pour produire de l'électricité, certains pays ont donc opté pour des centrales géothermiques afin de remplacer des centrales thermiques à flamme. Ils utilisent ainsi **des ressources d'énergie renouvelables** et ils **limitent leur dégagement de gaz participant à l'effet de serre**. De plus, ce choix est intéressant au niveau énergétique, car la **puissance électrique** du réacteur d'une centrale géothermique est **équivalente** à celle du réacteur d'une centrale thermique à flamme.

PARTIE 2.2 • SVT

→ énoncé p. 30

Les clés pour réussir

L'essentiel à connaître

- Les gisements de pétrole, de charbon, de gaz et d'uranium sont des sources **d'énergie fossiles** donc limitées. Ce sont des sources d'énergie **non renouvelables** à l'échelle de temps de la vie humaine.
- L'énergie solaire, l'énergie thermique de la Terre, l'énergie hydraulique (déplacement d'eau), l'énergie éolienne (vent) et l'énergie de la biomasse (matière organique comme le bois) sont des sources d'énergie **presque illimitées**. Elles sont **renouvelables** à l'échelle d'une vie humaine.
- L'Homme met en place une **transition énergétique** qui vise à remplacer progressivement les sources d'énergie non renouvelables par l'utilisation de sources d'énergie renouvelables.

Analyser l'énoncé

- Sur le *document 1*, mettez en relation les informations présentées par le graphique avec celles contenues dans le texte en soulignant les mots communs avec des couleurs.
- Sur le *document 2*, repérez les unités utilisées dans le graphique et identifiez les variables représentées par les deux courbes.
- Sur le *document 3*, définissez à quoi correspond l'idée de transition énergétique.
- Sur le *document 4*, comparez les durées d'épuisement des ressources énergétiques avec la durée d'une vie humaine.

Bien comprendre les questions

Question 1

- Utilisez les définitions du texte du *document 1* pour classer les productions énergétiques du graphique dans les deux catégories : « renouvelables » et « non renouvelables ». Additionnez les productions énergétiques non renouvelables entre elles et comparez-les à la part des sources d'énergie renouvelables.

Question 2

a. Tracez un trait vertical passant par l'année 2005 et déterminez l'évolution de chaque courbe depuis cette année : stagnation, baisse ou augmentation.

b. Rédigez une phrase sous forme interrogative qui commence par « comment » et qui s'appuie sur la comparaison que vous venez de faire.

Question 3

- Identifiez les trois objectifs de la loi de transition énergétique dans le *document 3* et repérez, dans les *documents 3* et *4*, ce qui motive ces objectifs.

1 La part des sources d'énergies renouvelables est d'**environ 13 Mtep** (Mégatonne équivalent pétrole), alors que la part des énergies non renouvelables est de **plus de 80 Mtep**. Ainsi, **la part des sources d'énergies non renouvelables** dans la production énergétique mondiale est **largement supérieure** à celle des sources d'énergies renouvelables.

2 **a.** En 2005, la production et la consommation mondiales de pétrole **étaient égales** (autour de 80 millions de barils par jour). Depuis 2005, la **consommation** mondiale de pétrole **augmente**, et elle est **supérieure** à la **production** mondiale de pétrole, qui elle **diminue**.

Pensez-y !
Une comparaison doit s'appuyer sur des valeurs chiffrées les plus précises possibles.

b. Le problème auquel l'être humain est confronté depuis 2015 peut être formulé de la manière suivante : comment couvrir les **besoins énergétiques croissants** de l'humanité, alors que la production mondiale de pétrole diminue ?

3 Les trois objectifs de la transition énergétique sont :
– permettre une **croissance verte** ;
– renforcer l'**indépendance énergétique** de la France ;
– **augmenter de 50 %** la capacité des énergies renouvelables.
L'augmentation de la part des sources d'énergies renouvelables permet une croissance verte, car elle réduit le recours aux **combustibles fossiles** dont l'utilisation est **polluante** pour l'environnement. De plus, contrairement aux combustibles fossiles, les sources d'énergies renouvelables sont **disponibles en France**, ce qui permet d'accroître l'indépendance énergétique du pays. Enfin, les ressources de pétrole, de gaz et de charbon **seront épuisées** dans un peu plus d'**un siècle**. Il faut donc augmenter la part des sources d'énergies renouvelables pour anticiper l'épuisement des sources d'énergies non renouvelables.

L'astuce du prof
Argumenter, c'est donner des raisons, des preuves ou des indices qui permettent d'appuyer une affirmation.

Sujets 10 à 16

100 pts 3 heures

1re épreuve complète du Brevet

Sujet zéro*, avril 2016

MATHÉMATIQUES – PHYSIQUE-CHIMIE – TECHNOLOGIE

PARTIE 1

2 h 00 **50 pts**

Mathématiques

→ corrigé p. 62

Exercice 1

25 min **8 pts**

Pour chacune des affirmations suivantes, dire si elle est vraie ou fausse en justifiant soigneusement la réponse.

1 Un sac contient 6 jetons rouges, 2 jetons jaunes et des jetons verts.
La probabilité de tirer un jeton vert vaut 0,5.
Affirmation : le sac contient 4 jetons verts. 2 pts

2 En informatique, on utilise comme unités de mesure les multiples suivants de l'octet :
1 Ko = 10^3 octets, 1 Mo = 10^6 octets, 1 Go = 10^9 octets, 1 To = 10^{12} octets, où Ko est l'abréviation de kilooctet, Mo celle de mégaoctet, Go celle de gigaoctet, To celle de téraoctet.
On partage un disque dur de 1,5 To en dossiers de 60 Go chacun.
Affirmation : on obtient ainsi 25 dossiers. 2 pts

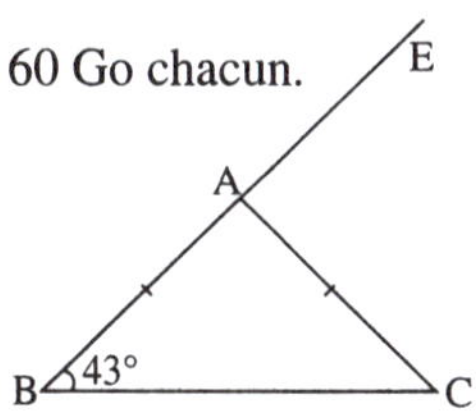

3 Sur la figure codée ci-contre, les points B, A et E sont alignés.
Affirmation : l'angle $\widehat{EAC}$ mesure 137°. 2 pts

4 Un verre de forme conique est complètement rempli. On verse son contenu de sorte que la hauteur du liquide soit divisée par 2.
Affirmation : le volume du liquide est divisé par 6. 2 pts

* Le sujet zéro est le modèle de sujet proposé par le Ministère dans le cadre du nouveau Brevet. Il a été publié au *Bulletin officiel* du 8 avril 2016. Les corrigés de ce sujet zéro ont été rédigés par nos auteurs, enseignants au collège.

Exercice 2

15 min **5 pts**

Le marnage désigne la différence de hauteur entre la basse mer et la pleine mer qui suit.
On considère qu'à partir du moment où la mer est basse, celle-ci monte de 1/12 du marnage pendant la première heure, de 2/12 pendant la deuxième heure, de 3/12 pendant la troisième heure, de 3/12 pendant la quatrième heure, de 2/12 pendant la cinquième heure et de 1/12 pendant la sixième heure. Au cours de chacune de ces heures, la montée de la mer est supposée régulière.

1 À quel moment la montée de la mer atteint-elle le quart du marnage ? 2 pts

2 À quel moment la montée de la mer atteint-elle le tiers du marnage ? 3 pts

Exercice 3

10 min **4 pts**

Pour la fête d'un village, on organise une course cycliste. Une prime totale de 320 euros sera répartie entre les trois premiers coureurs.
Le premier touchera 70 euros de plus que le deuxième et le troisième touchera 80 euros de moins que le deuxième.
Déterminer la prime de chacun des trois premiers coureurs.

Exercice 4

20 min **7 pts**

1 Pour réaliser la figure ci-dessus, on a défini un motif en forme de losange et on a utilisé l'un des deux programmes A et B ci-dessous.
Déterminer lequel et indiquer par une figure à main levée le résultat que l'on obtiendrait avec l'autre programme. 3 pts

Motif

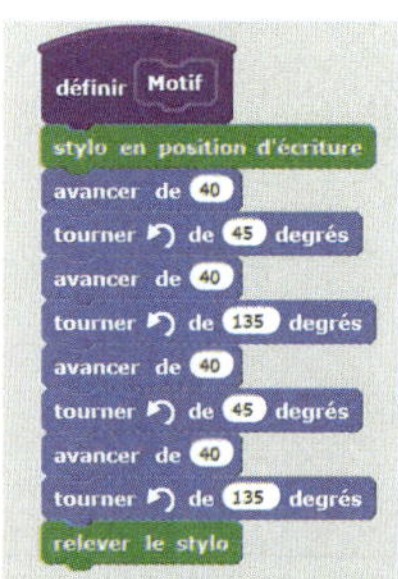

Programme A

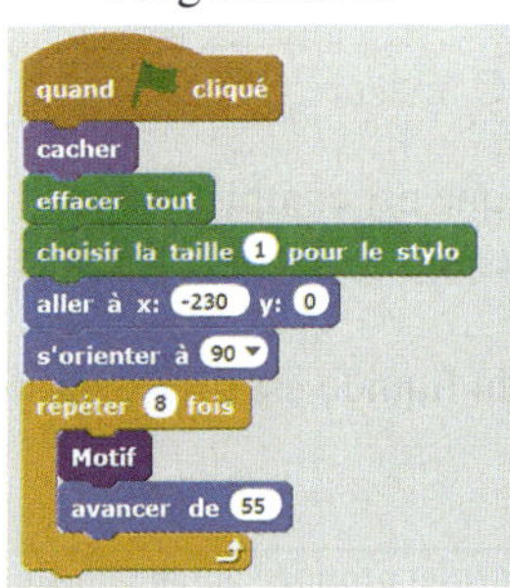

Programme B

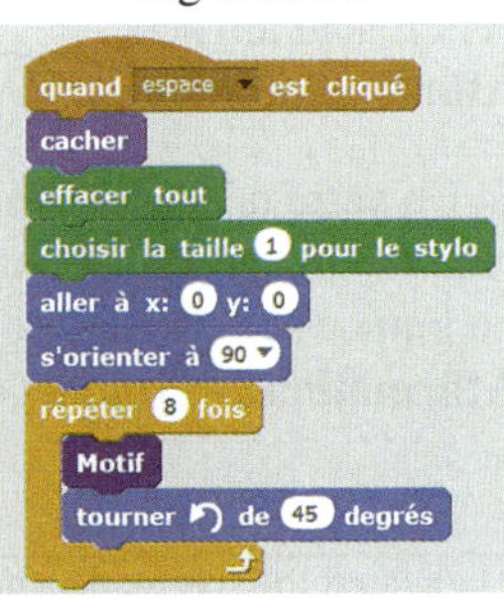

2 Combien mesure l'espace entre deux motifs successifs ? 2 pts

3 On souhaite réaliser la figure ci-dessous :

Pour ce faire, on envisage d'insérer l'instruction `ajouter 1 à la taille du stylo` dans le programme utilisé à la question **1**. Où faut-il l'insérer ? 2 pts

Exercice 5

15 min 6 pts

Pour régler les feux de croisement d'une automobile, on la place face à un mur vertical. Le phare, identifié au point P, émet un faisceau lumineux dirigé vers le sol.

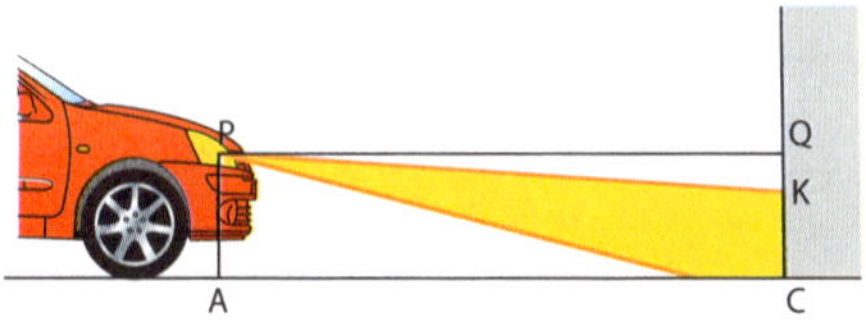

On relève les mesures suivantes :
PA = 0,7 m, AC = QP = 5 m
et CK = 0,61 m.

Sur le schéma ci-contre, qui n'est pas à l'échelle, le point S représente l'endroit où le rayon supérieur du faisceau rencontrerait le sol en l'absence de mur.

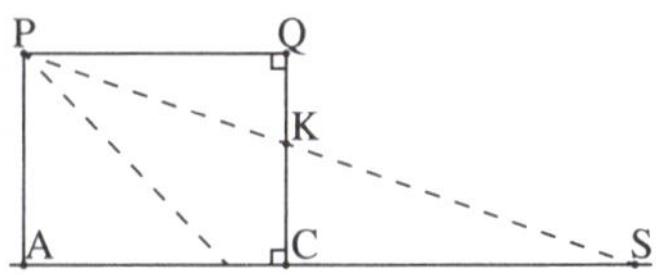

On considère que les feux de croisement sont bien réglés si le rapport $\frac{QK}{QP}$ est compris entre 0,015 et 0,02.

1 Vérifier que les feux de croisement de la voiture sont bien réglés. 3 pts

2 À quelle distance maximale de la voiture un obstacle se trouvant sur la route est-il éclairé par les feux de croisement ? 3 pts

Exercice 6

15 min 6 pts

Un panneau mural a pour dimensions 240 cm et 360 cm. On souhaite le recouvrir avec des carreaux de forme carrée, tous de même taille, posés bord à bord sans jointure.

1 Peut-on utiliser des carreaux de : 10 cm de côté ? 14 cm de côté ? 18 cm de côté ? 2 pts

2 Quelles sont toutes les tailles possibles de carreaux comprises entre 10 et 20 cm ? 2 pts

3 On choisit des carreaux de 15 cm de côté. On pose une rangée de carreaux bleus sur le pourtour et des carreaux blancs ailleurs. Combien de carreaux bleus va-t-on utiliser ? 2 pts

Exercice 7

20 min **9 pts**

La distance de freinage d'un véhicule est la distance parcourue par celui-ci entre le moment où le conducteur commence à freiner et celui où le véhicule s'arrête. Elle dépend de la vitesse du véhicule. La courbe ci-dessous donne la distance de freinage d, exprimée en mètres, en fonction de la vitesse v du véhicule, en m/s, sur une route mouillée.

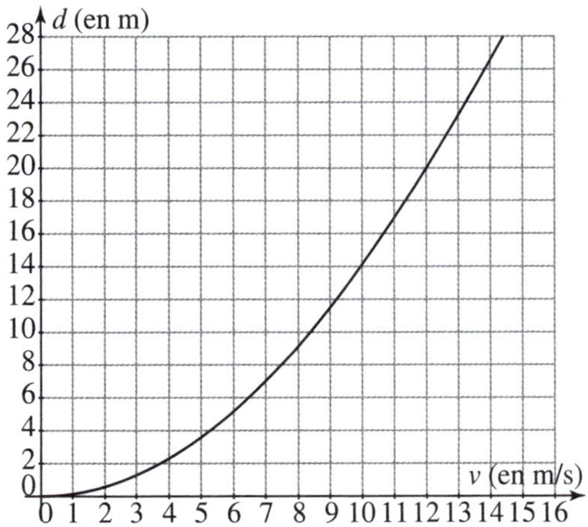

1 Démontrer que 10 m/s = 36 km/h. **2 pts**

2 **a.** D'après ce graphique, la distance de freinage est-elle proportionnelle à la vitesse du véhicule ? **1 pt**

b. Estimer la distance de freinage d'une voiture roulant à la vitesse de 36 km/h. **1 pt**

c. Un conducteur, apercevant un obstacle, décide de freiner. On constate qu'il a parcouru 25 mètres entre le moment où il commence à freiner et celui où il s'arrête. Déterminer, avec la précision permise par le graphique, la vitesse à laquelle il roulait en m/s. **2 pts**

3 On admet que la distance de freinage d, en mètres, et la vitesse v, en m/s, sont liées par la relation $d = 0{,}14\ v^2$.

a. Retrouver par le calcul le résultat obtenu à la question **2 b.** **1 pt**

b. Un conducteur, apercevant un obstacle, freine ; il lui faut 35 mètres pour s'arrêter. À quelle vitesse roulait-il ? **2 pts**

PARTIE 2

Physique-Chimie, Technologie

1 h 00 **50 pts**

SÉCURITÉ DU FREINAGE EN VOITURE

La sécurité sur les routes dépend notamment du respect des distances de sécurité, de la capacité des conducteurs à réagir rapidement lorsqu'ils aperçoivent un obstacle sur la route et de la performance du système de freinage du véhicule. On étudie dans les deux exercices qui suivent les distances d'arrêt et de sécurité d'un véhicule, ainsi que le dispositif de freinage sans blocage des roues.

PARTIE 2.1 • Physique-Chimie

→ *corrigé p. 73*

Distance d'arrêt et distance de sécurité d'un véhicule

30 min **25 pts**

La connaissance de la distance d'arrêt d'un véhicule est importante pour la sécurité routière. Le *document 1* ci-dessous fait apparaître trois distances caractéristiques.

Doc. 1 Distances de réaction, de freinage et d'arrêt

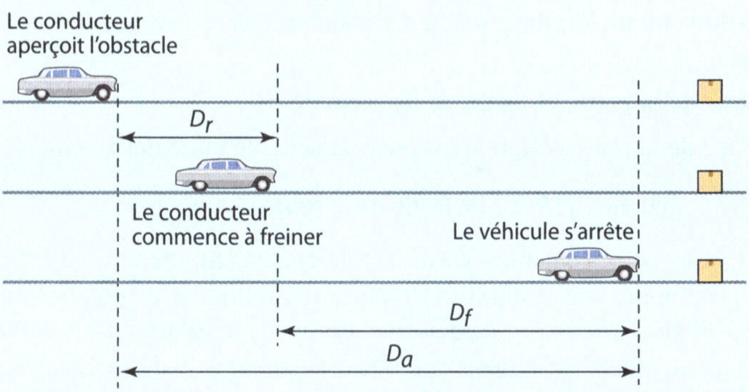

- D_r est la distance de réaction. C'est la distance parcourue par le véhicule entre le moment où le conducteur aperçoit l'obstacle et le moment où il commence à freiner. Elle dépend de la durée de réaction du conducteur.
- D_f est la distance de freinage. C'est la distance parcourue par le véhicule entre le moment où le conducteur commence à freiner et le moment où le véhicule s'arrête.
- D_a est la distance d'arrêt. C'est la distance parcourue par le véhicule entre le moment où le conducteur aperçoit un obstacle et l'arrêt du véhicule.

Le tableau suivant présente, pour différentes vitesses, la distance de réaction et la distance de freinage sur route sèche d'un véhicule correctement entretenu.

Doc. 2 **Distances de réaction et de freinage selon la vitesse**

Vitesse (km/h)	0	30	50	90	100	110	130
Vitesse (m/s)	0	8	14	25	28	31	36
D_r (m)	0	8	14	25	28	31	36
D_f (m)	0	6	16	50	62	75	104

1 Distance d'arrêt

Au voisinage d'un collège, un véhicule roule à 30 km/h, vitesse maximale autorisée ; donner la valeur de la distance de réaction D_r, de la distance de freinage D_f et calculer la valeur de la distance d'arrêt D_a.
Commenter la valeur de la distance d'arrêt obtenue en la comparant à celle d'une autre longueur ou distance que l'on choisira.

2 Énergie cinétique

Rappeler l'expression de l'énergie cinétique d'un objet en fonction de sa masse m et de sa vitesse V. Calculer l'énergie cinétique d'un véhicule de masse m = 1 000 kg roulant à 50 km/h. Lors du freinage, l'énergie cinétique du véhicule diminue jusqu'à s'annuler. Décrire ce que devient cette énergie.

3 Code de la route et distance de sécurité

Le Code de la route définit la distance de sécurité entre deux véhicules :

Doc. 3 **Article R412-12 du Code de la route**

« Lorsque deux véhicules se suivent, le conducteur du second véhicule doit maintenir une distance de sécurité suffisante pour pouvoir éviter une collision en cas de ralentissement brusque ou d'arrêt subit du véhicule qui le précède. Cette distance est d'autant plus grande que la vitesse est plus élevée. Elle correspond à la distance parcourue par le véhicule pendant une durée d'au moins deux secondes. »

Sur autoroute, les panneaux ci-dessous expliquent aux conducteurs comment respecter la distance de sécurité. L'automobiliste doit veiller à ce que le véhicule qui le précède soit séparé de lui d'au moins deux traits blancs sur le côté droit de la route. Le schéma ci-après représente les traits blancs et donne leur longueur exprimée en mètres.

Doc. 4 **Distance de sécurité**

Doc. 5

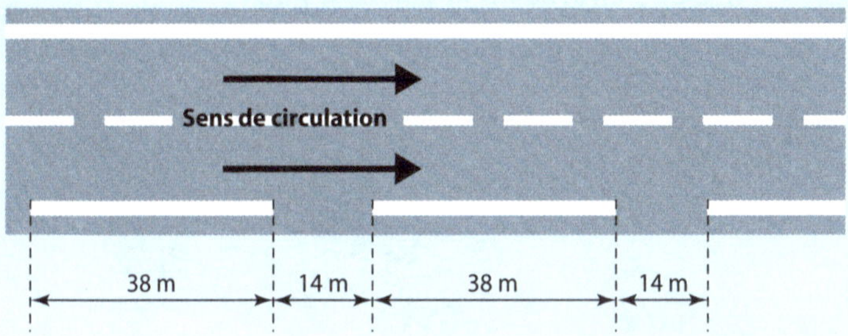

Sur autoroute et par temps sec, la vitesse des véhicules est limitée à 130 km/h. À l'aide de calculs simples, expliquer pourquoi, sur autoroute, la règle « un automobiliste doit veiller à ce que le véhicule qui le précède soit séparé de lui d'au moins deux traits blancs » permet d'avoir une distance de sécurité suffisante.

PARTIE 2.2 • Technologie

→ corrigé p. 75

Le dispositif de freinage sans blocage des roues (Anti Blocage System, ABS)

30 min **25 pts**

- Lors d'un freinage, il est important pour la sécurité de ne pas bloquer les roues, car cela permet de conserver de bonnes conditions d'adhérence avec la route et d'éviter la perte du contrôle du véhicule en cas de changement de trajectoire ou de conditions différentes de contact des roues avec le sol (une roue sur une flaque d'eau et les autres sur le bitume sec).
- La structure matérielle de l'équipement ABS est représentée sur le *document* 6.
- Le principe du freinage ABS est le suivant :

Lorsque le chauffeur appuie sur la pédale de frein, le maître-cylindre alimente en huile le groupe hydraulique qui régule la pression d'huile dans le circuit hydraulique. Les pistons portés par les étriers et disposés de part et d'autre du disque sont poussés par l'huile sous pression, ils pincent fortement le disque solidaire de la roue qui ralentit. Si le pincement est trop fort, la roue peut se bloquer. Pour éviter cela, un capteur détecte la vitesse de la roue et délivre cette information au calculateur. Si la vitesse devient trop faible et proche du blocage, le calculateur donne l'ordre au groupe hydraulique de diminuer la pression.
Ainsi, grâce à l'ensemble capteur de vitesse-calculateur-groupe hydraulique, la pression est régulée lors d'un appui sur la pédale de frein pour obtenir la meilleure efficacité du freinage sans blocage.

Doc. 6 **Principe d'un système antiblocage ABS**

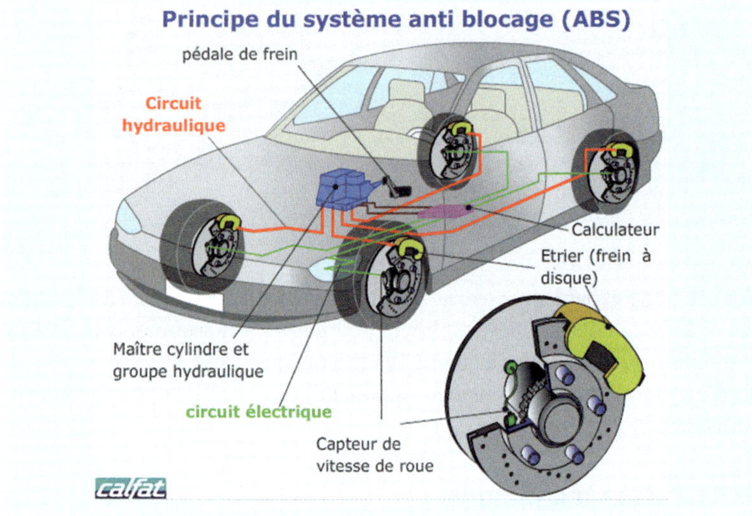

1 Expliquer pourquoi il est indispensable de doter les quatre roues d'un capteur de vitesse.

2 À partir de l'analyse du *document 6*, compléter le *document 7* en associant un composant matériel à chaque fonctionnalité.

Doc. 7 **Chaînes d'énergie et d'information d'un ABS**

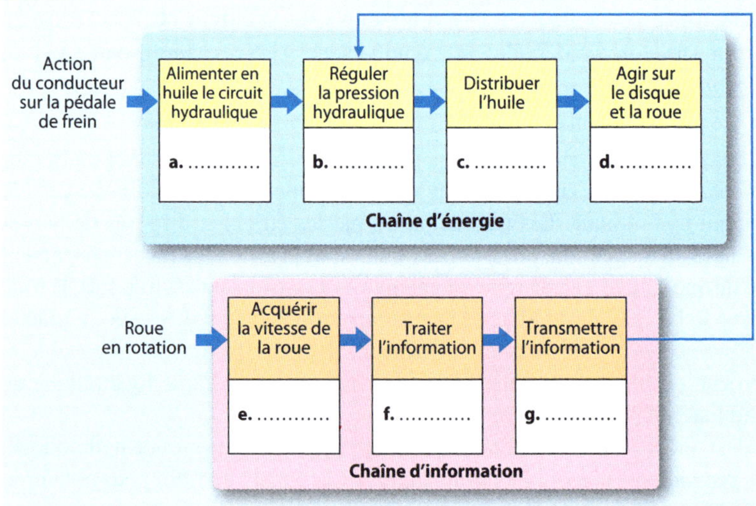

3 Le *document 8*, ci-dessous, présente l'algorithme du freinage ABS pour une roue. Compléter les parties manquantes.

Doc. 8 **Algorithme d'un ABS**

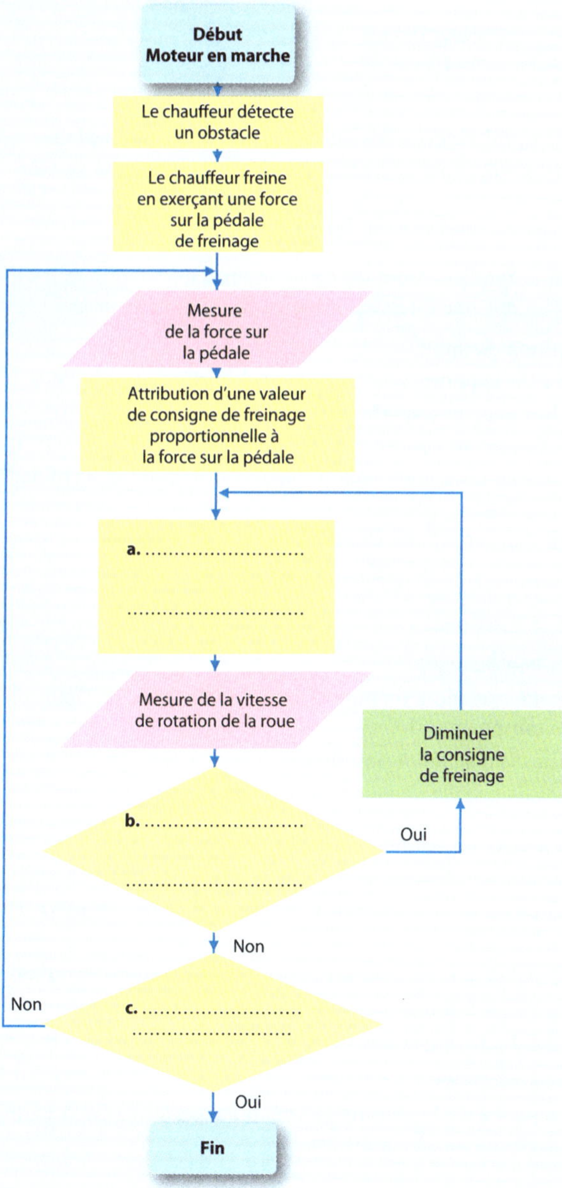

Sujets 10 à 16 Corrigé

PARTIE 1

→ énoncé p. 53

Les clés pour réussir

Exercice 1

Révisez **Les probabilités, les puissances, la géométrie plane**

- Dans une situation d'équiprobabilité, une probabilité se calcule par :

$$p = \frac{\text{nombre d'issues favorables}}{\text{nombre total d'issues}}$$

- Dans un agrandissement ou dans une réduction, quand les longueurs sont multipliées par k, les volumes sont multipliés par k^3.

Les difficultés du sujet

1 La répartition jetons verts/jetons non verts est particulière.

2 Travaillez avec des valeurs dans les mêmes unités.

3 Sur la figure, il y a un triangle isocèle et un angle plat. Quand on connaît un angle dans un triangle isocèle, on peut déterminer les deux autres.

4 Il s'agit d'un problème de réduction.

Exercice 2

Révisez **Les fractions**

Les difficultés du sujet

2 Dans cette question, on attend une réponse précise. Déterminez exactement le temps attendu.
Aidez-vous d'un schéma pour illustrer la situation.

Exercice 3

Révisez **La mise en équation d'un problème**

Pour mettre un problème en équation, on distingue 4 étapes :

1. On choisit comme inconnue le nombre que l'on cherche. On la note souvent x.
2. On utilise les données du problème pour obtenir une équation.
3. On résout l'équation.
4. On conclut par rapport au problème posé.

Les difficultés du sujet

Notez x la prime du 2e coureur arrivé, puis exprimez en fonction de x les primes des deux autres coureurs.

Exercice 4

Révisez Les programmes et les algorithmes

Les difficultés du sujet

Avant de rechercher le programme correspondant à la figure, décortiquez les instructions permettant d'obtenir le motif qui est répété 8 fois.

Exercice 5

Révisez Le théorème de Thalès

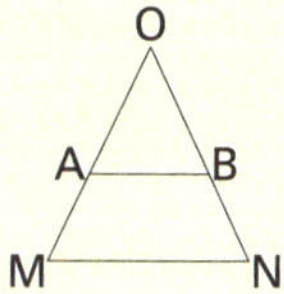

- Si (AB) // (MN) alors :

$$\frac{OA}{OM} = \frac{OB}{ON} = \frac{AB}{MN}$$

Les difficultés du sujet

1 Écrivez les longueurs connues sur la figure.

2 La longueur cherchée est SA. Pour cela, vous devez calculer la longueur SC en utilisant une figure clé.

Vous pouvez noter cette longueur x pour simplifier l'écriture.

Exercice 6

Révisez Les diviseurs

- Le nombre a est un diviseur du nombre b s'il existe un entier q tel que $b = a \times q$.

Les difficultés du sujet

1 Testez si les nombres proposés sont des diviseurs de 240 et 360.

3 Ne comptez pas deux fois le même carreau. Aidez-vous éventuellement d'un schéma.

Exercice 7

Les difficultés du sujet

1 Procédez par étape. 10 m/s signifie que la voiture parcourt 10 m en 1 seconde. On cherche combien elle parcourt de kilomètres en 1 heure.

1 m = 0,001 km

1 h = 3 600 s.

3 a. Faites attention aux unités utilisées dans la formule.

b. Vous devez résoudre une équation dans laquelle l'inconnue est au carré. Commencez par isoler ce carré.

Exercice 1

1 Nombre de jetons verts dans le sac

La probabilité de tirer un jeton vert est de 0,5. Cela signifie qu'on a une chance sur deux d'obtenir un jeton vert.

Remarque

La probabilité de tirer un jeton vert est bien $p = \frac{8}{16} = 0,5$.

Par conséquent, il y a autant de jetons verts que de jetons qui ne sont pas verts.
$6+2=8$.
Il y a 8 jetons qui ne sont pas verts, il y a donc 8 jetons verts dans le sac.
L'affirmation est fausse.

Autres méthodes

- **En testant la réponse proposée :**

S'il y avait 4 jetons verts dans le sac, la probabilité de tirer un jeton vert serait donnée par :

$$p=\frac{\text{nombre de jetons verts}}{\text{nombre total de jetons}}=\frac{4}{6+2+4}=\frac{4}{12}=\frac{1}{3}\neq 0{,}5.$$

Donc le sac ne contient pas 4 jetons verts.

- **En résolvant une équation :**

Si on note n le nombre de jetons verts, le sac contient $(n+8)$ jetons.
Ainsi, le nombre n de jetons verts dans le sac est solution de l'équation :

$$\frac{n}{n+8}=0{,}5$$

$\frac{n}{n+8}=\frac{0{,}5}{1}$ — produits en croix

$n\times 1=0{,}5(n+8)$

$n=0{,}5n+4$ — on retranche $0{,}5n$ de chaque côté

$n-0{,}5n=4$

$0{,}5n=4$ — on divise par 0,5 de chaque côté

$n=\frac{4}{0{,}5}$

$n=8$

Il y a 8 jetons verts dans le sac.

2 Nombre de dossiers dans le disque dur

1,5 To = $1{,}5\times 10^{12}$ octets.
60 Go = 60×10^{3} octets.
Le nombre de dossiers est donné par le quotient :

$$\frac{1{,}5\times 10^{12}}{60\times 10^{9}}=\frac{1{,}5}{60}\times\frac{10^{12}}{10^{9}}=0{,}025\times 10^{12-9}=0{,}025\times 10^{3}=25.$$

Le disque dur contient bien 25 dossiers de 60 Go chacun.
L'affirmation est vraie.

Méthode
Écrivez les valeurs dans la même unité.

Autre méthode

En testant l'affirmation proposée :
$25\times 60=1\,500$.
Les 25 dossiers utilisent 1 500 Go, soit 1,5 To.

3 Mesure de l'angle $\widehat{EAC}$

D'après le codage, le triangle ABC est isocèle en A.

Donc $\widehat{ABC} = \widehat{ACB} = 43°$.

Dans un triangle, la somme des mesures des angles vaut 180°.

Ainsi : $\widehat{BAC} = 180 - 2 \times 43$

$\widehat{BAC} = 94°$

Comme les points B, A et E sont alignés, $\widehat{EAB} = 180°$.

Ainsi, $\widehat{EAC} = \widehat{EAB} - \widehat{BAC}$

$\widehat{EAC} = 180 - 94$

$\widehat{EAC} = 86° \neq 137°$

L'affirmation est fausse.

> **Pensez-y !**
> Dans un triangle isocèle, les angles à la base ont même mesure.

4 Volume du liquide restant

La hauteur du liquide est divisée par 2. Elle est donc multipliée par $\frac{1}{2}$.

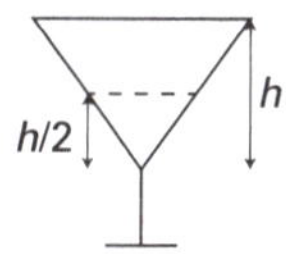

Ainsi, le volume est multiplié par $\left(\frac{1}{2}\right)^3$, soit $\frac{1}{8}$.

Cela signifie que le volume du liquide est divisé par 8.

L'affirmation est fausse.

Exercice 2

1 Moment à partir duquel le quart du marnage est atteint

- Au bout d'une heure, $\frac{1}{12}$ du marnage est atteint.
- Au bout de 2 heures :

$$\underbrace{\frac{1}{12}}_{1^{re}\text{ heure}} + \underbrace{\frac{2}{12}}_{2^{e}\text{ heure}} = \frac{3}{12} = \frac{1}{4}$$

> **Méthode**
> Additionnez les proportions du marnage juqu'à obtenir un quart.

À la fin de la 2e heure de montée, la mer atteint le quart du marnage.

2 Moment à partir duquel le tiers du marnage est atteint

- Au bout de 2 heures, $\frac{1}{4}$ du marnage est atteint.

Or $\frac{1}{4} < \frac{1}{3}$ (la mer n'a pas encore atteint le $\frac{1}{3}$ du marnage).

- Au bout de 3 heures :

$\frac{1}{4}+\frac{3}{12}=\frac{3}{12}+\frac{3}{12}=\frac{6}{12}=\frac{1}{2}.$

$\frac{1}{2}>\frac{1}{3}$

À la fin de la 3e heure, la mer a atteint la moitié du marnage.
On en déduit que le tiers du marnage est atteint entre les 2e et 3e heures de montée de la mer.

Remarque

Même si l'énoncé ne le précise pas, indiquez la durée en heures et minutes.

Au cours de chaque heure, la montée de la mer est régulière.
On peut schématiser la situation de la manière suivante :

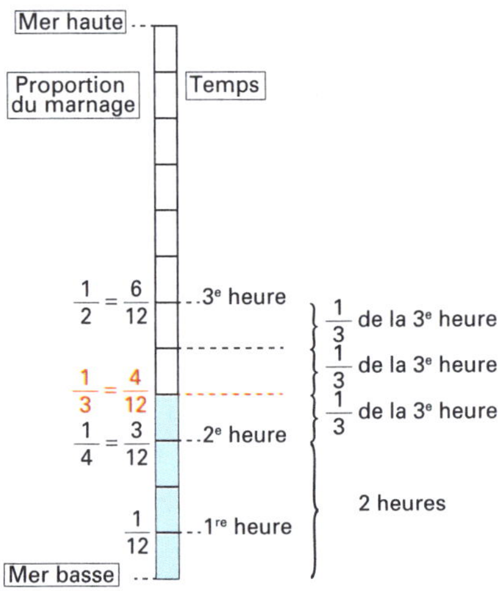

Pensez-y !

- $\frac{1}{3}=\frac{4}{12}.$
- Faites un dessin afin de présenter le raisonnement.

Remarque

Chaque rectangle représente $\frac{1}{12}$ du marnage.

$\frac{1}{3}$ d'heure = 20 minutes.

C'est donc 2 heures et 20 minutes après le début de la montée de la mer, que celle-ci atteint le $\frac{1}{3}$ du marnage.

Exercice 3

On note x la prime du deuxième coureur arrivé.
Le premier touche $(x+70)$ €.
Le troisième touche $(x-80)$ €.
Comme la somme totale s'élève à 320 €, on peut écrire :
$x+(x+70)+(x-80)=320.$

L'astuce du prof

Choisissez la prime du 2e coureur comme inconnue, car les deux autres primes sont données en fonction de celle-là.

Il s'agit d'une équation du premier degré que l'on résout en isolant « les x » dans le membre de gauche et les « non x » dans le membre de droite :

$x + x + 70 + x - 80 = 320$

on enlève les parenthèses et on réduit

$3x - 10 = 320$

on ajoute 10 dans chaque membre

$3x - \cancel{10} + \cancel{10} = 320 + 10$

$3x = 330$

on divise par 3 dans chaque membre

$x = \dfrac{330}{3}$

$x = 110$

$x + 70 = 110 + 70 = 180$

$x - 80 = 110 - 80 = 30$

Le premier coureur touche 180 €, le deuxième 110 € et le troisième 30 €.

Exercice 4

1 Détermination du programme utilisé

Analyse du programme

- L'instruction [s'orienter à 90] indique que le premier segment tracé se fera horizontalement vers la droite.
- L'instruction [aller à x: -230 y: 0] ou [aller à x: 0 y: 0] donne la position initiale du stylo sur la fenêtre graphique.
- Explication du motif :

Remarque

Après la dernière instruction (tourner de 135°), on revient à la position initiale.

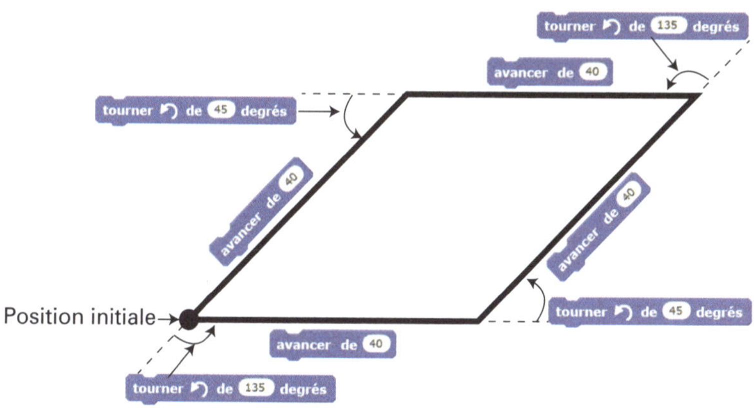

Le motif réalisé est un losange (4 côtés de même longueur).

- Pour réaliser la figure, on reproduit 8 fois le même motif en le déplaçant à chaque fois horizontalement d'une certaine distance.

Choix du programme

Seul le programme A réalise 8 fois le même motif avec un déplacement horizontal de 55 entre la position de fin du motif et la position de début du motif suivant.

Figure réalisée avec le programme B

On obtient chaque motif suivant en reproduisant le motif tourné à chaque fois de 45°.

Ainsi, le 2e motif est l'image du premier motif par la rotation d'angle 45°. On répète cette transformation 8 fois de suite.

Comme 8 × 45° = 360°, le dernier losange vient se juxtaposer sur le premier.

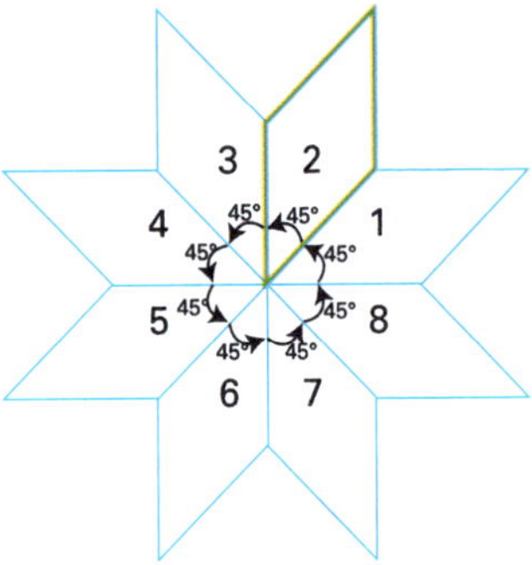

2 Espace entre deux motifs successifs

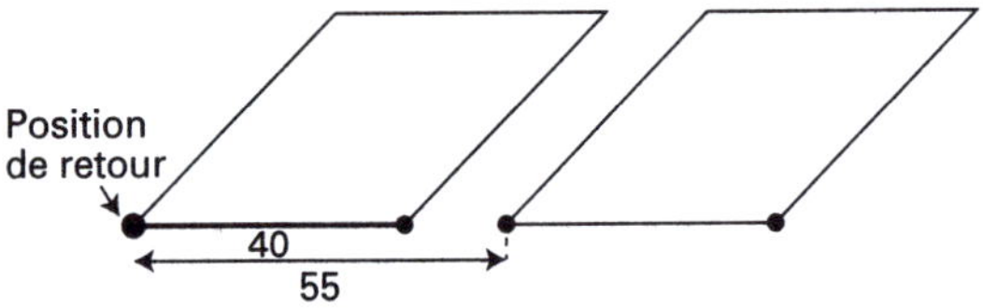

Puisque l'on avance de 55 après avoir réalisé un motif, l'espace entre 2 motifs est donné par : 55 – 40 = 15.

L'espace est donc de 15 unités.

3 Insertion de l'instruction d'augmentation de taille du stylo

Chaque motif est plus épais que le précédent : ainsi, la taille du stylo augmente de 1 entre chaque motif. Il faut donc insérer l'instruction proposée dans la répétition, après l'instruction « avancer de 55 » ou bien juste avant.

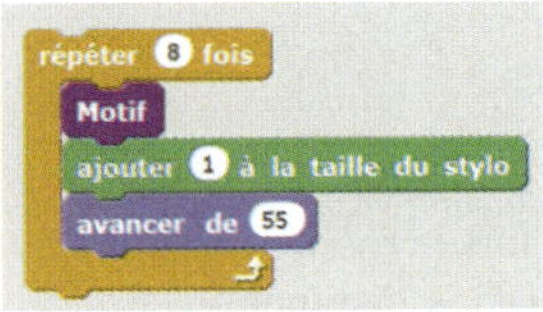

Remarque

Si on insère l'instruction avant la réalisation du premier motif, la taille du stylo du premier motif sera augmentée de 1, ce qui n'est pas le cas sur la figure.

Exercice 5

1 Vérification du réglage des feux

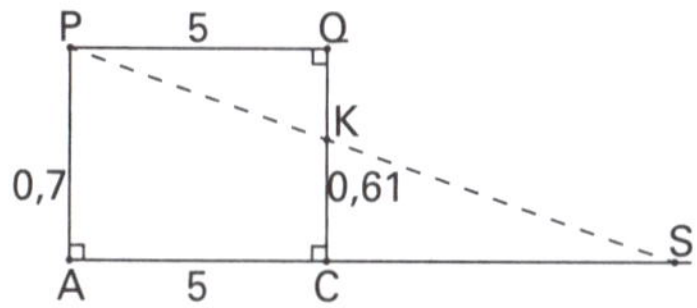

QK = 0,7 − 0,61 = 0,09

$\frac{QK}{QP} = \frac{0,09}{5} = 0,018$

0,015 < 0,015 < 0,02 donc **les feux de croisement de la voiture sont bien réglés.**

2 Distance maximale d'éclairage

Dans le triangle SAP, les droites (AP) et (KC) sont parallèles.

D'après le théorème de Thalès :

$$\frac{SC}{SA} = \frac{KC}{AP} = \frac{SK}{SP}$$

En notant x la longueur SC, on obtient :

$$\boxed{\frac{x}{x+5} = \frac{0,61}{0,7}} = \frac{SK}{SP}$$

Rappel

Aux numérateurs, on a les longueurs du triangle SKC et aux dénominateurs, on a les longueurs du triangle SAP correspondantes.

En utilisant l'égalité encadrée, par produit en croix, on obtient :

Pensez-y !

N'oubliez pas les parenthèses autour de $x + 5$.

$(x + 5) \times 0,61 = x \times 0,7$

$0,61\,x + 3,05 = 0,7x$

$0,61\,x - 0,7x + 3,05 = 0,7x - 0,7x$ ↙ on retranche $0,7x$ dans chaque membre

$-0,09x + 3,05 = 0$

$-0,09x + 3,05 - 3,05 = 0 - 3,05$ ↙ on retranche 3,05 dans chaque membre

$-0,09x = -3,05$

$\frac{-0,09x}{-0,09} = \frac{-3,05}{-0,09}$ ↙ on divise par − 0,09 dans chaque membre

$x \simeq 33,9$ m.

La longueur cherchée est SA.

Or SA = SC + CA

SA = $x + 5$

SA $\simeq 33,9 + 5$

SA $\simeq 38,9$.

La distance maximale des feux de croisement est d'environ 38,9 m.

Exercice 6

1 Utilisation de carreaux de différentes dimensions

- **Avec des carreaux de 10 cm de côté :**

$\frac{240}{10} = 24$ et $\frac{360}{10} = 36.$

On peut recouvrir la surface avec ces carreaux.

Il y aura 36 carreaux sur la longueur et 24 carreaux sur la largeur du panneau mural.

Remarque

24 x 36 = 864.
864 carreaux seront nécessaires.

- **Avec des carreaux de 14 cm de côté :**

$\frac{240}{14}$ n'est pas un nombre entier.

Cette dimension ne convient pas.

- **Avec des carreaux de 18 cm de côté :**

$\frac{240}{18}$ n'est pas un nombre entier.

Cette dimension ne convient pas.

2 Tailles possibles de carreaux

On cherche les diviseurs communs à 240 et 360 compris entre 10 et 20. Pour cela, on ne retient que les quotients entiers.

$\frac{240}{12} = 20$ et $\frac{360}{12} = 18$

Des carreaux de 12 cm conviennent.

$\frac{240}{15} = 16$ et $\frac{360}{15} = 24$

Des carreaux de 15 cm conviennent.

$\frac{240}{20} = 12$ et $\frac{360}{20} = 18$

Des carreaux de 20 cm conviennent.

Rappel

b est un diviseur de a si le quotient $\frac{a}{b}$ est un entier.

Remarque

Les valeurs 11, 13, 14, 16, 17, 18 et 19 ne conviennent pas, car ces nombres ne sont pas des diviseurs communs de 240 et 360.

Les dimensions qui conviennent sont finalement 10 cm, 12 cm, 15 cm et 20 cm.

3 Nombre de carreaux bleus utilisés

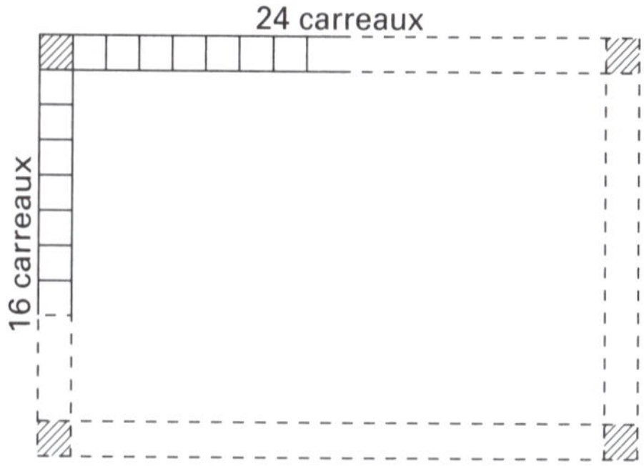

Remarque

Faites un schéma pour vous aider ! Les carreaux hachurés sont ceux qui sont comptés deux fois.

Le nombre de carreaux utilisés est donc :

$$\underbrace{24\times 2}_{\text{sur la longueur}} + \underbrace{16\times 2}_{\text{sur la largeur}} - \underbrace{4}_{\text{nombre de carreaux comptés deux fois}} = 76$$

76 carreaux bleus seront utilisés.

Exercice 7

1 Conversion

1 m = 0,001 km

10 m/s = 10 × 0,001 km/s = 0,01 km/s

= 0,01 × 3 600 km/h = **36 km.**

1 h = 3 600 s

L'astuce du prof

Pour convertir une vitesse v de m/s en km/h, on la multiplie par 3,6.

2 a. Proportionnalité

La distance de freinage **n'est pas proportionnelle** à la vitesse, car la représentation graphique de la distance de freinage par rapport à la vitesse n'est pas une droite qui passe par l'origine.

Rappel

Toute situation de proportionnalité se représente par une droite qui passe par l'origine du repère.

b. Estimation d'une distance de freinage

36 km/h = 10 m/s d'après la question 1.

Graphiquement, la distance de freinage d'une voiture roulant à 36 km/h est **14 m** (voir traces bleues ci-après).

c. Estimation d'une vitesse

Lorsque la distance de freinage est de 25 m, la vitesse de la voiture est d'environ 13,5 m/s (voir traces vertes ci-après).

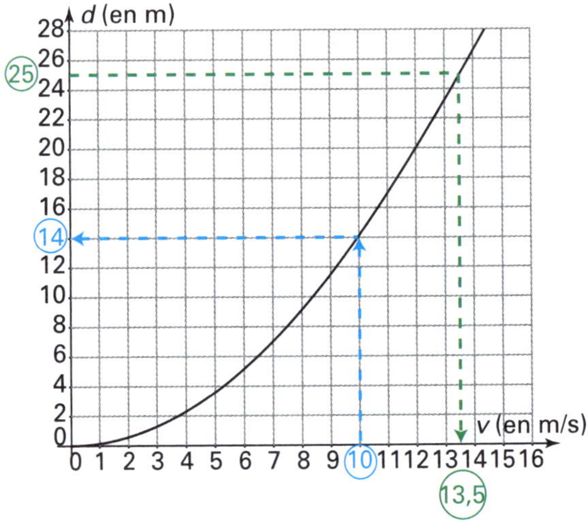

3 a. Calcul d'une distance de freinage

Pour $v = 10$ m/s :

$d = 0{,}14 \times 10^2$

$d = 0{,}14 \times 100$

$d = 14$

La distance de freinage est de 14 m. On retrouve bien le résultat donné par lecture graphique.

Pensez-y !
Faites attention aux unités utilisées dans la formule. La vitesse est en m/s.

b. Calcul d'une vitesse

On détermine v lorsque $d = 35$ m. Cela revient à résoudre l'équation $0{,}14\ v^2 = 35$.

Rappel
Il s'agit ici de déterminer l'antécédent positif de 35.

$0{,}14\ v^2 = 35$

$v^2 = \dfrac{35}{0{,}14}$ (on divise par 0,14 dans chaque membre)

$v^2 = 250$

$v = \sqrt{250}$

$v \simeq 15{,}8.$

Rappel
Le nombre positif dont le carré vaut 250 est $\sqrt{250}$.

Le véhicule roulait à environ 15,8 m/s.

PARTIE 2

PARTIE 2.1 • PHYSIQUE-CHIMIE

→ énoncé p. 57

Les clés pour réussir

L'essentiel à connaître

- Plus la distance d'arrêt d'un véhicule est grande, plus il y a des **risques de collision**.
- L'énergie cinétique E_c d'un objet est égale à :

$$E_c = \frac{1}{2} mV^2$$

avec E_c en joules (J), m la masse de l'objet en kilogrammes (kg) et V la vitesse de l'objet en mètres par seconde (m/s).
- Lors d'un freinage, les freins de de la voiture chauffent.
- L'énergie cinétique d'un objet peut être convertie en **d'autres formes d'énergie**.
- La vitesse v d'un véhicule en m/s est égale à $v = \frac{d}{t}$, avec d la distance parcourue par ce véhicule (en m) et t la durée du parcours (en s).

Analyser l'énoncé

- Le tableau donné dans l'énoncé est très important : il donne les valeurs des vitesses d'un véhicule en m/s et en km/h, et il relie ces valeurs aux distances de réaction et de freinage.
- D'après l'énoncé et le *document 1*, la distance d'arrêt D_a est égale à :

$$D_a = D_r + D_f$$

avec D_r la distance de réaction et D_f la distance de freinage.
- Deux véhicules séparés par deux traits blancs tracés sur la chaussée sont distants de 38 + 14 + 38 = 90 m.

Bien comprendre les questions

Question 1

- Comparez par exemple la distance d'arrêt d'un véhicule roulant à 30 km/h avec la distance d'arrêt d'un véhicule roulant à 50 km/h.

Question 2

- Pour calculer l'énergie cinétique, utilisez la vitesse en m/s et non en km/h.

Question 3

- La distance de sécurité sur une autoroute peut être inférieure à la distance d'arrêt des véhicules étant donné que tous les véhicules sont en mouvement.

1 Au voisinage d'un collège, un véhicule roule à 30 km/h, vitesse maximale autorisée. D'après le tableau du *document 2*, sur route sèche, si le véhicule est correctement entretenu, la valeur de sa distance de réaction D_r est égale à **8 m** et la valeur de sa distance de freinage D_f est égale à **6 m**. La distance d'arrêt D_a est la distance parcourue par le véhicule entre le moment où le conducteur aperçoit un obstacle et l'arrêt du véhicule, c'est-à-dire que $\boldsymbol{D_a = D_r + D_f}$

À 30 km/h, $D_a = 8 + 6 =$ **14 m**.

D'après le tableau du *document 2*, à 50 km/h, la distance d'arrêt est égale à : $D_a = 14 + 16 = 30$ m.

Ainsi, **en augmentant sa vitesse de 20 km/h uniquement, la distance d'arrêt a plus que doublé**. Il est donc **essentiel de ne pas dépasser les limitations de vitesse** pour ne pas mettre en danger la vie d'autrui et la sienne !

2 L'énergie cinétique E_c d'un objet de masse m se déplaçant à une vitesse V est égale à : $\boldsymbol{E_c = \frac{1}{2} mV^2}$ avec E_c en joules (J), m en kilogrammes (kg) et V en mètres par seconde (m/s).

D'après le tableau du *document 2*, un véhicule roulant à 50 km/h a une vitesse égale à 14 m/s.

Ainsi, l'énergie cinétique E_c d'un véhicule de masse $m = 1\,000$ kg roulant à $V = 50$ km/h $= 14$ m/s est égale à :

$$E_c = \frac{1}{2} \times 1\,000 \times 14^2 = \mathbf{9{,}8 \times 10^4\ J = 98\ kJ}.$$

> **L'astuce du prof**
>
> On peut aussi retrouver la vitesse en m/s grâce à la formule : $1 \text{ km/h} = \frac{1}{3{,}6}$ m/s.

Lors du freinage, l'énergie cinétique du véhicule diminue jusqu'à s'annuler. Cette énergie cinétique est convertie en **énergie thermique**.

3 D'après le *document 5*, la règle « un automobiliste doit veiller à ce que le véhicule qui le précède soit séparé de lui d'au moins deux traits blancs » signifie que deux automobilistes doivent être séparés d'une distance minimum : $d = 38 + 14 + 38 =$ **90 m**.

Si un véhicule roule à la vitesse maximale $v = 130$ km/h $= 36$ m/s, il parcourt la distance d pendant une durée $t = \frac{d}{v} = \frac{90}{36} =$ **2,5 s**.

> **Pensez-y !**
>
> Comme $v = \frac{d}{t}$, $t = \frac{d}{v}$.

D'après l'article R412-12 du Code de la route (*document 3*), cette distance d est suffisante puisqu'elle correspond à la distance parcourue par le véhicule pendant une durée d'au moins 2 secondes.

PARTIE 2.2 • TECHNOLOGIE

→ énoncé p. 59

Les clés pour réussir

L'essentiel à connaître

- La **chaîne d'énergie** d'un système est constituée de l'ensemble des composants matériels qui réalisent l'alimentation, la distribution, la conversion et la transmission de l'énergie.
- La **chaîne d'information** d'un système est constituée de l'ensemble des composants matériels qui permettent d'acquérir, de traiter et de communiquer l'information.
- Le **capteur** est un des composants de la chaîne d'information.
- Les objets utilisent de l'**information** pour fonctionner.
- Un **algorithme** est une suite d'opérations ou d'instructions qui permettent de résoudre un problème.

Analyser l'énoncé

- Le *document 6* et l'énoncé qui précède expliquent le principe d'un système de freinage antiblocage ABS. Pour bien comprendre ce principe, reliez les éléments du schéma aux informations données dans le texte.
- Les *documents 7* et *8* présentent des chaînes d'énergie et d'information ainsi que l'algorithme d'un ABS, avec des parties manquantes à compléter directement sur l'énoncé. Il n'est pas nécessaire de les recopier sur votre copie avant d'y répondre.

Bien comprendre les questions

Question 1

- Il est essentiel pour la sécurité d'un véhicule qu'aucune de ses roues ne soit bloquée. À partir de cette constatation, expliquez pourquoi chaque roue doit être équipée d'un capteur de vitesse.

Question 2

- Exploitez les informations données dans le *document 6* et dans le texte explicitant le principe de fonctionnement du freinage ABS pour compléter les parties manquantes des chaînes d'énergie et d'information.

Question 3

- Observez les formes des différentes parties de l'algorithme avant de répondre. On attend :

– un texte explicitant une action dans un rectangle ;

– une question à laquelle on peut répondre par « oui » ou par « non » dans un losange.

1 Il est indispensable de doter les quatre roues d'un capteur de vitesse. En effet, le rôle du capteur de vitesse pour chaque roue dans le système ABS est de **vérifier si la roue est en train de se bloquer ou pas**, et il est essentiel pour la sécurité du véhicule qu'**aucune roue ne soit bloquée**.

2 Les éléments manquants dans la chaîne d'énergie et la chaîne d'information d'un ABS sont les suivants :

a. **Maître cylindre**
b. **Groupe hydraulique**
c. **Circuit hydraulique**
d. **Pistons portés par les étriers**
e. **Capteur**
f. **Calculateur**
g. **Groupe hydraulique**

3 Les trois parties manquantes dans l'algorithme du freinage ABS pour une roue sont :

a. **Pincement du disque par les pistons proportionnel à la valeur de consigne de freinage.**
b. **La vitesse mesurée est-elle proche de zéro ?**
c. **La force exercée sur la pédale est-elle nulle ?**

Gagnez des points !

Les deux dernières parties de cet algorithme sont forcément des questions.

1re épreuve, partie 2*

* La partie 2 correspond à la partie Physique-Chimie, SVT, Technologie de la 1re épreuve du Brevet.

Sujets 19 à 20 L'habitat

50 pts 1 heure

Centres étrangers, juin 2017

Physique-Chimie

→ corrigé p. 82

Le poêle à bois

30 min **25 pts**

Les cheminées à foyer ouvert, dans lesquelles on voyait les flammes en direct, disparaissent peu à peu des habitations. Au-delà de l'effet de mode, les nouveaux systèmes de chauffage au bois permettent une meilleure performance. Le problème se pose de choisir la meilleure essence de bois qu'il convient de brûler dans de tels systèmes.

1 Combustion du bois

À la base de tous ces systèmes de chauffage, il y a une réaction de combustion. Pour simplifier, on considère que le bois n'est constitué que de cellulose. L'équation simplifiée de la réaction de combustion de la cellulose grâce au dioxygène O_2 est donnée ci-dessous :

$$C_6H_{10}O_5 + 6\,O_2 \rightarrow 6\,CO_2 + 5\,H_2O$$

a. Recopier les phrases ci-dessous en choisissant à chaque double proposition «... / ...» le terme adapté.

Dans l'équation de la réaction, $C_6H_{10}O_5$ et O_2 sont les formules chimiques des « réactifs / produits ». « La molécule / L'atome » O_2 est composé(e) de deux « molécules / atomes » d'oxygène.

b. À l'aide de l'équation simplifiée de la réaction de combustion de la cellulose, expliquer pourquoi l'utilisation d'un poêle à bois dans une maison nécessite un apport d'air constant.

2 Puissance du poêle à bois et durée de fonctionnement

Pour chauffer l'habitation, le poêle à bois fournit de l'énergie thermique grâce à la combustion du bois. En moyenne pour une maison, la consommation annuelle d'énergie, notée E, est égale à 13 000 kWh.

Calculer la durée de fonctionnement du poêle, d'une puissance notée P égale à 10 kW, pour garantir cet apport d'énergie E. La réponse attendue sera exprimée en heures.

Rappel : 1 kilowattheure (kWh) est l'énergie consommée par un appareil d'une puissance de 1 kW pendant une heure.

3 Choix de l'essence de bois

Dans un catalogue, on trouve différents types de bois, feuillus ou résineux, appelés essence de bois de chauffage. Le taux d'humidité est précisé en pourcentage.

Doc. 1 Extrait du catalogue

– Bois de chêne fraîchement coupé	60 % d'humidité
– Bois de parquet de charme **traité**	20 % d'humidité
– Bois de sapin	20 % d'humidité

a. À l'aide du **document 2**, expliquer comment évolue l'énergie libérée par la combustion d'une masse de 1 kg de bois en fonction de l'humidité présente dans le bois.

b. À l'aide des **documents 3** et **4** et des réponses précédentes, expliquer quelle serait l'essence de bois parmi les trois essences de bois citées dans le catalogue qui permettrait de restituer par combustion le plus d'énergie sans risque supplémentaire. Apporter des arguments précis pour justifier le choix.

Doc. 2 Énergie libérée lors de la combustion de 1 kilogramme de bois en fonction du taux d'humidité exprimé en pourcentage

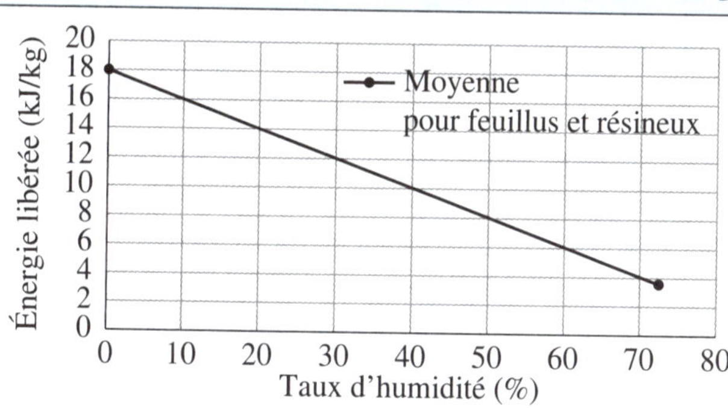

Doc. 3 Bois de charme traité

Le bois de charme du catalogue provient d'un parquet qui a été traité notamment par un insecticide. Pour cet insecticide, on trouve le pictogramme et la phrase de risque ci-contre.

S – 23
Ne pas respirer les vapeurs

Doc. 4 **Caractéristiques des différentes essences de bois à 20 % d'humidité**

Essence de bois	Énergie libérée	Caractéristiques
1 kg de chêne séché	15 020 kJ	Brûle lentement Feuillus
1 kg de charme	15 000 kJ	Brûle lentement Feuillus
1 kg de sapin	12 720 kJ	Brûle rapidement Faible braise Résineux

SVT

→ corrigé p. 84

Le sommeil de Laura

30 min **25 pts**

Laura est une élève de troisième. Ses parents sont inquiets, ils sont convoqués régulièrement au collège car Laura s'endort en cours et ne semble pas retenir ses leçons. Un médecin les questionne sur leurs habitudes de vie. Ils habitent un vieil appartement à côté d'une autoroute très fréquentée.

1 Une cause possible d'un endormissement en classe

Doc. 1 **Les effets du manque de sommeil sur l'attention des élèves en classe**

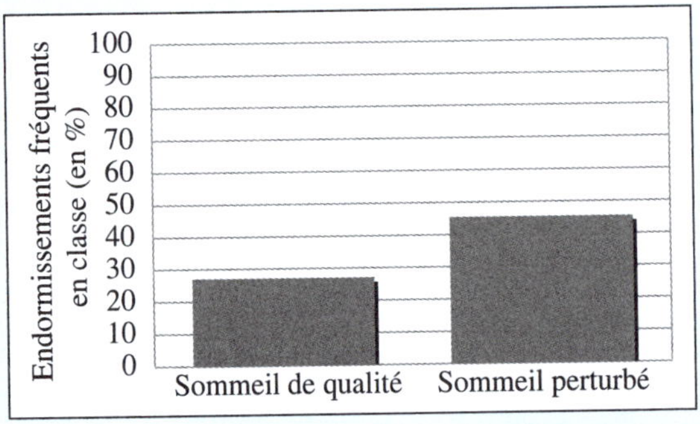

D'après Belin, SVT, édition 2009

a. D'après le **document 1**, indiquer le pourcentage des élèves qui s'endorment en classe malgré un sommeil de qualité.

b. D'après le **document 1**, comparer le pourcentage d'endormissement des élèves en classe lorsque leur sommeil a été de qualité et lorsqu'il a été perturbé.

2 Une explication possible des problèmes de Laura

Doc. 2 **Pourcentage d'images mémorisées par des élèves reposés ou par des élèves privés de sommeil**

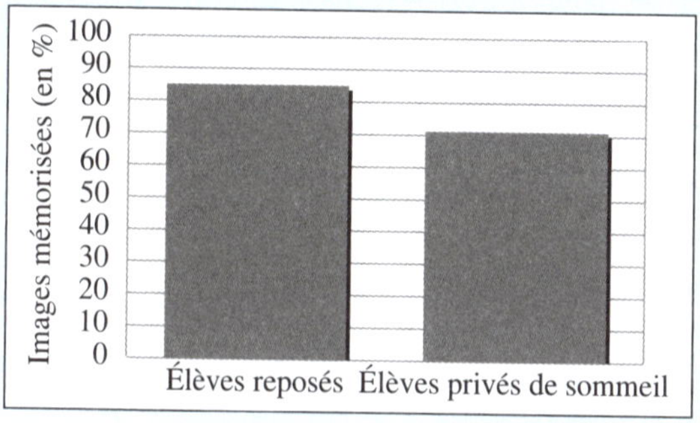

D'après Belin, SVT, édition 2009

Doc. 3 **Qualité du sommeil en fonction des niveaux sonores**
(dB : décibels, c'est l'unité de puissance sonore)

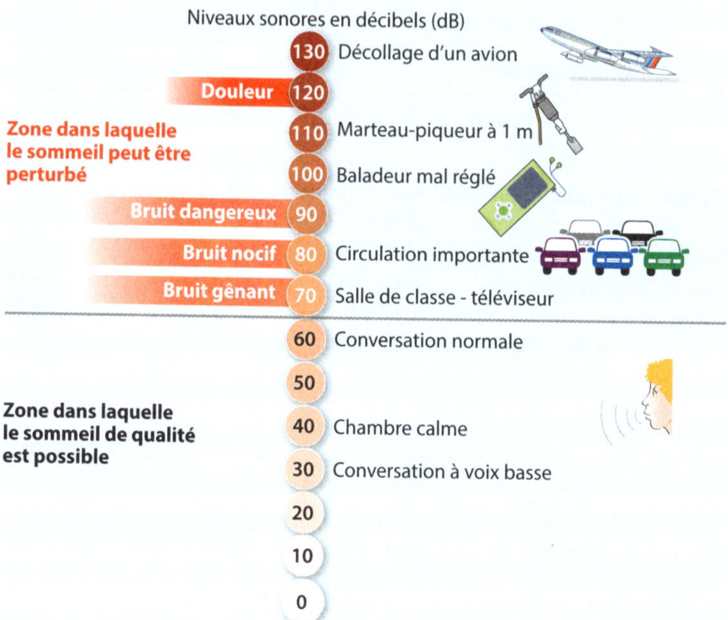

D'après Belin, SVT, édition 2007

À partir de **l'ensemble des documents**, expliquer pourquoi Laura, qui habite un vieil appartement à côté de l'autoroute, s'endort en classe et ne semble pas retenir ses leçons.

1RE ÉPREUVE, PARTIE 2

Sujets 19 à 20 Corrigé

PHYSIQUE-CHIMIE

→ énoncé p. 78

Les clés pour réussir

L'essentiel à connaître

- Les **réactifs** disparaissent lors d'une réaction chimique.
- Les **produits** apparaissent lors d'une réaction chimique.
- Une **molécule** est constituée de plusieurs **atomes**.
- L'**air** est un mélange de gaz contenant principalement du diazote et du dioxygène.
- L'**énergie *E*** apportée par un poêle à bois dépend de la **puissance *P*** du poêle et de sa **durée de fonctionnement *t*** :

$$E = P \times t$$

- E : joules (J) ou kilowattheures (kWh)
- P : watts (W) ou kilowatts (kW)
- t : secondes (s) ou heures (h)

- La combustion du bois dans un poêle doit être **lente**.

Analyser l'énoncé

- Prenez le temps de bien étudier l'équation de la réaction de combustion, car cela permet de connaître les différents réactifs de la combustion dans un poêle à bois.
- Reliez les informations données dans les trois documents pour répondre à la dernière question. N'oubliez pas de prendre en compte le pictogramme de sécurité donné dans le *document 2*.

Bien comprendre les questions

Question 1

- Utilisez vos connaissances pour ne pas confondre réactifs et produits d'une part, molécule et atome d'autre part.
- Pour répondre de façon complète à la question **1 b.**, expliquez pourquoi il faut apporter de l'air pour utiliser un poêle à bois, mais aussi pourquoi cet apport d'air doit être constant.

Question 2

- La durée de fonctionnement du poêle à bois doit être calculée à partir de la formule reliant l'énergie, la puissance et la durée.

Question 3

- Les arguments précis à apporter pour justifier votre choix doivent être tirés des trois documents fournis.

1 **a.** Dans l'équation de la réaction, $C_6H_{10}O_5$ et O_2 sont les formules chimiques des **réactifs**.
La **molécule** O_2 est composée de deux **atomes** d'oxygène.
b. D'après l'équation simplifiée de la réaction de combustion de la cellulose, les **réactifs** de cette réaction sont la **cellulose** et le **dioxygène**.
On considère que la cellulose est le seul constituant du bois présent dans le poêle. **Le dioxygène doit quant à lui être apporté par l'air**, qui est un mélange de gaz constitué principalement de diazote et de dioxygène.
De plus, comme **le dioxygène** est un réactif, il **disparaît lors de la réaction de combustion**. L'utilisation d'un poêle à bois dans une maison nécessite donc un **apport constant** d'air pour fonctionner, tant qu'il reste du bois dans le poêle.

2 L'énergie E apportée par le poêle à bois dépend de la puissance P du poêle et de sa durée de fonctionnement t : $E = P \times t$.
Ainsi, la durée de fonctionnement t du poêle est égale à : $t = \frac{E}{P}$.

On obtient alors $t = \frac{13\,000}{10}$ = **1 300 h**.

Piège à éviter

N'oubliez pas l'unité à la fin du calcul : la durée de fonctionnement s'exprime en heures (h).

3 **a.** D'après le *document 1*, la représentation graphique de l'énergie moyenne libérée par la combustion d'une masse de 1 kg de bois (feuillus ou résineux) en fonction de l'humidité présente dans le bois est une **droite décroissante**.
Ainsi, l'énergie libérée par la combustion d'une masse de 1 kg de bois **diminue** lorsque l'humidité présente dans le bois **augmente**.
b. D'après la réponse précédente, l'énergie libérée par la combustion d'une masse de 1 kg de bois augmente lorsque l'humidité présente dans le bois diminue. **Le bois de sapin et le bois de parquet de charme traité,** ayant chacun uniquement 20 % d'humidité, **semblent donc être les meilleurs choix** pour restituer le plus d'énergie.
Cependant, d'après le *document 2*, **il ne faut pas respirer les vapeurs de l'insecticide présent sur le bois de parquet de charme traité.** Or, lors d'une combustion, cet insecticide se trouvera forcément sous forme de vapeur. **Il n'est donc pas possible d'utiliser le bois de parquet de charme traité** dans un poêle à bois.
De plus, d'après le *document 3*, 1 kg de **sapin** à 20 % d'humidité libère une énergie de 12 720 kJ, mais **brûle rapidement**, ce qui n'est pas le but recherché dans un poêle à bois.

Gagnez des points !

Relevez des données chiffrées dans les documents dès que cela est possible.

Pour restituer par combustion le plus d'énergie possible, Il faudrait donc plutôt **acheter du bois de chêne fraîchement coupé** (à 60 % d'humidité), puis **le laisser sécher jusqu'à ce qu'il n'ait plus que 20 % d'humidité**. Ainsi, 1 kg de ce bois **libérerait lentement une énergie importante de 15 020 kJ**.

SVT

→ *énoncé p. 80*

Les clés pour réussir

L'essentiel à connaître

- L'**activité cérébrale** permet la saisie et le traitement des informations de notre environnement, leur mise en mémoire, les **apprentissages**.
- Le cerveau nécessite des **phases de sommeil** pour assurer une activité cérébrale de **qualité**.
- Le **manque de sommeil** perturbe l'activité cérébrale.
- Pendant les phases de sommeil, le cerveau **réorganise**, trie, met en relation les informations traitées pendant la journée. Cette réorganisation permet la **mémorisation**.
- Un **sommeil de mauvaise qualité** perturbe cette réorganisation et cette mémorisation.

Analyser l'énoncé

- Lisez attentivement l'introduction en soulignant les mots-clés : « sommeil », « s'endort », « habitudes de vie », « autoroute fréquentée ». Ce repérage vous permettra de mieux vous approprier la situation.
- Sur le *document 1*, analysez le nom de l'axe des ordonnées du graphique en relation avec le titre.
- Sur le *document 2*, comparez ce qui est représenté par les deux barres. Cela vous permettra de comprendre le but de ces deux graphiques.
- Sur le *document 3*, repérez les ambiances sonores dans lesquelles le sommeil est perturbé.

Bien comprendre les questions

Question 1

a. Tracez un trait passant par le sommet de la barre et parallèle à l'axe des abscisses pour connaître la valeur du pourcentage d'élèves qui s'endorment en classe malgré un sommeil de qualité.

b. Relevez la valeur du pourcentage d'élèves qui s'endorment en classe avec un sommeil perturbé et indiquez si elle est plus forte, égale ou plus faible que celle relevée à la question précédente.

Question 2

- Cherchez, dans chaque document, ce qui est en relation avec un sommeil perturbé.
- Reliez ensuite ces événements entre eux en essayant de construire une chaîne causale (un premier événement provoque un deuxième événement, qui en provoque un troisième...).

1 **a.** D'après le *document 1*, entre **27** et **28 %** des élèves ayant un **sommeil de qualité** s'endorment en classe.

b. D'après le *document 1*, entre **44 et 45 %** des élèves ayant un **sommeil perturbé** s'endorment en classe, alors qu'ils ne sont que 27 à 28 % à s'endormir en classe s'ils ont un sommeil de qualité.

Pensez-y !
Une comparaison doit s'appuyer sur des valeurs.

Ainsi, les élèves ayant un sommeil perturbé s'endorment **plus fréquemment** en classe que ceux qui ont un sommeil de qualité.

2 Le vieil appartement habité par Laura est sûrement **mal isolé**. Or, il est situé près d'une autoroute très fréquentée. La **circulation automobile** importante de l'autoroute est responsable d'un bruit qui peut atteindre **80 décibels** (*document 3*). À ce niveau sonore, considéré comme nocif, le sommeil **peut être perturbé**. La perturbation du sommeil a deux conséquences :
– une **mémorisation** moins bonne (*document 2*) ;
– un **endormissement** plus fréquent en classe (*document 1*).

L'astuce du prof
Terminez votre explication en montrant que vous avez bien répondu à la question posée.

Ainsi, Laura s'endort en classe et ne peut pas retenir ses leçons.

Sujets 21 à 22 La culture des tomates sous serre

50 pts — 1 heure

Sujet inédit

Il est possible de consommer des tomates cultivées en France toute l'année, alors que ces fruits exigent normalement des conditions réunies seulement en été. Pour cela, la culture de ces tomates est réalisée dans des serres chauffées automatisées. Dans ce sujet, on se propose d'étudier les conditions optimales de développement des tomates et les dispositifs technologiques mis en œuvre pour les assurer.

SVT

→ *corrigé p. 91*

Développement des tomates

30 min **25 pts**

Plus de 95 % des tomates cultivées en France sont cultivées sous serre.

Doc. 1 Culture des tomates sous serre

Dans les serres les plus perfectionnées, des plants de tomate, sélectionnés, poussent à un mètre du sol, dans des petits bacs contenant de la fibre de noix de coco ou de la laine de roche. La pollinisation des fleurs – étape indispensable pour obtenir les fruits – a été assurée par des bourdons achetés et libérés dans la serre. Il faut aussi chauffer la serre, irriguer les plants par un système de goutte à goutte enrichi en éléments fertilisants, contrôler la luminosité, l'aération, l'hygrométrie, le taux de dioxyde de carbone… Tout cela est piloté par ordinateur.

Doc. 2 Organisation d'un plant de tomate

1 La tomate est une plante chlorophyllienne qui présente une organisation lui permettant la production de matière organique. Compléter le *document 2* du plant de tomate à l'aide de flèches et de légendes pour montrer le rôle des feuilles, des tiges et des racines dans cette production de matière organique.

2 En utilisant le texte du *document 1* et vos connaissances, expliquer en quoi la culture de tomates dans une serre automatisée permet la production de fruits plus gros et plus nombreux.

3 Une étude sur l'effet du taux de dioxyde de carbone (CO_2) gazeux sur la croissance de jeunes plants de tomate a donné les résultats fournis dans le *document 3*.

Doc. 3 Effet du taux de CO_2 gazeux sur la croissance de jeunes plants de tomate

	Serre 1	Serre 2
Taux de CO_2 dans l'air de la serre	0,03 % (taux égal à celui de l'air que nous respirons)	0,1 % (air enrichi en CO_2)
Masse moyenne d'un plant de tomate au bout de 30 jours (masse sèche après déshydratation)	3,5 g	6,2 g

Cocher la (ou les) réponse(s) correcte(s) dans la liste suivante :
☐ Les plants de tomate ont besoin d'un air enrichi en CO_2 pour grossir.
☐ Les plants de tomate grossissent mieux dans un air à 0,03 % de CO_2.
☐ Les plants de tomate ont une meilleure croissance dans un air enrichi en CO_2.
☐ Les plants de tomate n'ont pas besoin de CO_2 pour grandir.

4 La production de tomates nécessite l'utilisation d'énergie, pour chauffer les serres notamment. Les principales sources d'énergie utilisées sont des combustibles fossiles comme le gaz ou le fuel. Proposer deux moyens pour réduire l'utilisation des combustibles fossiles dans la production des tomates.

Technologie

→ corrigé p. 93

Dispositifs technologiques utilisés dans une serre 30 min 25 pts

Dans une serre, de nombreux dispositifs technologiques assurent la gestion des conditions de développement des plants de tomate. Dans cette partie, nous nous concentrons uniquement sur la gestion du taux de dioxyde de carbone (CO_2) par un système automatisé. Ce système mesure le taux de CO_2 et actionne un générateur de CO_2 en fonction des paramètres choisis par l'utilisateur du système.

Doc. 4 Éléments du système automatisé

Automate programmable	L'automate programmable traite les tensions transmises par la sonde de CO_2 et commande le relais actionnant le générateur de CO_2.	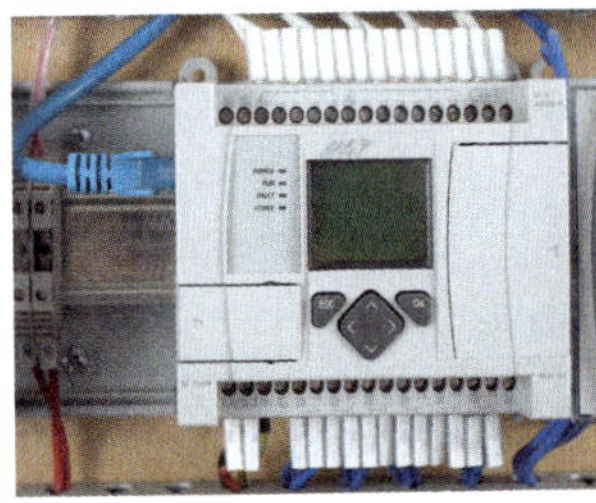 123 rf Limited/ZStoimenov
Sonde de CO_2	La sonde acquiert le taux de CO_2 dans la serre et le transmet sous forme analogique (tension électrique) à la carte programmable. (Sortie : 1 V pour 1 % de CO_2)	 123 rf Limited/Ruslin Kudrin
Générateur de CO_2	Le générateur de CO_2 fabrique de façon artificielle du CO_2. Il est commandé par un relais relié à une sortie de l'automate programmable.	 123 rf Limited/Yali Shi

Doc. 5 **Plan de câblage du système automatisé**

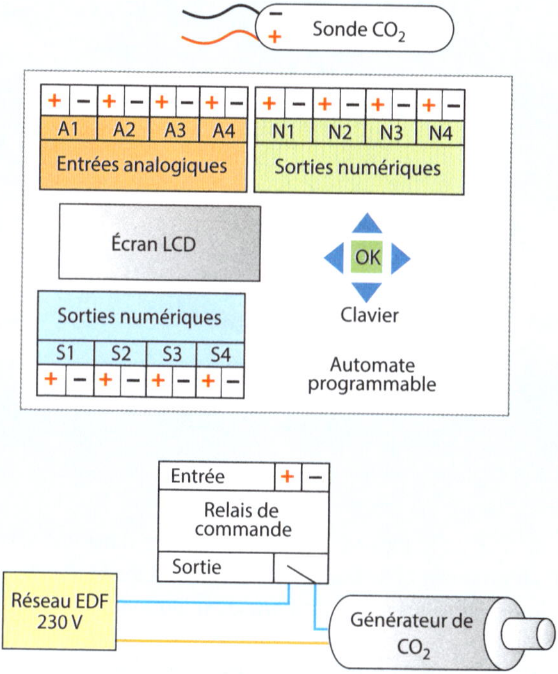

1 Préciser pour chaque élément du *document 4* s'il s'agit d'un capteur, d'un actionneur ou d'une interface. Compléter ensuite la chaîne d'information ci-dessous :

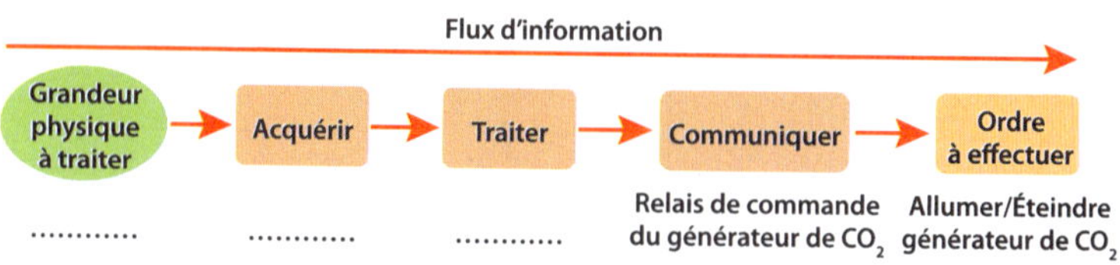

2 En fonction des informations sur les éléments du système, réaliser sur le *document 5* le câblage de la sonde de CO_2 et du relais de commande à l'automate programmable (utiliser la première entrée ou sortie disponible).

3 L'algorigramme enregistré dans l'automate programmable pour la gestion du taux de CO_2 est présenté ci-après. D'après cet algorigramme, que se passe-t-il lorsque le taux de CO_2 est inférieur à 0,05 % ? Quel est le seuil de CO_2 qui commande l'extinction du générateur ?
À partir de la présentation des éléments du système, calculer les tensions en sortie du capteur de CO_2 pour 0,15 % de CO_2, puis 0,05 % de CO_2.

Doc. 6 **Algorigramme**

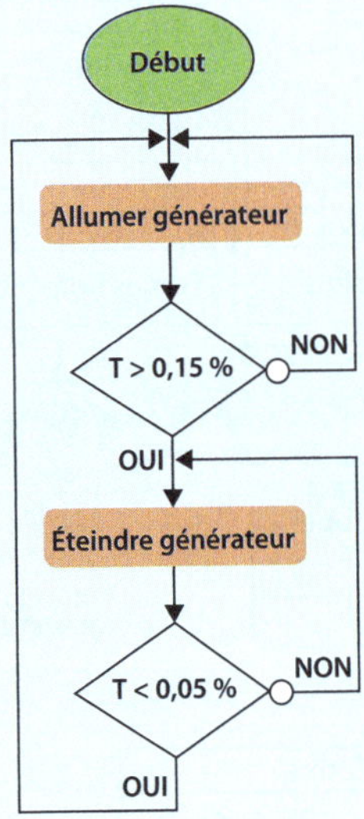

4 Le taux de CO_2 a été mesuré pendant 12 heures dans une serre équipée du système automatisé. Les résultats se trouvent dans le *document 7*.
Compléter les 4 pointillés sur le graphique en indiquant si le générateur est allumé ou éteint.
Valider ensuite le bon fonctionnement du système par un texte de quelques lignes.

Doc. 7 **Taux de CO_2 dans une serre**

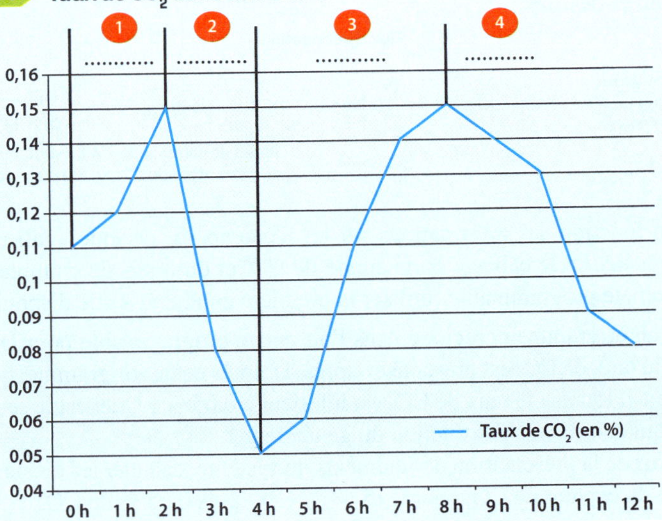

Sujets 21 à 22 Corrigé

SVT

→ énoncé p. 86

Les clés pour réussir

L'essentiel à connaître

- Les **végétaux chlorophylliens** utilisent l'**énergie lumineuse pour transformer des matières minérales** (dioxyde de carbone et eau) en matières organiques (glucides, protides et lipides).
- **Les végétaux absorbent l'eau** par leurs racines et le **dioxyde de carbone** par leurs **feuilles**.
- La tige des végétaux contient des **systèmes conducteurs pour la sève brute** (eau minéralisée) **et pour la sève élaborée** (produite par les feuilles).

Analyser l'énoncé

Prenez le temps de bien observer les documents, car les informations qu'ils contiennent vous seront très utiles pour répondre aux questions :

- les plants de tomate sont cultivés dans des serres chauffées ;
- les racines des tomates poussent dans un support qui n'est pas de la terre ;
- tous les apports nutritifs sont contrôlés (eau, fertilisants et dioxyde de carbone) ;
- toutes les conditions de développement sont aussi contrôlées (luminosité, aération, température).

Bien comprendre les questions

Question 1

- Localisez la production de matière dans la plante, puis l'absorption de l'eau et celle du dioxyde de carbone. Enfin, dessinez des flèches légendées pour indiquer le transport des sèves.

Question 2

- Utilisez vos connaissances sur les besoins nutritifs des végétaux chlorophylliens et sur les conditions de développement idéales pour un végétal. Cherchez des indices dans le texte du *document 1* sur le contrôle de ces besoins et de ces conditions.

Question 3

- Comparez la masse moyenne d'un plant de tomate qui a poussé dans une serre à atmosphère enrichie en dioxyde de carbone avec la masse moyenne d'un plant de tomate cultivé dans une atmosphère normale.

Question 4

- Utilisez vos connaissances sur les sources d'énergie et envisagez le rôle du consommateur comme un « éco-terrien ».

1 La production de matière organique dans un plant de tomate peut être expliquée grâce au schéma suivant :

2 Dans une serre automatisée, la luminosité et les apports en dioxyde de carbone (CO_2), en eau et en ions minéraux sont **contrôlés**. Or, on sait que les plantes vertes comme les plants de tomate utilisent le CO_2, l'eau et les ions minéraux pour produire leur propre matière organique. Donc, la croissance des plants de tomate est améliorée dans une serre. Ainsi, les fruits produits sont plus gros. De plus, des bourdons, insectes pollinisateurs, sont **lâchés dans la serre** et permettent la transformation des fleurs de tomate en fruits, et donc l'obtention de fruits plus nombreux.

Gagnez des points !

Utilisez les connecteurs logiques « or », « donc », « ainsi »... pour relier les propositions entre elles.

3 **Les plants de tomate ont une meilleure croissance dans un air enrichi en CO_2.**

4 Plusieurs moyens sont envisageables pour réduire la consommation de combustibles fossiles pour la production des tomates :
- **utiliser des sources d'énergie durable** (géothermie, biomasse) ;
- privilégier la culture sous serre non chauffée ou en plein champ, donc **réduire la consommation des tomates hors saison**.

Technologie

→ énoncé p. 88

Les clés pour réussir

L'essentiel à connaître

- **Un capteur acquiert une grandeur physique** (température, vitesse, présence d'une personne...) **et la transforme en une information** compréhensible par un ordinateur.
- **Un actionneur transforme l'énergie** qui lui est transmise **en une action**. Cette action peut être un signal lumineux, un mouvement, une production d'énergie thermique, un son...
- Les **interfaces utilisateurs** permettent à l'homme et à la machine de **communiquer**.
- La **chaîne d'information** est constituée de l'ensemble des composants qui réalisent **l'acquisition, le traitement et la communication** de l'information.
- Une **carte programmable** dispose généralement de **plusieurs types d'entrées et de sorties** :

– **les entrées et sorties numériques** permettent de connecter des détecteurs, des actionneurs de type « tout ou rien » ou des composants numériques. Les signaux électriques peuvent prendre seulement deux valeurs : 1 ou 0 (5 V ou 0 V par exemple) ;

– **les entrées ou sorties analogiques** permettent de connecter des capteurs ou des actionneurs dont les signaux électriques peuvent prendre toutes les valeurs comprises dans une plage, par exemple entre 0 et 5 V.

- Un **programme informatique** est un **ensemble d'opérations** destinées à être exécutées par un ordinateur.
- Un **algorithme** est une **succession d'opérations et d'instructions** permettant la réalisation d'une tâche ou la résolution d'un problème.
- L'**algorigramme** permet de **représenter les algorithmes** pour comprendre rapidement le fonctionnement du programme.

Analyser l'énoncé et les documents

- Le sujet comprend de nombreux documents de natures différentes (texte, tableau, schéma, algorigramme, graphique). Analysez bien chacun de ces documents pour comprendre le système dans son ensemble.
- Le *document 4* présente le fonctionnement global du système et les composants qui le constituent.
- Le *document 5* est un plan de câblage, il représente les différents éléments du système de façon schématique et la manière dont ils sont connectés.

Bien comprendre les questions

Question 1

- La grandeur physique à acquérir est indiquée plusieurs fois dans le texte de présentation.
- Servez-vous du *document 4* pour comprendre le rôle de chacun des composants et compléter la chaîne d'information.

Question 2

- Les éléments sont volontairement placés sur le schéma de façon à vous donner un indice et vous faciliter le câblage, ils sont placés à côté de l'entrée ou de la sortie à laquelle ils doivent être reliés.
- Le code couleur (câbles rouges et câbles noirs) est également là pour vous aider à réaliser le câblage correctement.

Question 3

- Dans un algorigramme, les boîtes carrées sont des actions du système, les boîtes losangiques des tests effectués par le programme.
- Pour répondre à la première question sur l'algorigramme, effectuez en suivant avec votre doigt le déroulement du programme pour la situation « seuil inférieur à 0,05 % ».
- Servez-vous des informations du tableau du *document 4* pour répondre à la question sur la tension de sortie du capteur.

Question 4

- Il s'agit d'analyser de façon logique ce graphique. Pour cela, posez-vous la question : quand le générateur est allumé, est-ce que le taux de CO_2 augmente ou diminue dans la serre ?
- Pour valider le bon fonctionnement du système, il faut reprendre l'algorigramme et comprendre le fonctionnement souhaité : le taux de CO_2 doit toujours se situer entre 0,05 et 0,15 %.

1 **L'automate programmable sert d'interface.** Avec le clavier et l'écran LCD, l'utilisateur peut paramétrer les programmes informatiques du système.
La sonde de CO_2 est un capteur, elle acquiert le taux de CO_2 et le convertit en tension électrique.
Le générateur de CO_2 est un actionneur, il est commandé par un relais et fabrique de façon artificielle du dioxyde de carbone.

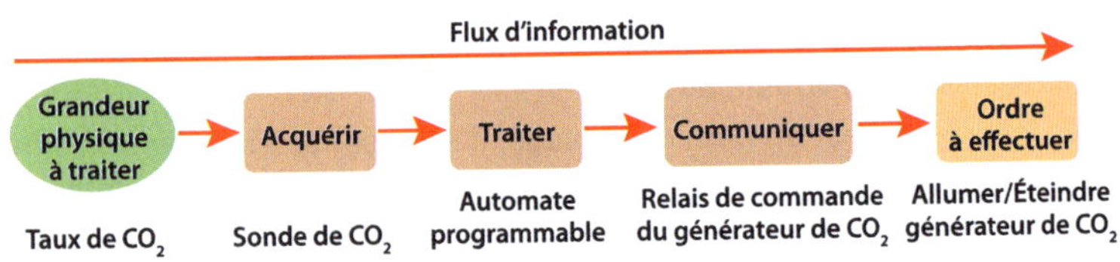

2 Pour le câblage du système, il faut **relier la sonde à une entrée analogique**, car elle délivre une tension analogique proportionnelle au taux de CO_2 mesuré. Le relais de commande doit être **relié à une sortie numérique**, qui actionnera le relais et donc le générateur (sortie activée : générateur allumé ; sortie désactivée : générateur éteint).

L'astuce du prof

Les fils rouges (+) doivent être reliés aux bornes (+), les fils noirs (–) aux bornes (–).

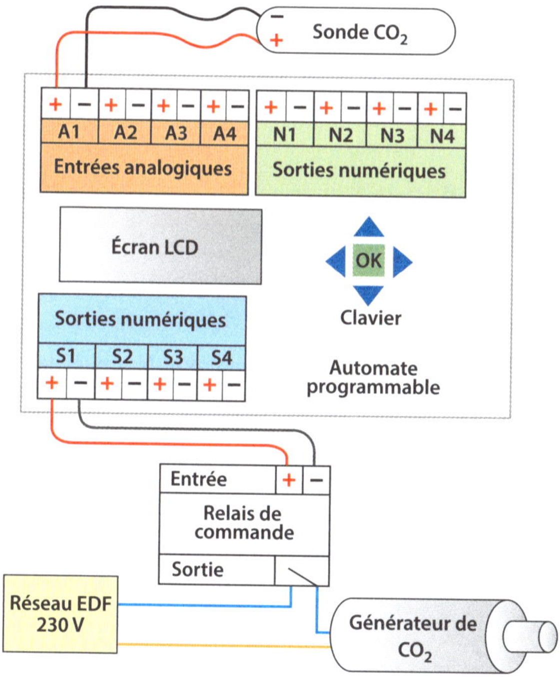

3 Lorsque le taux de CO_2 est inférieur à 0,05 %, **le programme enclenche le générateur de CO_2.**

Le seuil de CO_2 qui commande l'extinction du générateur est fixé à **0,15 %**. D'après le *document 4*, les tensions *U* en sortie du capteur de CO_2 sont les suivantes : pour 0,15 % de CO_2, ***U* = 0,15 V** ; pour 0,05 % de CO_2, ***U* = 0,05 V**.

4 **1 : générateur allumé** ; **2 : générateur éteint** ; **3 : générateur allumé** ; **4 : générateur éteint.**

Le système fonctionne convenablement, car le taux de CO_2 ne dépasse jamais les seuils haut et bas paramétrés par l'utilisateur (0,05 % et 0,15 %).

Sujets 23 à 24 Base nautique

50 pts — 1 heure

Sujet inédit

Des élèves participent à un séjour sur une base nautique située au bord du lac de Sainte-Croix, dans le Sud de la France. C'est un lac artificiel qui est né de la construction d'un barrage hydroélectrique.

Physique-Chimie

→ *corrigé p. 100*

Au bord du lac

30 min **25 pts**

Les élèves sont initiés à la voile sur de petits bateaux de type catamaran, dont certaines parties sont en aluminium et en fer.

1 **a.** Le mât des catamarans est en aluminium. Nommer la catégorie de matériaux à laquelle appartient l'aluminium.

b. Schématiser, dans le cadre ci-dessous, le circuit électrique qui permet de vérifier le caractère conducteur d'un objet en aluminium, dont le symbole électrique est déjà représenté.

Doc. 1 Schéma d'un circuit électrique

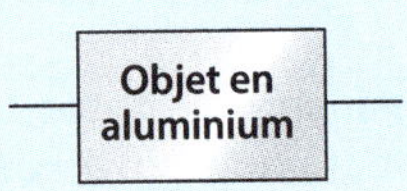

c. Lorsque le montage électrique précédent est réalisé, quelle observation permet de confirmer le caractère conducteur de l'objet en aluminium ?

2 Les élèves estiment le pH de l'eau du lac à l'aide d'un papier pH. Le papier pH devient vert clair.

Doc. 2 **Différentes couleurs du papier pH en fonction du pH**

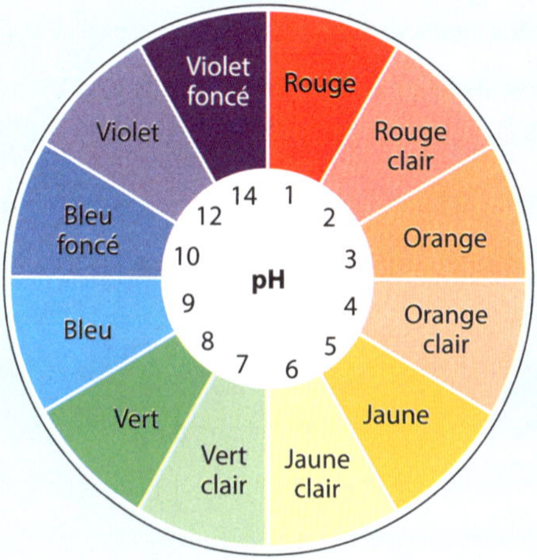

L'eau de ce lac est :
(cocher la case correspondant à la réponse correcte)

☐ basique ☐ acide ☐ neutre

Justifier la réponse, puis compléter la phrase suivante par l'un des mots suivants : *plus*, *moins*, *autant*.

« L'eau du lac contient .... d'ions hydrogène que d'ions hydroxyde. »

3 La centrale hydroélectrique de Sainte-Croix produit de l'énergie électrique, notamment grâce au barrage qui permet de retenir l'eau.

a. La source d'énergie de cette centrale est-elle renouvelable ?

b. Cocher les sources d'énergie renouvelables :

☐ le pétrole ☐ le vent ☐ le gaz naturel
☐ la biomasse ☐ les vagues ☐ le Soleil

c. Lorsque le barrage est ouvert, l'eau acquiert de l'énergie cinétique. Expliquer pourquoi l'eau peut acquérir de l'énergie cinétique.

Technologie → *corrigé p. 102*

30 min **25 pts**

Mini-centrale météorologique

Pour faciliter la navigation sur le lac, chaque bateau est équipé d'une petite centrale météorologique avec une girouette.

1 La girouette est fixée en haut du mât du bateau.

a. Quel est l'intérêt, pour un navigateur, de s'équiper d'une girouette ?

b. Écrire le mot « girouette » sur les pointillés au bon emplacement dans la chaîne d'information suivante :

Doc. 3 **Schéma synoptique de la chaîne d'information**

2 La girouette indique 8 directions. Lors de sa conception, les signaux électriques suivants ont été relevés.

Doc. 4 **Signaux électriques pour identifier les directions de la girouette**

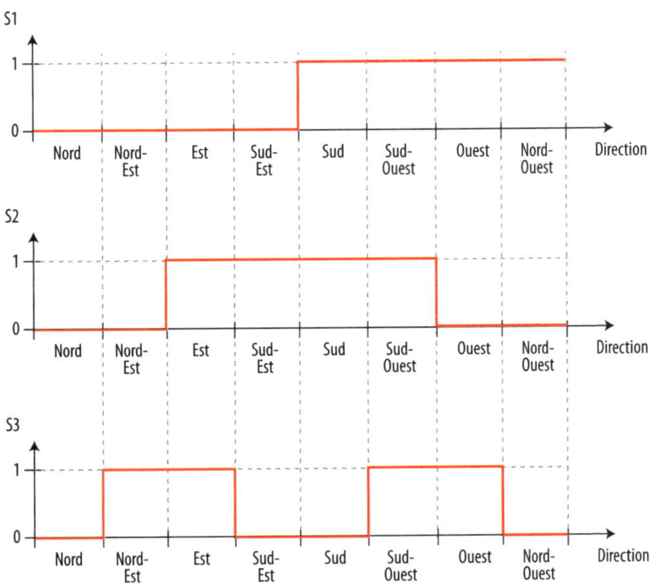

a. En observant les signaux électriques, compléter le tableau pour associer un code binaire à chacune des directions.

	S1	S2	S3
Nord	0	0	0
Nord-Est			
Est			
Sud-Est			
Sud			
Sud-Ouest			
Ouest			
Nord-Ouest			

b. La girouette n'est pas assez précise, il faut doubler le nombre de directions. Donner la mesure de l'angle correspondant à un secteur de la girouette (deux directions successives, entre Nord et Nord Nord Est par exemple).

3 Si le vent vient à manquer, la girouette peut tout de même indiquer une direction. Il en est de même en cas de froid (axe de rotation gelé). Pour éviter ces problèmes qui vont indiquer de fausses directions, un anémomètre (capteur permettant de mesurer la vitesse du vent) et un capteur de température ont été ajoutés sur le mât du voilier. Le descriptif du fonctionnement des différents éléments est le suivant.
Si le vent souffle et que les températures sont positives, l'écran de la centrale météorologique doit afficher une direction. Sinon, en cas de vent avec des températures négatives, il doit afficher qu'il faut vérifier si l'axe de rotation n'est pas bloqué. Autrement, il doit afficher que le vent est insuffisant.

Compléter l'algorithme suivant en utilisant les mots-clés : **SINON**, **SI**, **ALORS** et **SINON SI**

.... *présence de vent et températures positives*
.... AFFICHER *direction du vent*
.... *présence de vent et températures négatives*
.... AFFICHER *direction du vent et vérifier axe de rotation*
.... AFFICHER *vent insuffisant*

Sujets 23 à 24 Corrigé

Physique-Chimie

→ énoncé p. 96

Les clés pour réussir

L'essentiel à connaître

- La **matière** peut être classée en plusieurs catégories : métaux, plastiques, verres, matière organique, matière minérale...
- Un objet est **conducteur électrique** s'il peut conduire le courant électrique, c'est-à-dire que l'intensité du courant électrique qui le traverse peut être non nulle.
- Une solution **acide** a un pH inférieur à 7, une solution **neutre** a un pH égal à 7, et une solution **basique** a un pH supérieur à 7.
- Une solution acide contient davantage d'ions hydrogène H^+ que d'ions hydroxyde OH^-, une solution neutre contient autant d'ions H^+ que d'ions OH^-, et une solution basique contient davantage d'ions OH^- que d'ions H^+.
- Les **sources d'énergie renouvelables** peuvent être utilisées de façon illimitée à l'échelle humaine.
- Une forme d'énergie peut être **convertie** en une autre forme d'énergie.

Analyser l'énoncé

- Les questions demandent à la fois des connaissances en physique et en chimie.

Bien comprendre les questions

Question 1

- Le schéma proposé doit permettre de vérifier que le courant électrique peut circuler à l'intérieur d'un objet en aluminium.

Question 2

- Trouvez d'abord le pH de la solution grâce au papier pH avant de répondre aux questions posées.

Question 3

- Ne confondez pas source d'énergie (renouvelable ou non renouvelable) et forme d'énergie (cinétique ou potentielle, dépendant de la position).

1 **a.** L'aluminium appartient à la catégorie des **métaux**.

b. Le circuit électrique qui permet de vérifier le caractère conducteur d'un objet en aluminium peut être représenté de la manière suivante dans le cadre ci-dessous :

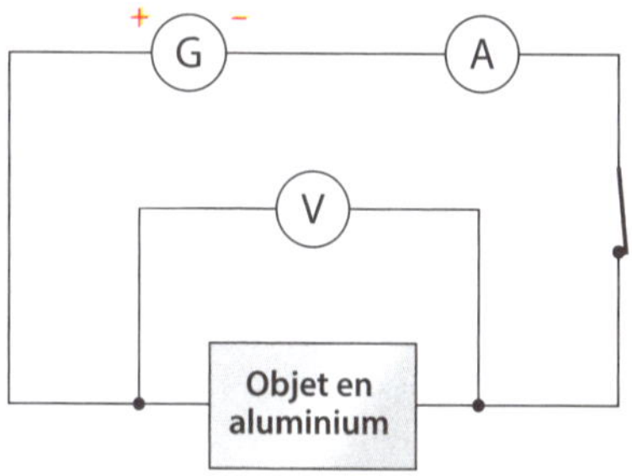

L'astuce du prof

L'ampèremètre peut être remplacé par une lampe. Il faut vérifier dans ce cas si la lampe brille.

c. Lorsque ce montage électrique est réalisé et que le générateur électrique est en fonctionnement, on peut confirmer le caractère conducteur de l'objet en aluminium en vérifiant que **l'intensité du courant électrique mesurée par l'ampèremètre n'est pas nulle**.

2 L'eau de ce lac est **neutre**. En effet, d'après le *document 2*, le **pH de l'eau du lac est égal à 7** étant donné que le papier pH est de couleur vert clair.
La phrase suivante est complétée avec le mot *autant* : « L'eau du lac contient **autant** d'ions hydrogène que d'ions hydroxyde. »

3 **a.** La source d'énergie de cette centrale est l'eau en mouvement. C'est une **source d'énergie renouvelable**.
b. Les sources d'énergie renouvelables, qui peuvent être utilisées de façon illimitée à l'échelle humaine, sont **le vent, la biomasse, les vagues et le Soleil**.
c. Lorsque le barrage est ouvert, l'eau acquiert de l'énergie cinétique. L'eau peut acquérir de l'énergie cinétique au cours de sa chute, car **une partie de son énergie potentielle (dépendant de la position) est convertie en énergie cinétique**.

Technologie

→ *énoncé p. 98*

Les clés pour réussir

L'essentiel à connaître

- La **chaîne d'information** d'un système est constituée de l'ensemble des éléments qui permettent d'acquérir, de traiter et de communiquer l'information.
- Le **capteur** est un des éléments de la chaîne d'information.
- Les objets utilisent de l'**information** pour fonctionner.
- Le fonctionnement d'un objet peut être décrit par un graphique.
- Un **algorithme** est une suite d'opérations ou d'instructions qui permettent de résoudre un problème.

Analyser l'énoncé

- Les questions **1**, **2** et **3** sont indépendantes les unes des autres. Il est possible par exemple de ne pas répondre à la question **1** et de répondre aux autres questions.

Bien comprendre les questions

Question 1

- La girouette ne peut être placée que dans un bloc. Il faut indiquer lequel.

Question 2

- Observez bien la direction sur l'axe des abscisses. Regardez le niveau du signal correspondant sur l'axe des ordonnées et reportez cette valeur dans le tableau.
- Pensez à la forme géométrique décrite par la girouette lorsqu'elle effectue un tour complet.

Question 3

- Lisez très attentivement l'énoncé de la question en essayant de repérer les mots-clés utilisés dans le descriptif.

1 **a.** La girouette est utile en navigation pour **indiquer la direction du vent**. Elle donnera sa provenance. Le marin pourra ainsi **optimiser la vitesse de déplacement de son bateau**.
b. La girouette est un **capteur**. Elle se place **dans le bloc « ACQUÉRIR »**.

Remarque
Le microcontrôleur (unité de traitement de l'information) se place dans le bloc « TRAITER » et l'écran de visualisation dans le bloc « COMMUNIQUER ».

2 **a.** D'après le *document 4*, chaque direction peut être associée à un code binaire comme dans le tableau ci-après.

	S1	S2	S3
Nord	0	0	0
Nord-Est	0	0	1
Est	0	1	1
Sud-Est	0	1	0
Sud	1	1	0
Sud-Ouest	1	1	1
Ouest	1	0	1
Nord-Ouest	1	0	0

b. Dans la question **2 a.**, la girouette est capable d'indiquer 8 directions. Comme le nombre de directions est doublé, elle indique désormais : $2 \times 8 = 16$ directions.

En tournant, la girouette décrit un cercle, donc un angle de 360°.

Ainsi, l'angle correspondant à un secteur est égal à : $\frac{360}{16} = \mathbf{22{,}5°}$.

Pensez-y !

Un angle est donné en degrés ou en radians : $360° = 2\pi$ rad.

3 En suivant le texte, on obtient l'algorithme suivant :

SI *présence de vent et températures positives*
ALORS AFFICHER *direction du vent*
SINON SI *présence de vent et températures négatives*
ALORS AFFICHER *direction du vent et vérifier axe de rotation*
SINON AFFICHER *vent insuffisant*

Sujets 25 à 26 Tapis de course

50 pts 1 heure

Sujet inédit

Afin de mesurer l'évolution de certains paramètres physiologiques durant l'effort, les sportifs de haut niveau ont besoin de s'entraîner sur des tapis de course.

Technologie

→ corrigé p. 107

Système d'entraînement du tapis de course

30 min **25 pts**

Le sportif court sur un tapis mobile qui est actionné grâce à un moteur électrique et un ensemble poulies/courroie. Pour mesurer les paramètres physiologiques du coureur, le tapis doit se déplacer à sa vitesse maximale qui est de 21,6 km/h.

1 Étude de l'ensemble poulies/courroie

a. Donner la nature de l'énergie à l'entrée et à la sortie du moteur.

b. La chaîne d'énergie du tapis de course est constituée des éléments suivants : une commande moteur, un ensemble poulies/courroie, une alimentation secteur 230 V, un moteur électrique.
Compléter les pointillés de la chaîne d'énergie du tapis de course ci-dessous en inscrivant les noms des différents éléments.

Doc. 1 Schéma synoptique de la chaîne d'énergie du tapis de course

Alimenter	→	Distribuer	→	Convertir	→	Transmettre
•		•		•		• ....

2 Les caractéristiques de l'ensemble moteur-poulies/courroie actuel sont les suivantes :

Doc. 2 **Schéma du système d'entraînement poulies/courroie**

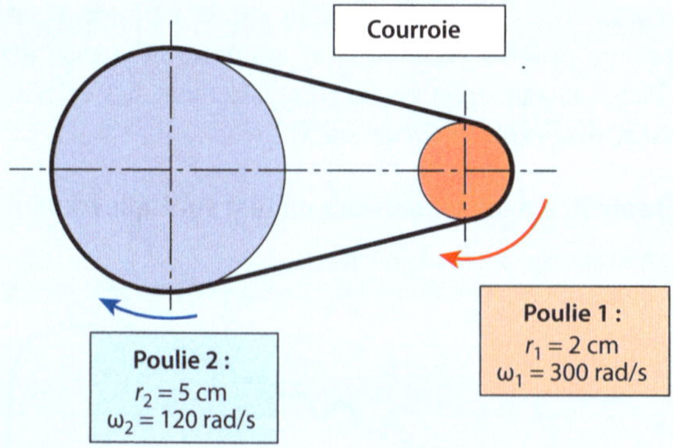

La poulie 1, fixée sur l'axe de rotation du moteur, entraîne la poulie 2 grâce à la courroie.
ω_1 et ω_2 sont les vitesses angulaires des poulies 1 et 2. Elles sont exprimées en rad/s (radians par seconde).

Le rapport de transmission k se calcule grâce à l'expression suivante :

$$k = \frac{\omega_2}{\omega_1} = \frac{d_1}{d_2}$$

avec d_1 et d_2 les diamètres des poulies.

a. Calculer le rapport de transmission k.

b. En fonction du résultat du calcul de k, dire si le système est un réducteur de vitesse, un multiplicateur de vitesse, ou s'il permet d'inverser le sens de rotation des poulies.

3 Le moteur du tapis de course ne fonctionne plus. Il faut le remplacer. Le nouveau moteur, tournant à la même vitesse ω_1, est équipé d'une poulie dont le rayon est égal à 3 cm. Il est impossible de démonter cette poulie.

a. Donner l'effet de cette nouvelle poulie sur la vitesse de déplacement du tapis.

b. Calculer la nouvelle vitesse angulaire ω_2.

c. Donner le paramètre à modifier au niveau de la poulie 2, si l'on veut garder la vitesse d'origine du tapis (avant remplacement du moteur).

SVT

→ corrigé p. 109

Relation entre la vitesse du tapis de course et la fréquence cardiaque

30 min **25 pts**

Le sportif commence à courir à 8 km/h sur le tapis de course, puis sa vitesse augmente progressivement pour atteindre la vitesse maximale de 21,6 km/h. Pendant cette épreuve, un enregistrement de l'activité cardiaque du sportif est réalisé (voir le *document 3*).

Doc. 3 Enregistrement obtenu lors du test sur tapis roulant

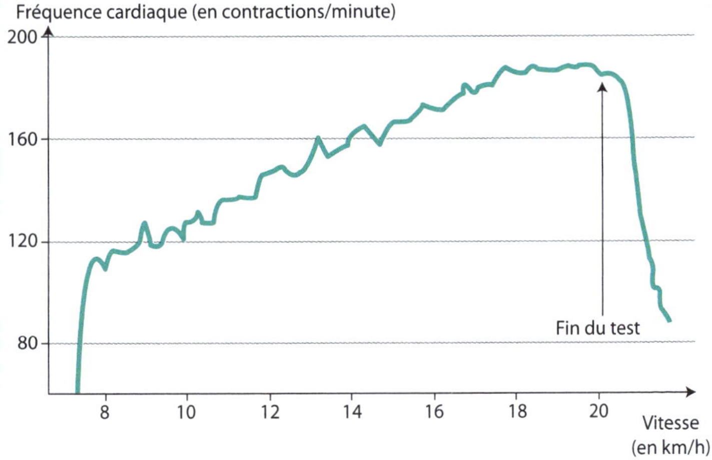

1 Étude de graphique

a. Donner un titre au graphique présenté dans le *document 3* plus pertinent que celui proposé.

b. Décrire l'évolution de la fréquence cardiaque pendant l'enregistrement.

2 L'organisation de la circulation sanguine dans le corps est explicitée dans le *document 4* ci-après.

a. Ajouter des légendes pour les parties colorées en bleu et en rouge sur le schéma du *document 4*.

b. En s'appuyant sur ses connaissances et sur le schéma du *document 4*, expliquer l'intérêt de l'augmentation de la fréquence cardiaque pendant l'effort.

Doc. 4 Organisation de la circulation sanguine

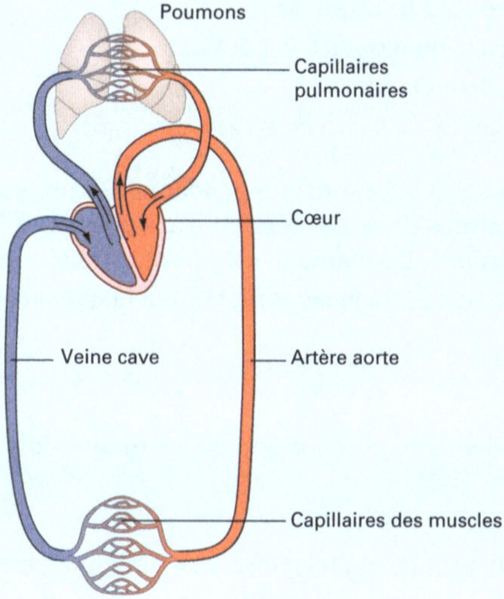

3 La fréquence cardiaque maximale d'un individu peut se calculer en appliquant la formule : Fréquence cardiaque maximale = 220 – Âge. Utiliser les données du graphique et la formule précédente pour trouver l'âge probable du sportif qui a réalisé le test sur tapis roulant.

Sujets 25 à 26 Corrigé

Technologie

→ *énoncé p. 104*

Les clés pour réussir

L'essentiel à connaître

- Un **moteur** est un **convertisseur d'énergie**.
- La **chaîne d'énergie** d'un système est constituée des éléments suivants : alimenter, distribuer, convertir et transmettre.
- La vitesse de déplacement d'un objet entraîné par un système poulies/courroie peut être modifiée en agissant sur la vitesse angulaire ou sur le diamètre des poulies.
- Dans un système de transmission de mouvement par poulies/courroie, il est important de savoir repérer la poulie menante (celle qui entraîne le système) et la poulie menée (celle qui est entraînée).

- Le **rapport de transmission** k donne les informations suivantes :
– si $k > 1$: multiplicateur de vitesse ;
– si $k = 1$: vitesses identiques des poulies ;
– si $k < 1$: réducteur de vitesse.

Analyser l'énoncé

- Les questions **1**, **2** et **3** sont indépendantes les unes des autres. Il est possible par exemple de ne pas répondre à la question **1** et de répondre aux autres questions. De même, il est possible de répondre aux parties **a** et **c** de la question **3** sans avoir répondu à la question **b**.

Bien comprendre les questions

Question 1

- Chacun des éléments ne peut apparaître qu'une fois dans la chaîne d'énergie.

Question 2

- Observez bien les informations inscrites sur le *document 2*.
- Repérez dans le texte la poulie qui entraîne le système (poulie menante).

Question 3

- Vous devez dire si la vitesse du tapis est augmentée ou diminuée après le changement du moteur et de sa poulie.

1 a. L'**énergie** est **électrique** à l'**entrée** du **moteur**, elle est **mécanique en sortie**.

b. La chaîne d'énergie du tapis de course peut être schématisée de la façon suivante :

Alimenter	→	Distribuer	→	Convertir	→	Transmettre
• Alimentation secteur 230 V		• Commande moteur		• Moteur		• Poulies/courroie

2 a. Le calcul du rapport de transmission k peut se faire de la façon suivante :

$$k = \frac{\omega_2}{\omega_1} = \frac{120}{300} = 0,4$$

b. Comme $k < 1$, le système est un **réducteur de vitesse**.

L'astuce du prof

k est aussi égal au rapport des diamètres $\frac{d_1}{d_2}$ ou plus simplement, au rapport des rayons $\frac{r_1}{r_2}$.

3 **a.** Si le rayon de la poulie d'entraînement augmente en passant de 2 cm à 3 cm, alors son diamètre augmente aussi. Dans ce cas, **le rapport de transmission *k* va augmenter, et la vitesse du tapis va ainsi augmenter**.

b. Le rapport de transmission *k* est égal à :

$k = \frac{\omega_2}{\omega_1} = \frac{d_1}{d_2}$.

L'astuce du prof

On peut aussi calculer d'abord *k*, puis $\omega_2 = k \times \omega_1$.

La nouvelle vitesse angulaire ω_2 est donc égale à :

$\omega_2 = \frac{\omega_1 \times d_1}{d_2}$

$\omega_2 = \frac{300 \times 6}{10} =$ **180 rad/s.**

Il y a bien une augmentation de la vitesse angulaire, car ω_2 était égale à 120 rad/s précédemment.

c. La vitesse angulaire ω_1 et le diamètre d_1 ne peuvent pas être modifiés. Le seul paramètre sur lequel il est possible d'agir est le diamètre d_2 de la poulie 2.

Pour garder ω_2 = 120 rad/s, c'est-à-dire diminuer ω_2, il faudra **augmenter le diamètre d_2** car $\omega_2 = \frac{\omega_1 \times d_1}{d_2}$.

SVT

→ *énoncé p. 106*

Les clés pour réussir

L'essentiel à connaître

- Le **cœur** est un muscle creux. La **fréquence cardiaque** est définie comme le nombre de contractions cardiaques par minute.
- Les successions de contractions et de relâchement du muscle cardiaque mettent le sang **en mouvement**.
- Le sang qui traverse les organes (par exemple les muscles) est **riche en dioxygène**.
- Les organes prélèvent du dioxygène dans le sang. Plus ils sont actifs, plus ils prélèvent de dioxygène.
- Le sang est **réoxygéné dans les poumons**.
- Lors d'un effort, l'**augmentation de la fréquence cardiaque** permet une augmentation du débit de sang dans les poumons et dans les muscles.

Analyser l'énoncé

- La fréquence cardiaque augmente au cours de l'effort, ce qui modifie le débit de sang dans la circulation sanguine.

Bien comprendre les questions

Question 1

- La variation de la fréquence cardiaque dépend de celle de la vitesse du tapis de course.

Question 2

- Observez bien le schéma proposé dans le *document 4*.
- Repérez le trajet du sang et rappelez-vous les échanges entre le sang et les muscles, et entre le sang et les poumons.

Question 3

- Vous devez résoudre une équation où l'inconnue est l'âge.

1 **a.** Un titre plus pertinent pour le graphique serait : **Évolution de la fréquence cardiaque d'un sportif en fonction de sa vitesse de course sur un tapis roulant.**

b. En début d'épreuve (tapis à 8 km/h), la fréquence cardiaque est de **110 contractions/minute**, puis elle **augmente** progressivement avec la vitesse du tapis pour atteindre environ **190 contractions/minute** à 18 km/h. Elle **reste stable** à cette valeur jusqu'à la fin du test à 21,6 km/h.

L'astuce du prof

Il faut citer des couples de valeurs tirés du graphique (fréquence cardiaque à une vitesse donnée).

2 **a.** La couleur **bleue** désigne la partie de la circulation sanguine occupée par du sang **appauvri en dioxygène**, alors que la couleur **rouge** désigne la partie de la circulation occupée par du sang **riche en dioxygène**.

b. L'augmentation de la fréquence cardiaque entraîne une **augmentation du débit du sang** riche en dioxygène **dans les muscles** qui sont donc mieux approvisionnés en dioxygène et une **augmentation du débit de sang** appauvri en dioxygène **dans les poumons** qui réoxygènent plus efficacement le sang.

3 La fréquence cardiaque maximale du sportif est de 190 contractions/minute. Or, on sait que :

Fréquence cardiaque maximale = 220 – Âge

Donc, l'âge du sportif est égal à 220 – 190 = **30 ans**.

Sujets par matière

Sujet 27 — L'aspirine

25 pts · 30 min

Amérique du Nord, juin 2017

30 min 25 pts

Toute réponse, même incomplète, montrant la démarche de recherche du candidat sera prise en compte dans la notation.

L'acide acétylsalicylique est plus connu sous le nom d'aspirine. C'est la substance active de nombreux médicaments utilisés dans les traitements de la douleur (antalgique), de la fièvre (antipyrétique) et des inflammations (anti-inflammatoire). En France, plus de 200 médicaments commercialisés contiennent de l'aspirine.

Doc. 1 **Formule de l'aspirine**

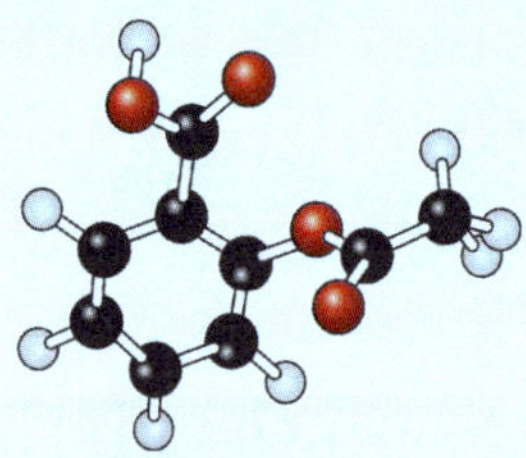

$C_9H_8O_4$

1 Indiquer le nombre d'atomes d'oxygène présents dans la molécule d'aspirine.

2 Pour certains traitements médicaux particuliers, le médecin prescrit des gélules d'aspirine gastrorésistantes afin que l'absorption de la substance active se fasse au niveau de l'intestin plutôt qu'au niveau de l'estomac. Comme leur nom l'indique, les gélules gastrorésistantes résistent à l'acidité de l'estomac, dite acidité gastrique, grâce à la pellicule spécifique dont elles sont enrobées.

Doc. 2 **Système digestif**

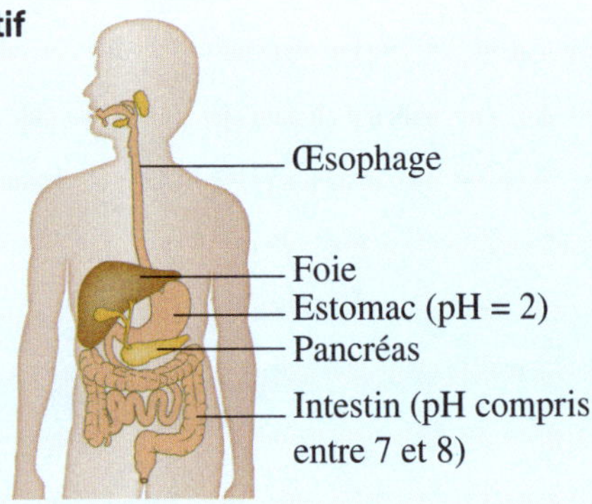

En exploitant le *document 2*, proposer un protocole expérimental permettant de prouver qu'une gélule d'aspirine gastrorésistante résiste à l'acidité gastrique. On pourra formuler la réponse sous forme de texte et/ou de schéma.

3 En cas de fièvre, il est recommandé d'ingérer 500 mg d'aspirine, sous la forme d'un comprimé à dissoudre au préalable dans un grand verre d'eau. Exploiter le *document 3* afin de déterminer le volume d'eau minimal nécessaire à la dissolution du comprimé. Commenter le résultat.
On rappelle que la dissolution est le processus par lequel une substance solide ou gazeuse mise au contact d'un liquide passe en solution. Par exemple, la dissolution du sel dans l'eau permet d'obtenir de l'eau salée.

Doc. 3 **Solubilité de l'aspirine**

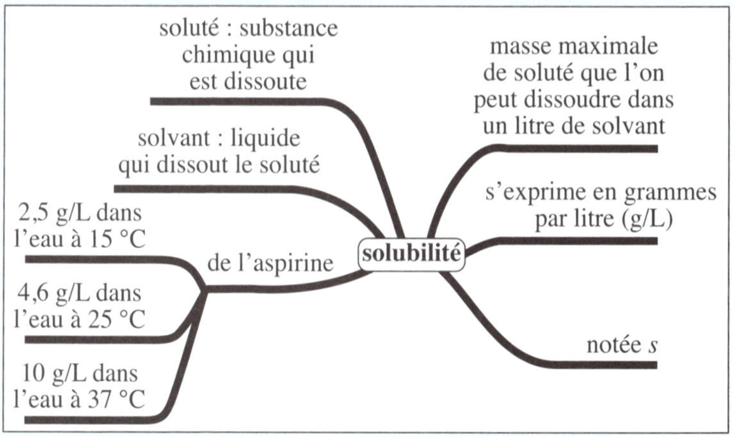

Sujet 27 Corrigé

Les clés pour réussir

L'essentiel à connaître

- **Une molécule** est un assemblage d'atomes.
- **Le pH** est un nombre sans unité compris **entre 0 et 14**.
- Il est possible de **mesurer le pH** d'une solution à l'aide de **papier pH** ou d'un **pH-mètre**.
- Une solution est **acide** si son **pH est inférieur à 7**.

Analyser l'énoncé

- Une lecture attentive de l'énoncé est primordiale pour répondre correctement aux différentes questions :
  – le *document 1* indique la formule de la molécule d'aspirine, donc sa composition atomique ;
  – l'énoncé de la question **2** précise qu'une gélule gastrorésistante résiste à l'acidité de l'estomac (le pH de l'estomac est de 2) ;
  – la question **3** précise que la masse du comprimé à dissoudre est de 500 mg.
- L'énoncé de la question **3** et le *document 3* (carte mentale) rappellent des notions de cours indispensables pour résoudre le problème posé :
  – la dissolution du comprimé d'aspirine est le processus par lequel cette substance solide mise en contact avec l'eau passe en solution ;
  – la solubilité de l'aspirine dans l'eau est la masse maximale d'aspirine que l'on peut dissoudre dans un litre d'eau, elle est notée *s* ;
  – les solubilités de l'aspirine dans l'eau à 15 °C, 25 °C et 37 °C sont respectivement : 2,5 g/L, 4,6 g/L et 10 g/L.

Bien comprendre les questions

Question 1

- Recensez le nombre d'atomes d'oxygène dans l'aspirine à l'aide de la formule du *document 1.*

Question 2

- L'expérience menée doit permettre de vérifier que la gélule d'aspirine n'est pas altérée par un milieu acide de pH = 2.

Question 3

- Convertissez la masse d'aspirine dans un comprimé en grammes.
- Observez comment varie la solubilité avec la température du solvant.
- Utilisez une proportionnalité pour déduire de la solubilité et de la masse du comprimé le volume d'eau nécessaire à la dissolution.
- N'oubliez pas de commenter ce résultat en le comparant avec le volume d'« un grand verre ».

1 D'après le *document 1*, la formule de la molécule d'aspirine est $C_9H_8O_4$. Cette molécule contient ainsi **4 atomes d'oxygène**.

2 La manipulation sera réalisée **avec des lunettes de protection et des gants** (solution à pH = 2 corrosive).
Pour montrer que la gélule d'aspirine gastrorésistante résiste au pH de l'estomac, on réalisera l'expérience suivante :

À savoir

Les manipulations de chimie doivent toujours être effectuées avec des lunettes de protection.

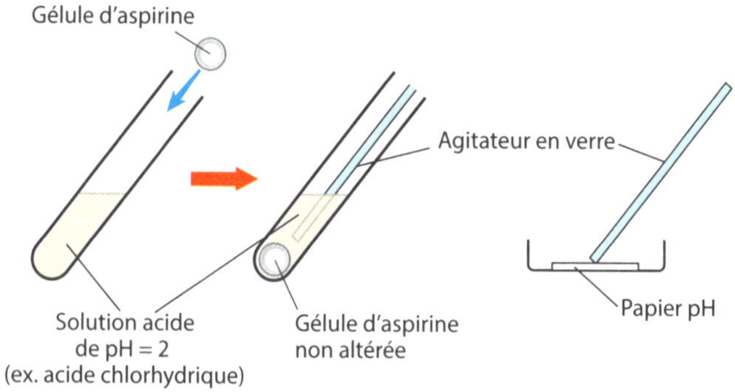

On compare ensuite la couleur du papier pH au témoin figurant sur la boîte et on vérifie que le pH de la solution est bien de l'ordre de 2.
Bilan : **la gélule gastrorésistante résiste bien à un pH de 2, donc à l'acidité de l'estomac**.

3 La masse d'aspirine contenue dans un comprimé est de 500 mg, soit 0,500 g.
La recommandation figurant dans l'énoncé est de dissoudre un comprimé dans un grand verre d'eau. D'après le *document 3*, la solubilité de l'aspirine dans l'eau est d'autant plus grande que la température de l'eau est élevée. Il faudrait ainsi un volume plus petit d'eau pour dissoudre 500 mg d'aspirine à 37 °C ou à 25 °C qu'à 15 °C.
Calculons le volume d'eau minimal nécessaire pour dissoudre le comprimé à 15 °C, en utilisant la proportionnalité entre la masse dissoute et le volume de solvant :

L'astuce du prof
Il n'est pas nécessaire de connaître la valeur exacte du volume d'un grand verre d'eau, une estimation suffit.

Masse d'aspirine dissoute *m* (g)	2,5	0,500
Volume d'eau nécessaire (L)	1	*V*

$V \times 2,5 = 1 \times 0,500$ soit $V = \frac{0,500}{2,5} = 0,20$ L.

On trouve **un volume d'eau minimal de 0,20 L (soit 200 mL) pour une température de 15 °C**. Pour les **autres températures d'eau, le volume minimal d'eau serait plus petit** ($\frac{0,500}{4,6} = 109$ mL à 25 °C ; $\frac{0,500}{10} = 50$ mL à 37 °C).

Dans des conditions de température standards (donc pour des températures supérieures à 15 °C), **la préconisation du grand verre d'eau semble donc justifiée, car un grand verre d'eau correspond à un volume proche de 200 mL.**

Sujet 28 — Voyage à bord d'un voilier écologique

25 pts — 30 min

Polynésie, juin 2017

Le propriétaire d'un voilier écologique a fait le choix d'utiliser un hydrogénérateur pour alimenter son bateau en électricité.
Cet hydrogénérateur permet d'alimenter : le dessalinisateur, le système de navigation, l'ensemble des éclairages du bateau.

1 Le dessalinisateur

À bord, le dessalinisateur permet de transformer l'eau de mer en eau douce.
L'eau de mer contient les espèces chimiques de formule Na^+ et Cl^-.
a. Indiquer la nature des espèces chimiques de formule Na^+ et Cl^-, en choisissant parmi les termes suivants : *atome*, *ion*, *molécule*.

Doc. 1 Tests de reconnaissance de quelques espèces chimiques

Détecteur (réactif)	Formule de l'espèce chimique testée	Observation
Hydroxyde de sodium	Cu^{2+}	Formation d'un précipité bleu
Hydroxyde de sodium	Fe^{2+}	Formation d'un précipité verdâtre
Hydroxyde de sodium	Zn^{2+}	Formation d'un précipité blanc
Nitrate d'argent	Cl^-	Formation d'un précipité blanc qui noircit à la lumière

b. À l'aide du *document 1*, décrire la mise en œuvre d'un test simple permettant de détecter la présence de l'espèce chimique Cl^- dans l'eau de mer et indiquer le résultat attendu. Il est possible de faire un schéma.

2 L'hydrogénérateur

L'hydrogénérateur est constitué d'une hélice reliée à un alternateur.
L'hélice est mise en mouvement par le déplacement d'eau et elle entraîne un alternateur grâce auquel les circuits électriques du voilier sont alimentés.

a. Le diagramme de conversion d'énergie ci-dessous concerne l'alternateur. Sans recopier le diagramme, nommer les différentes formes d'énergie correspondant aux numéros 1 et 2 en choisissant parmi les suivantes : *chimique, électrique, thermique, cinétique.*

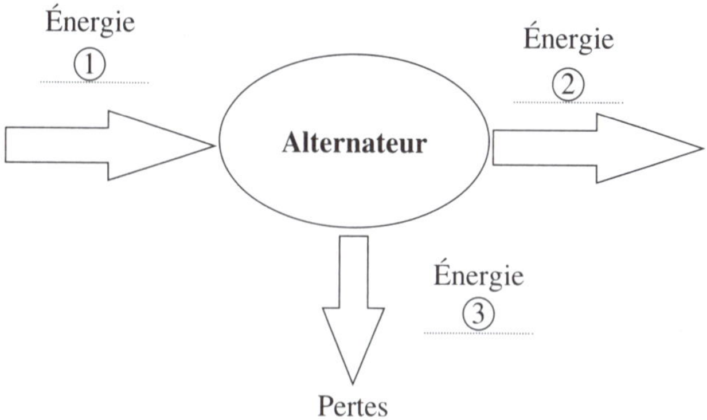

b. L'énergie électrique produite par l'hydrogénérateur dépend de la vitesse de navigation du voilier.
À l'aide du *document 2*, indiquer à partir de quelle vitesse de navigation du voilier, en nœuds, l'hydrogénérateur produit de l'énergie électrique.

Doc. 2 Production d'énergie électrique par un hydrogénérateur, pendant 24 h, en fonction de la vitesse du voilier

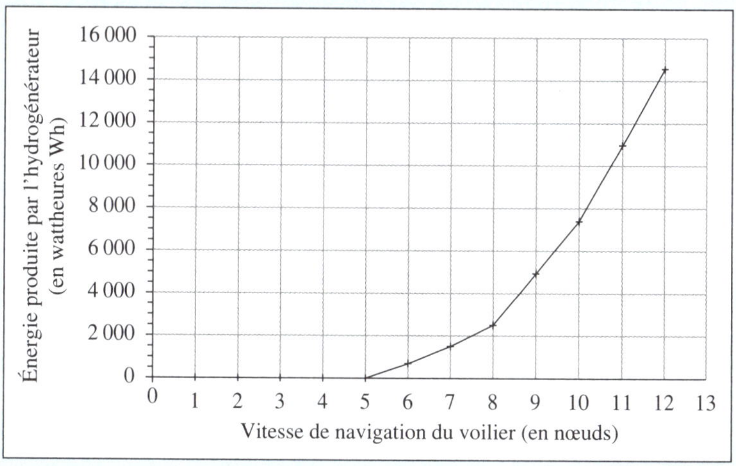

Pour information, le nœud est une unité de vitesse couramment utilisée en marine.
1 nœud = 1 852 m/h.

c. L'énergie électrique consommée dépend de la puissance des appareils et de leur durée d'utilisation.

Doc. 3 Tableau récapitulatif des puissances et des durées d'utilisation des appareils électriques à bord du voilier sur une plage horaire de 24 h

Nom de l'appareil électrique	Puissance de l'appareil (en watts W)	Durée d'utilisation de l'appareil sur 24 h (en heures h)	Consommation énergétique de l'appareil sur 24 h (en wattheures Wh)
Système de navigation	110	20	2 200
Dessalinisateur	60	1	60
Éclairage	20	12	E_1

Rappel : 1 wattheure (Wh) est l'énergie consommée par un appareil d'une puissance de 1 W pendant 1 heure.

Montrer que l'énergie E_1 consommée par l'éclairage du bateau sur une plage horaire de 24 h est de 240 Wh.

3 Autonomie énergétique

À l'aide des *documents 2* et *3* et du résultat de la question **2 c.**, déterminer la vitesse en nœuds à partir de laquelle le voilier doit naviguer pour produire l'énergie totale consommée par le bateau sur une plage horaire de 24 h.

Sujet 28 Corrigé

Les clés pour réussir

L'essentiel à connaître

- L'**atome** est **électriquement neutre.**
- Une **molécule** est un **assemblage d'atomes.**
- Un **ion** est un atome qui a **gagné ou perdu un ou plusieurs électrons.**
- Les **ions** peuvent être mis en évidence grâce à des **tests caractéristiques**.
- **L'énergie existe sous différentes formes**. Une forme d'énergie peut être **convertie** en une autre forme d'énergie ou **transférée** d'un objet à un autre objet.
- Un corps solide de masse *m* et de vitesse *v* possède une **énergie cinétique**.
- Une **chaîne énergétique** indique la succession des transferts et des conversions d'une forme d'énergie en d'autres formes d'énergie.

- De l'**énergie thermique** apparaît lors d'une **conversion d'énergie**.
- L'**énergie *E*** produite ou consommée par un appareil dépend de la **puissance *P*** et de la **durée *t*** de fonctionnement de l'appareil :

$$E = P \times t$$

- *E* : joules (J) ou wattheures (Wh)
- *P* : watts (W)
- *t* : secondes (s) ou heures (h)

Analyser l'énoncé

Il est impératif de lire l'énoncé et les différents documents avec attention pour pouvoir répondre correctement aux questions posées :

- le *document 1* indique les espèces chimiques utilisées comme réactifs dans les tests caractéristiques des ions Cu^{2+}, Fe^{2+}, Zn^{2+} et Cl^- ;
- l'énoncé de la question **2** précise que l'hélice est mise en mouvement par le déplacement d'eau ;
- le diagramme de conversion d'énergie fait intervenir l'énergie reçue fournie par l'alternateur après transformation et les pertes ;
- l'énoncé propose d'identifier l'énergie reçue et fournie par l'alternateur dans une liste de quatre formes d'énergie ;
- le graphique du *document 2* représente l'évolution de l'énergie produite par l'hydrogénérateur en fonction de la vitesse de navigation ;
- le tableau du *document 3* indique les puissances en watts, les durées d'utilisation sur 24 heures en heures et les consommations énergétiques en wattheures pour le système de navigation et le dessalinisateur ;
- l'énoncé rappelle que 1 wattheure est l'énergie consommée par un appareil d'une puissance de 1 W pendant 1 heure.

Bien comprendre les questions

Question 1

a. Observez attentivement les formules des deux espèces Na^+ et Cl^-.

b. Identifiez dans le *document 1* le réactif utilisé dans le test de reconnaissance de l'ion chlorure Cl^-, ainsi que les observations attendues.

Pour plus de clarté et de simplicité, proposez une réponse sous forme de schéma expérimental annoté.

Question 2

a. L'hélice entraîne l'alternateur : déterminez la nature de l'énergie mise en jeu lorsque l'hélice tourne.

L'alternateur alimente les circuits électriques du voilier, déduisez-en la nature de l'énergie délivrée par l'alternateur.

b. Utilisez le graphique du *document 2* pour déterminer la vitesse de navigation du voilier à partir de laquelle l'énergie produite par l'hydrogénérateur n'est plus nulle.

c. Utilisez la relation entre puissance et durée d'utilisation pour déterminer l'énergie E_1 avec une puissance exprimée en watts et une durée en heures, pour que l'énergie soit exprimée en wattheures.

d. À partir du graphique du *document 2,* déterminez la vitesse de navigation du voilier qui correspond à la consommation énergétique totale sur 24 heures.

1 **a.** Les espèces chimiques Na^+ et Cl^- portent des **charges électriques**. Ces deux espèces sont des **ions**.

b. La manipulation sera réalisée **avec des lunettes de protection**.

Le test de reconnaissance des ions chlorure Cl^- pourrait être réalisé comme dans le schéma ci-après.

Bilan : **la formation d'un précipité blanc qui noircit à la lumière** après ajout d'une solution de **nitrate d'argent à une solution d'eau de mer** permet d'identifier l'**ion chlorure Cl^-** dans l'eau de mer.

Piège à éviter

Atomes et molécules sont électriquement neutres, contrairement aux ions.

À savoir

Les ions argent ne doivent pas être rejetés dans l'évier.

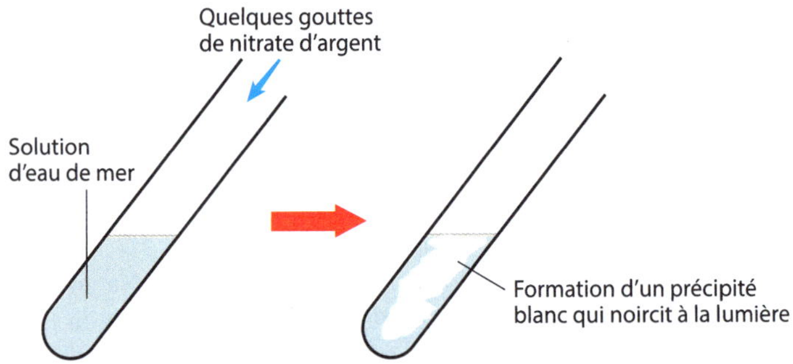

2 **a.** L'énergie mise en jeu lors de la rotation de l'hélice est de l'énergie cinétique (mouvement d'un solide de masse *m* à une vitesse *v*), d'où :

Énergie 1 = énergie cinétique.

L'alternateur a converti cette énergie cinétique en énergie électrique nécessaire à l'alimentation des circuits électriques du voilier, d'où :

Énergie 2 = énergie électrique.

b. D'après le *document 2*, l'énergie produite par l'hydrogénérateur n'est plus nulle pour une vitesse de navigation supérieure à 5 nœuds. **L'hydrogénérateur commence ainsi à produire de l'énergie électrique à partir d'une vitesse de navigation du voilier de 5 nœuds.**

c. L'énergie E_1 consommée par l'éclairage du bateau est le produit de la puissance P de l'éclairage par la durée d'utilisation t :

$\mathbf{E_1 = P \times t = 20 \times 12 = 240}$ **Wh.**

3 La consommation énergétique totale du bateau est égale à :

2 200 + 60 + 240 = **2 500 Wh**.

Du *document 2*, on déduit que la **vitesse de navigation** du voilier correspondant à **une énergie produite de 2 500 Wh est de 8 nœuds** (soit environ 15 km/h).

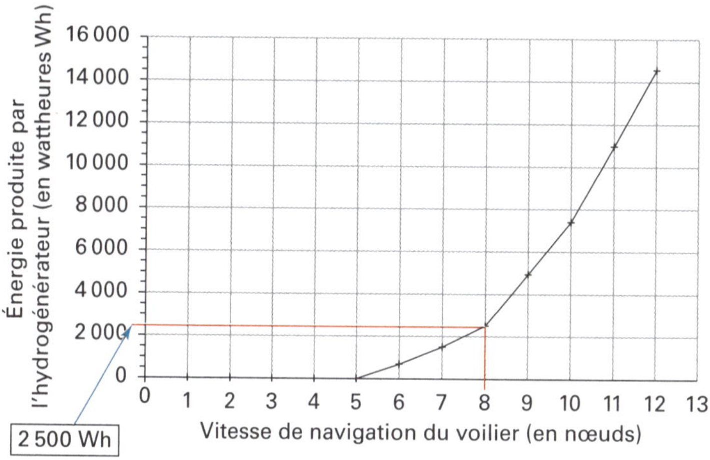

PHYSIQUE-CHIMIE

Sujet 29 Le dioxygène dans le sang

25 pts 30 min

Sujet inédit

Les habitants des régions élevées du globe ont un organisme adapté à la vie en altitude. En effet, la quantité de dioxygène dissous dans le sang artériel (constitué essentiellement d'eau) diminue avec l'altitude, mais le nombre de globules rouges augmente de façon importante, ce qui améliore le transport du dioxygène par le sang.

Doc. Solubilité du dioxygène en fonction de la pression

La pression atmosphérique diminue quand on s'élève en altitude ; la solubilité du dioxygène dans le sang diminue également :

Pression de l'air (en bar)	1,0	0,90	0,80	0,70	0,2
Solubilité en masse du dioxygène dans l'eau (en mg/L)	8,3	7,5	6,6	5,8	1,6

1 **a.** À l'aide de l'énoncé, expliquer comment varie la pression atmosphérique lorsque l'altitude augmente.
b. Quelle est l'espèce chimique majoritaire dans le sang ?

2 **a.** Tracer la représentation graphique de la solubilité en masse du dioxygène dans l'eau en fonction de la pression de l'air.
b. Quelle serait la valeur de la solubilité du dioxygène dans l'eau si la pression atmosphérique était de 0,50 bar ?
c. La pression atmosphérique moyenne étant de 1,0 bar au niveau de la mer et de 0,20 bar au sommet de l'Everest, par quel facteur sera divisée la solubilité du dioxygène dans l'eau si un alpiniste passe directement du niveau de la mer au sommet de l'Everest ?

3 **a.** À l'aide de la courbe tracée dans la question **2**, expliquer comment varie la solubilité du dioxygène dans l'eau en fonction de la pression de l'air qui surmonte cette eau.
b. À l'aide de l'énoncé, expliquer comment les organismes des habitants de régions d'altitude élevée se sont adaptés à ces conditions particulières.
c. De nombreux sportifs français s'entraînent en altitude à la station des Pyrénées de Font Romeux. Expliquer en quoi cette préparation est intéressante lors du retour à une altitude moins élevée.

Sujet 29 Corrigé

Les clés pour réussir

L'essentiel à connaître

- Un **corps pur** est constitué d'une seule espèce chimique.
- La **solubilité des gaz dans l'eau** dépend de la nature du gaz et de paramètres physiques.
- Les **solutés** sont les espèces chimiques dissoutes dans un liquide.
- Le **solvant** est la solution dans laquelle les solutés sont dissous.
- Si le solvant est l'eau, on parle de « **solution aqueuse** ».

Analyser l'énoncé et les documents

La lecture attentive du texte de l'énoncé est indispensable pour répondre aux questions posées :

- la pression de l'air atmosphérique diminue lorsque l'altitude augmente ;
- la solubilité du dioxygène atmosphérique dans le sang diminue lorsque l'altitude augmente ;
- le sang est essentiellement constitué d'eau ;
- les habitants des régions élevées du globe possèdent un plus grand nombre de globules rouges ;
- la première ligne du tableau présente différentes valeurs de la pression atmosphérique, en bar ;
- la seconde ligne du tableau présente différentes valeurs de la solubilité du dioxygène dans le sang, en mg/L.

Bien comprendre les questions

Question 1

- Retrouvez dans l'analyse de l'énoncé l'évolution de la pression atmosphérique lorsque l'altitude augmente et l'espèce chimique majoritaire dans le sang.

Question 2

- Repérez attentivement les grandeurs à représenter sur les axes des ordonnées et des abscisses.

Question 3

- Observez avant tout la nature de la courbe obtenue et décrivez-la avec un vocabulaire précis et adapté. Déduisez notamment de cette analyse, en justifiant, une relation mathématique probable entre la solubilité du dioxygène dans l'eau et la pression de l'air.

PHYSIQUE-CHIMIE

1 **a.** D'après la première phrase du texte introductif, **« la pression atmosphérique diminue quand on s'élève en altitude »**.
b. Le texte affirme que le sang est **constitué essentiellement d'eau**.

2 **a.** On trace le graphique avec la solubilité en ordonnée et la pression en abscisse.

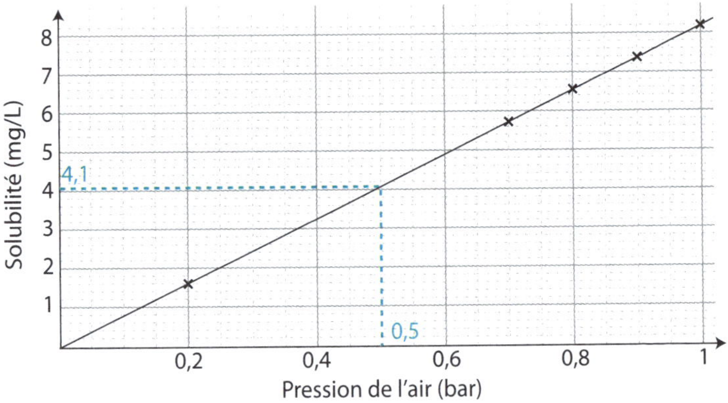

b. On cherche sur le graphe le point de la droite dont l'abscisse a pour valeur 0,50 bar. On en déduit par construction graphique son ordonnée : 4,1 mg/L. La solubilité du dioxygène dans l'eau, si la pression atmosphérique était de 0,50 bar, serait de **4,1 mg/L**.

c. Dans le tableau de l'énoncé, on relève les solubilités du dioxygène dans l'eau à 1,0 bar et à 0,2 bar : **8,3 mg/L et 1,6 mg/L**.
On calcule le rapport 8,3/1,6 = 5,2. Lorsque l'alpiniste passe du niveau de la mer au sommet de l'Everest, la solubilité du dioxygène dans l'eau est **divisée par 5,2** (quasiment par 5).

Remarque :
Ce facteur est ici plus grand que 1, car la solubilité diminue en passant de 8,3 mg/L à 1,6 mg/L.

3 **a.** La courbe représentée dans la question **2** est une droite passant par l'origine. On en déduit que **la solubilité du dioxygène dans l'eau est proportionnelle à la pression de l'air** (la solubilité augmente avec la pression).
b. D'après le texte, **« le nombre de globules rouges augmente de façon importante, ce qui améliore le transport de dioxygène par le sang »**.
c. L'organisme des sportifs s'adapte à l'altitude en produisant plus de globules rouges. Lors du retour à une altitude plus faible, cet accroissement du nombre de globules rouges entraîne une **augmentation des capacités physiques des sportifs**.

Remarque
Des substances dopantes permettent aussi d'augmenter ce taux de globules rouges, non sans danger pour l'athlète !

Sujet 30 L'acide chlorhydrique

25 pts — 30 min

Sujet inédit

Des élèves étudient durant une séance expérimentale l'action de l'acide chlorhydrique sur certains métaux. Ils suivent le protocole expérimental décrit dans le *document 1.*

Doc. 1 Protocole d'étude de l'action de l'acide chlorhydrique sur le fer

Dans le tube à essais 1, on introduit une masse $m = 2{,}0$ g de paille de fer (contenant des atomes de fer Fe), puis un volume $V = 5{,}0$ mL d'une solution aqueuse d'acide chlorhydrique contenant des ions chlorure Cl^- et hydrogène H^+. Le pH de la solution d'acide chlorhydrique a pour valeur 1,0.
En approchant une flamme à l'entrée du tube à essais 1, une légère détonation se produit.
Une fois le dégagement gazeux terminé, la mesure du pH de la solution (à l'aide de papier pH) conduit à une valeur comprise entre 4 et 5. La solution restante est ensuite répartie dans deux tubes à essais :
– dans le premier tube à essais (tube 2), on ajoute une solution contenant des ions hydroxyde HO^-. Il se forme un précipité vert ;
– dans le second tube à essais (tube 3), on ajoute une solution d'ions argent Ag^+. Il se forme un précipité blanc qui noircit à la lumière.

Les diverses données nécessaires à la résolution de l'exercice sont indiquées dans le *document 2* ci-dessous.

Doc. 2 Tests caractéristiques de quelques ions en solution

Réactif utilisé pour le test caractéristique	Résultat positif en présence d'ions Fe^{2+}	Résultat positif en présence d'ions Cl^-
Ions hydroxyde (HO^-)	Précipité vert	
Ions argent (Ag^+)		Précipité blanc qui noircit à la lumière

PHYSIQUE-CHIMIE

1 Après la lecture des *documents 1* et *2*, pour chacune des affirmations suivantes, cocher la (ou les) bonne(s) réponse(s) :

a. Il se produit dans le tube à essais 1 :
☐ un changement d'état ☐ une transformation chimique

b. Une solution acide possède un pH :
☐ plus petit que 7 ☐ plus grand que 7 ☐ égal à 7

c. Si le pH d'une solution est égal à 5, la solution contient plus :
☐ d'ions HO^- que d'ions H^+ ☐ d'ions H^+ que d'ions HO^-

d. Le gaz identifié par la détonation légère est du :
☐ dioxygène ☐ dihydrogène

e. Un précipité dans l'eau est une espèce :
☐ liquide non miscible avec l'eau
☐ solide en suspension dans l'eau

2 **a.** Quels sont les ions identifiés grâce aux tests caractéristiques ? Justifier la réponse.

b. Ces ions étaient-ils présents dans la paille de fer et dans la solution d'acide chlorhydrique ? Que pouvez-vous en déduire ?

3 Comment évoluent les quantités d'ions HO^- et H_3O^+ entre la solution initiale et la solution à la fin du dégagement gazeux ? Justifier la réponse.

Sujet 30 Corrigé

Les clés pour réussir

L'essentiel à connaître

- **Les ions** peuvent être mis en évidence grâce à **des tests caractéristiques**.
- **Le pH est un nombre sans unité compris entre 0 et 14.**
- Une solution est **acide** si son **pH est inférieur à 7**.
- Une solution **acide contient plus d'ions hydrogène H^+ que d'ions hydroxyde HO^-**.
- Si on approche une allumette enflammée de l'ouverture d'un tube contenant du dihydrogène gazeux, une **petite détonation caractéristique de la présence du dihydrogène** se produit.

Analyser l'énoncé et les documents

La lecture attentive des *documents 1* et *2* est indispensable pour répondre aux questions posées :

- une solution aqueuse d'acide chlorhydrique contient des ions chlorure Cl^- et hydrogène H^+ ;
- le pH de la solution d'acide chlorhydrique a pour valeur 1,0 ;

- une allumette présentée à l'ouverture du tube à essais 1 provoque une détonation ;
- le pH final dans le tube 1 est de l'ordre de 4-5 ;
- dans le tube 2, l'ajout d'une solution contenant des ions HO^- à la solution prélevée dans le tube 1 provoque l'apparition d'un précipité vert ;
- dans le tube 3, l'ajout d'une solution contenant des ions Ag^+ à la solution prélevée dans le tube 1 provoque l'apparition d'un précipité blanc qui noircit à la lumière.

Bien comprendre les questions

Question 1

- Les différentes propositions font appel à une partie des connaissances requises dans ce chapitre.

Question 2

- Utilisez le *document 2* et comparez les résultats des tests effectués aux indications du tableau.

Question 3

- Comparez le pH initial et le pH final dans le tube à essais 1, puis déduisez-en les évolutions des quantités respectives des ions hydroxyde et hydrogène.

1 **a.** Il se produit dans le tube à essais 1 **une transformation chimique, car de nouvelles espèces chimiques se forment** durant l'expérience (gaz qui provoque une détonation par exemple).

b. **Une solution acide possède un pH plus petit que 7.** Les solutions qui possèdent un pH plus grand que 7 sont basiques ; si le pH est égal à 7, la solution est neutre.

c. Si le pH d'une solution est égal à 5, **la solution contient plus d'ions H^+ que d'ions HO^-.** Une solution acide contient toujours plus d'ions hydrogène que d'ions hydroxyde.

d. Le gaz identifié par la **détonation légère est du dihydrogène**.

À savoir

Il y a bien ici redistribution des atomes qui constituent les réactifs pour former de nouvelles espèces.

Remarque

Les solutions basiques contiennent plus d'ions HO^- que d'ions H^+.

e. Un précipité dans l'eau est **une espèce solide en suspension dans l'eau**.

2 **a.** Il y a formation d'un précipité vert dans le tube à essais 2. D'après le *document 2*, **ce précipité vert formé lors d'un ajout d'ions hydroxyde est caractéristique de la présence d'ions Fe^{2+}**.

On en déduit que la solution prélevée dans le tube 1 contenait des ions Fe^{2+}.
Il y a formation d'un précipité blanc qui noircit à la lumière dans le tube à essais 3. D'après le *document 2*, **ce précipité formé lors d'un ajout d'ions argent Ag^+ est caractéristique de la présence d'ions Cl^-.**
On en déduit que la solution prélevée dans le tube 1 contenait des ions chlorure Cl^-.

b. La paille de fer contient des atomes de fer Fe ; la solution d'acide chlorhydrique contient des ions chlorure Cl^- et des ions hydrogène H^+.

Les ions Fe^{2+} ne sont pas présents initialement, ils sont formés lors de la transformation chimique, ce sont des produits de la transformation.

> **Remarque**
> Les ions chlorure sont des ions spectateurs.

Les ions chlorure Cl^- sont présents initialement dans la solution d'acide chlorhydrique, ils ne participent pas à la transformation.

3 Le pH final de la solution est de 4-5, tandis que le pH initial était de 1. Le pH augmente donc pendant la transformation chimique. On en déduit que **la quantité d'ions hydrogène H^+ diminue tandis que la quantité d'ions hydroxyde HO^- augmente.**

Sujet 31 Approvisionnement énergétique en France

25 pts — 30 min

Pondichéry, mai 2017

Dans certaines zones du Sud de la France particulièrement venteuses, on peut observer de nombreux champs d'éoliennes qui produisent une énergie électrique dite renouvelable. Nous allons voir ici pourquoi ce choix n'a pas été fait à grande échelle.

1 Dans l'image ci-dessous, on recense différents types d'énergies renouvelables.
Les nommer et associer à chacun une source d'énergie.

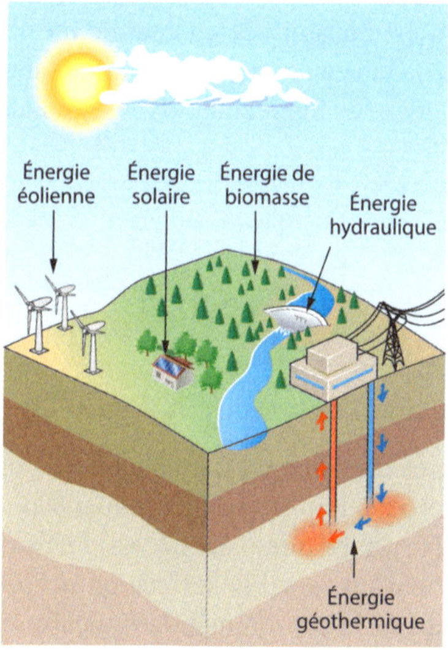

2 On s'intéresse au fonctionnement d'une centrale éolienne.
Sous l'action du vent, les pales de l'éolienne entraînent l'alternateur en rotation, qui produit alors un courant alternatif.
Les éléments en mouvement subissent un échauffement. Ainsi, une partie de l'énergie mécanique est transformée en énergie thermique dite « perdue », car elle n'est pas utilisée.
Reproduire sur la copie et compléter la chaîne énergétique ci-après en choisissant parmi les mots ou groupes de mots suivants (utilisables plusieurs

fois) : énergie cinétique, énergie électrique, énergie mécanique, énergie potentielle, énergie thermique, énergie lumineuse, alternateur, eau, vent.

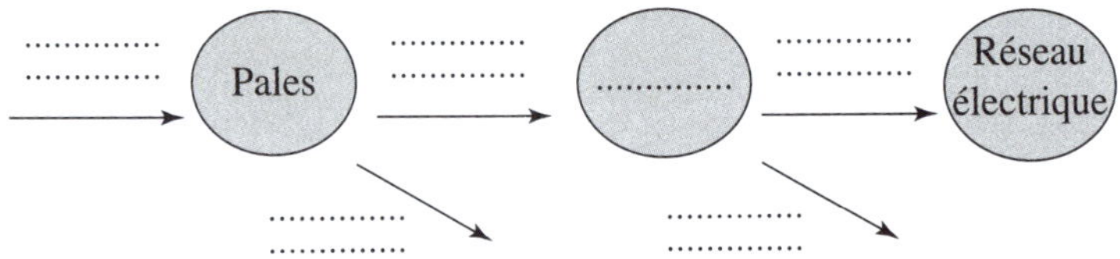

3 **a.** On considère une masse d'air de 1 kg, dont la vitesse passe de la valeur 3 m/s à 9 m/s.
En s'appuyant sur un calcul, dire si l'énergie cinétique de la masse d'air :

❒ reste la même

❒ est multipliée par 3

❒ est multipliée par 9

b. Le physicien allemand Albert Betz affirme que 60 % seulement de l'énergie cinétique du vent est transformée en énergie mécanique au niveau des pales. On donne dans le tableau ci-dessous la valeur annuelle, en mégawattheures (MWh), des énergies intervenant dans la chaîne énergétique d'une éolienne.

Énergie cinétique du vent (en MWh)	Énergie mécanique produite (en MWh)	Énergie électrique produite (en MWh)
17 530	10 510	4 030

Vérifier par un calcul l'affirmation du physicien allemand Albert Betz.

4 La consommation électrique française annuelle est égale à 478 200 GWh.
a. Sachant que la production électrique annuelle d'une éolienne est de 4 030 MWh et que la surface minimale nécessaire à son installation est de 24 hectares, évaluer par un calcul la surface qu'occuperait un parc éolien répondant aux besoins de la consommation française.

Donnée :
1 gigawattheure (GWh) = 1 000 MWh.

b. Expliciter, en apportant au moins deux arguments, pourquoi l'énergie éolienne ne peut pas être le seul choix pour répondre aux besoins croissants en électricité.

Donnée :
valeur moyenne de la surface d'un département S = 2 850 000 hectares.

Sujet 31 Corrigé

Les clés pour réussir

L'essentiel à connaître

- Une **source d'énergie renouvelable** est une source d'énergie pouvant être exploitée de façon **illimitée** à l'échelle humaine.
- La **biomasse** représente l'ensemble de la matière organique, qu'elle soit d'origine végétale ou animale. Elle peut être issue des forêts, des **végétaux**, des **déchets** organiques ou des effluents d'élevage.
- L'**énergie mécanique** d'un objet est égale à la **somme de son énergie cinétique** et de **son énergie potentielle** (dépendant de sa position).
- Une **chaîne énergétique** indique sous la forme d'un schéma les transferts et la conversion d'une forme d'énergie en d'autres formes d'énergie, réalisée par un convertisseur d'énergie.
- **L'énergie cinétique** d'un objet est égale à :

$$E_c = \frac{1}{2} \times m \times v^2$$

E_c l'énergie cinétique de l'objet en joules (J)

m la masse de l'objet en kilogrammes (kg)

v la vitesse de l'objet en m/s

- Pour obtenir le résultat d'un rapport en **pourcentage**, il faut **multiplier par cent** le résultat obtenu.
- La source de l'énergie éolienne est le **vent**, qui ne souffle pas de façon régulière tout au long de l'année.

Analyser l'énoncé

Prenez le temps de bien lire l'énoncé, car les informations suivantes vous seront très utiles pour répondre aux questions :

- dans une centrale éolienne, les éléments en mouvement (pales, alternateur) subissent un échauffement : une partie de l'énergie mécanique est transformée en énergie thermique ;
- dans une centrale éolienne, l'alternateur en rotation produit un courant alternatif, qui est un courant électrique ;
- 1 gigawattheure (GWh) = 1 000 mégawattheures (MWh), ce qui signifie que 1 mégawattheure (MWh) = 0,001 gigawattheure (GWh).

Bien comprendre les questions

Question 1

- Tous les types d'énergie présentés dans l'image de cette question sont renouvelables. Commencez par les recenser avant de les associer aux sources d'énergie.

PHYSIQUE-CHIMIE

Question 2

- Précisez si l'énergie mécanique est de l'énergie cinétique ou de l'énergie potentielle (dépendant de la position).

Question 3

- Utilisez la formule reliant l'énergie cinétique, la masse et la vitesse d'un objet pour répondre à la question **3 a.**
- L'énergie mécanique mentionnée dans l'énoncé de la question **3 b.** correspond à l'énergie cinétique des pales.

Question 4

- Utilisez les données de l'énoncé pour effectuer le calcul demandé, puis pour comparer votre résultat avec la valeur moyenne de la surface d'un département.

1 Les différents types d'énergie renouvelable sont l'énergie de biomasse, l'énergie hydraulique, l'énergie éolienne, l'énergie solaire et l'énergie géothermique :
- les sources de l'énergie de biomasse sont **les végétaux et les déchets** ;
- la source de l'énergie hydraulique est **l'eau** ;
- la source de l'énergie éolienne est **le vent** ;
- la source de l'énergie solaire est **le Soleil** ;
- la source de l'énergie géothermique est **la Terre**.

Gagnez des points !

Ne confondez pas source d'énergie (eau, Soleil, vent, etc.) et forme d'énergie (énergie thermique, énergie électrique, etc.).

2 **La chaîne énergétique d'une centrale éolienne** peut être complétée de la façon suivante :

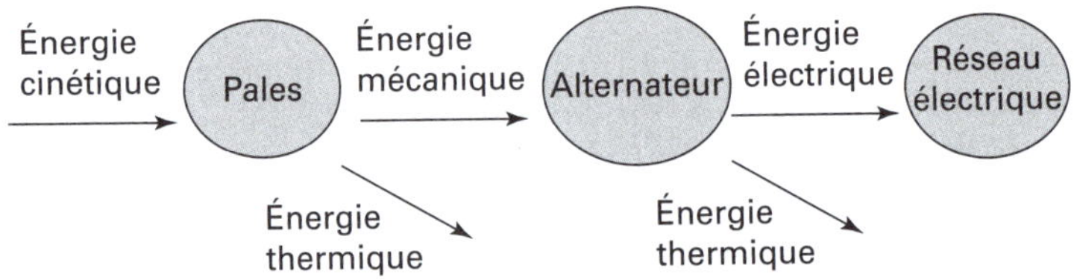

3 **a.** L'énergie cinétique E_{c1} d'une masse d'air $m = 1$ kg se déplaçant à la vitesse de valeur $v_1 = 3$ m/s est égale à :

$$E_{c1} = \frac{1}{2} \times m \times v_1^2 = \frac{1}{2} \times 1 \times 3^2 = \mathbf{4{,}5\ J}.$$

L'énergie cinétique E_{c2} d'une masse d'air $m = 1$ kg se déplaçant à la vitesse de valeur $v_2 = 9$ m/s est égale à :

$$E_{c2} = \frac{1}{2} \times m \times v_2^2 = \frac{1}{2} \times 1 \times 9^2 = \mathbf{40{,}5\ J}.$$

L'astuce du prof

N'oubliez pas les unités à fin des calculs : l'énergie s'exprime en joules (J).

Ainsi, si la valeur de la vitesse d'une masse d'air $m = 1$ kg passe de 3 m/s à 9 m/s, **son énergie cinétique est multipliée par** : $\frac{40,5}{4,5} = \mathbf{9}$.

b. D'après le tableau présenté dans l'énoncé, si l'énergie cinétique du vent vaut 17 530 MWh, l'énergie mécanique au niveau des pales de la centrale éolienne est égale à 10 510 MWh.

Le rapport entre l'énergie mécanique au niveau des pales de la centrale éolienne et l'énergie cinétique du vent est donc égal à :

$\frac{10\,510}{17\,530} = 0,60 = 0,60 \times 100\ \% = \mathbf{60\ \%}$.

Ce rapport correspond bien à ce qui est affirmé par le physicien allemand Albert Betz.

Remarque
Ne vous arrêtez pas à la résolution du calcul. Écrivez également une phrase de conclusion pour obtenir tous les points au brevet.

4 a. La production électrique annuelle E_1 d'une éolienne est égale à :
E_1 = 4 030 MWh = 4,030 GWh.
La consommation électrique française annuelle E_2 vaut :
E_2 = 478 200 GWh.
Le nombre N d'éoliennes nécessaires pour répondre aux besoins de la consommation électrique française serait donc égal à :

$$N = \frac{E_2}{E_1} = \frac{478\,200}{4,030} = 118\,660.$$

Comme la surface minimale S_1 nécessaire à l'installation d'une éolienne vaut S_1 = 24 hectares, la surface S qu'occuperait un parc éolien répondant aux besoins de la consommation française serait égale au minimum à :
$S = N \times S_1 = 118\,660 \times 24 =$ **2 847 840 hectares, soit environ 2 850 000 hectares**.

b. La **surface** qu'occuperaient les parcs éoliens devant répondre aux besoins de la consommation française serait égale à environ 2 850 000 hectares, ce qui est **trop important par rapport à la surface de la France**. En effet, cette surface correspondrait à la valeur moyenne de la surface d'un département français entier.

De plus, le vent ne souffle pas à la même vitesse tout au long de l'année : lorsque la vitesse du vent passe de la valeur 9 m/s à 3 m/s, son énergie cinétique est divisée par 9, ce qui divise aussi par 9 l'énergie électrique produite. La quantité d'énergie électrique produite par les éoliennes est donc assez **aléatoire**.

Enfin, seulement 60 % de l'énergie cinétique du vent est transformée en énergie mécanique au niveau des pales des éoliennes, et la conversion de cette énergie mécanique en énergie électrique par les alternateurs **diminue encore ce rendement**, car une partie de l'énergie mécanique est « perdue » en énergie thermique.

Ainsi, pour répondre aux besoins croissants en électricité, il faudrait développer différents types d'énergie renouvelables (biomasse, hydraulique, solaire, géothermique) et **ne pas se limiter à la seule énergie éolienne**.

PHYSIQUE-CHIMIE

Sujet 32 Sécurité dans l'habitat

25 pts 30 min

Asie, juin 2017

Toute réponse, même incomplète, montrant la démarche de recherche du candidat sera prise en compte dans la notation.

Pour prévenir les intoxications domestiques, l'État encourage l'installation de détecteurs dans les habitations.

1 Détection de fumée

Les détecteurs de fumée à principe optique (*document 1*) sont très utilisés. Un signal d'alarme s'enclenche lorsque la photodiode présente dans la chambre optique reçoit de la lumière. Une photodiode est un composant électrique ayant la capacité de détecter une lumière et de la convertir en courant électrique.

Doc. 1 Schéma en coupe et principe de fonctionnement d'un détecteur de fumée à principe optique

En l'absence de fumée | **En présence de fumée**

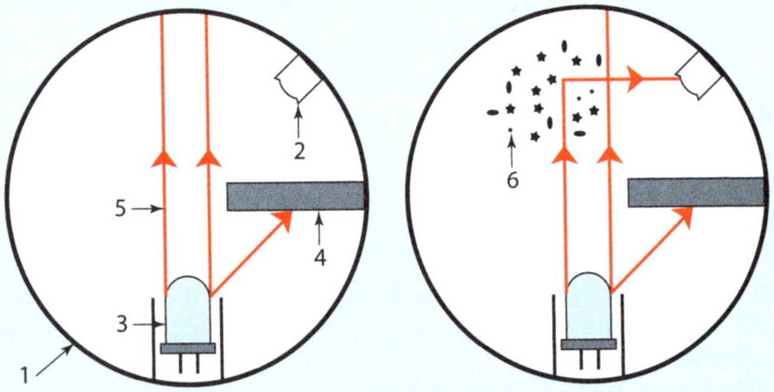

1 : chambre optique
2 : photodiode
3 : diode électroluminescente (LED)
4 : cache opaque
5 : rayon de lumière
6 : particules de fumée

a. Nommer la source primaire de lumière contenue dans un détecteur de fumée optique.

b. Expliquer pourquoi la photodiode détecte de la lumière en présence de fumée.

2 Détection de monoxyde de carbone

Les chaudières à gaz des habitations fonctionnent grâce à la combustion du gaz de ville, composé essentiellement de méthane de formule chimique CH_4. Au cours de leur fonctionnement, ces chaudières peuvent s'encrasser. Cela provoque une combustion incomplète du méthane. Des fumées et des gaz nocifs sont alors produits, notamment le monoxyde de carbone. Ce gaz transparent, inodore et toxique est responsable chaque année d'une centaine de décès en France.

a. Parmi les propositions ci-après, recopier celle qui modélise la transformation chimique à l'origine de la formation de monoxyde de carbone dans une chaudière à gaz :

Proposition 1 : $CH_4 + 2\ O_2 \rightarrow CO_2 + 2\ H_2O$

Proposition 2 : $2\ C + O_2 \rightarrow 2\ CO$

Proposition 3 : $2\ CH_4 + 3\ O_2 \rightarrow 4\ H_2O + 2\ CO$

b. Pour prévenir le risque d'intoxication au monoxyde de carbone, on peut utiliser un détecteur spécifique. Il comporte un disque recouvert d'un gel. En présence de monoxyde de carbone, le gel s'assombrit et limite alors le passage de la lumière. L'alarme s'enclenche du fait de la diminution de l'éclairement.

On souhaite modéliser le fonctionnement d'un tel détecteur, en réalisant un dispositif expérimental. Trois montages expérimentaux différents sont proposés :

Montage n° 1

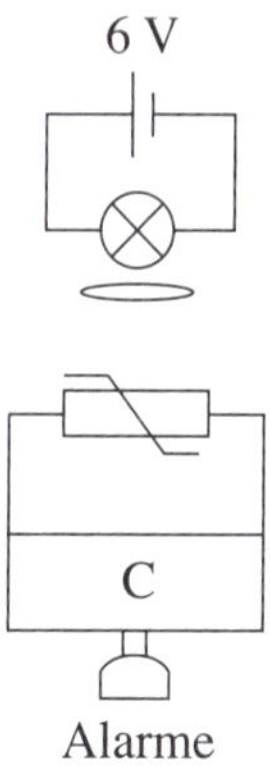

Montage n° 2

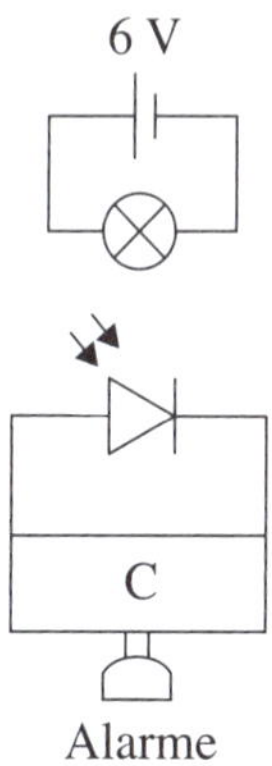

Montage n° 3

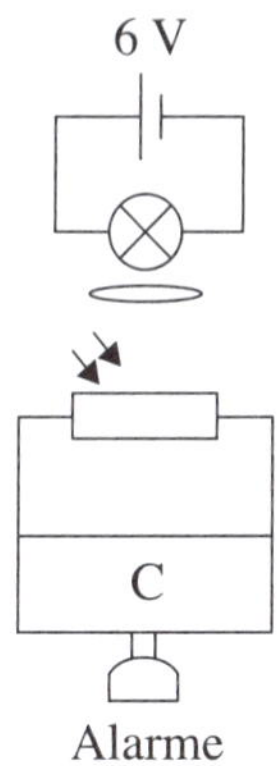

L'alarme s'active lorsque le « circuit de contrôle » C détecte une diminution importante de l'intensité électrique dans le circuit.

Choisir parmi les trois montages expérimentaux celui qui correspond le mieux au fonctionnement d'un détecteur à monoxyde de carbone à disque. Argumenter la réponse en exploitant les *documents 2*, *3* et *4*.

Doc. 2 **Symbole des composants**

Lampe	Photodiode	Thermistance	Photorésistance	Disque recouvert de gel
		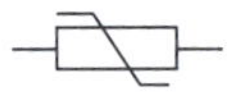	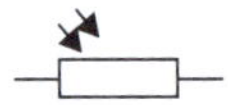	

Doc. 3 **Évolution de la résistance de la thermistance en fonction de la température**

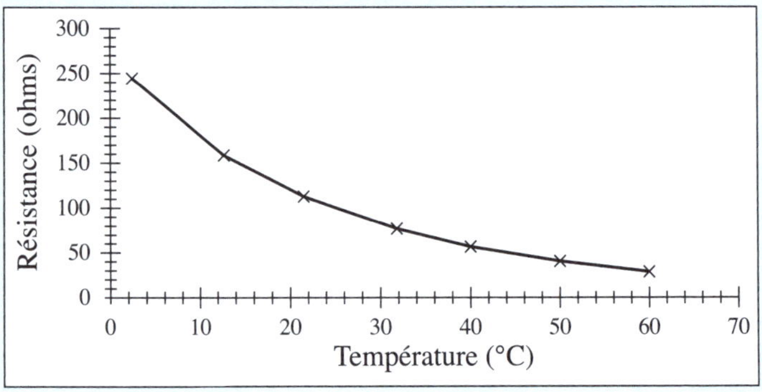

Doc. 4 **Évolution de la résistance d'une photorésistance en fonction de l'éclairement**

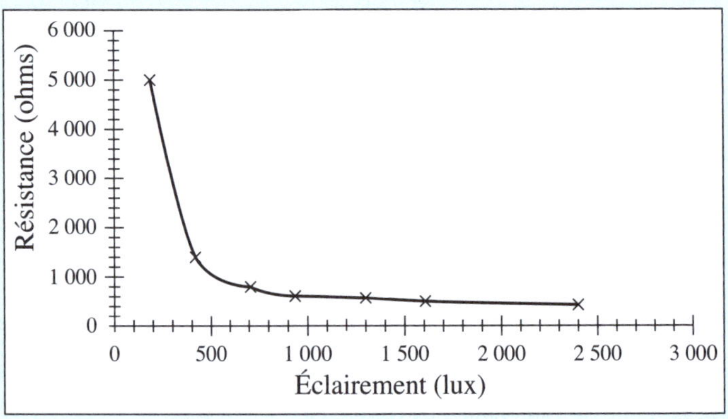

Sujet 32 Corrigé

Les clés pour réussir

L'essentiel à connaître

- **Une source primaire de lumière produit elle-même la lumière** qu'elle émet.
- Dans un **milieu homogène et transparent, comme l'air**, la lumière se **propage en ligne droite**.
- **Un objet diffusant** est un objet éclairé qui renvoie dans toutes les directions la lumière qu'il reçoit et qui **ne produit pas sa propre lumière**.
- **Une molécule est un assemblage d'atomes**. Elle est représentée par une formule chimique qui indique le nom des atomes qui la constituent et leur nombre.
- Dans **une transformation chimique**, il y a **redistribution des atomes** qui constituent les **réactifs** pour former de **nouvelles molécules** ou de nouveaux ions **nommés produits**.

Analyser l'énoncé

Une lecture attentive de l'énoncé est primordiale pour répondre correctement aux différentes questions :

- l'énoncé précise que le signal d'alarme se déclenche lorsque la photodiode reçoit de la lumière ;
- le texte d'introduction de la question **2** indique que la formule du méthane est CH_4 et que la combustion incomplète du méthane dégage des gaz nocifs, notamment le monoxyde de carbone ;
- le détecteur de monoxyde de carbone utilise un disque recouvert d'un gel. Ce disque s'assombrit et limite le passage de la lumière en présence de monoxyde de carbone ;
- l'activation de l'alarme correspond à une baisse de l'intensité du courant électrique traversant le circuit de contrôle C ;
- les graphiques des *documents 3* et *4* représentent les évolutions de la résistance d'une thermistance en fonction de la température et de la résistance d'une photorésistance en fonction de l'éclairement.

Bien comprendre les questions

Question 1

- Analysez le *document 1* en utilisant la définition d'une source primaire de lumière.

Question 2

- Comparez les deux schémas du *document 1*.

PHYSIQUE-CHIMIE

Question 3

- Pour choisir la proposition qui modélise correctement la transformation chimique, identifiez celle pour laquelle le méthane est un réactif et le monoxyde de carbone un produit.

Question 4

- Choisissez le circuit qui incorpore un composant mettant en jeu l'éclairement.

1 a. Les rayons de lumière modélisent la propagation de la lumière émise par une source de lumière. D'après le *document 1*, la **source primaire** de lumière contenue dans un détecteur de fumée optique est donc **la diode électroluminescente** (LED ou DEL).

b. La fumée est constituée de fines particules solides en suspension dans l'air. **Ces particules solides diffusent la lumière émise par** la diode électroluminescente, et la renvoient dans toutes les directions.
La lumière ainsi déviée par la fumée atteint la photodiode et l'alarme est déclenchée.

2 a. La proposition 2 n'est pas adaptée, car le méthane CH_4 n'est pas un réactif dans cette transformation chimique 2.
On ne retient pas la proposition 1, car le monoxyde de carbone n'est pas un produit de cette transformation 1.

La proposition 3 permet de modéliser la transformation chimique observée, car le méthane est bien un réactif dans cette transformation et le monoxyde de carbone de formule CO un produit.

Gagnez des points !
La formule du dioxyde de carbone est CO_2. Elle contient deux atomes d'oxygène.

b. Le montage n° 2 n'est pas adapté, car le schéma de ce montage ne contient pas de disque recouvert de gel.
On ne retient pas le montage n° 1, car d'après l'énoncé, la diminution de l'éclairement, et non l'évolution de la température, est la cause du déclenchement de l'alarme.
Le montage n° 3 permet de modéliser le détecteur de monoxyde de carbone, car le composant électrique utilisé dans le circuit est une photorésistance, **composant dont la résistance augmente lorsque l'éclairement diminue. Cette augmentation de la résistance entraîne une diminution importante de l'intensité** du courant électrique traversant la photorésistance et le circuit C, ce qui déclenche l'alarme.

Sujet 33 Facture d'électricité

25 pts 30 min

Sujet inédit

Voici la facture d'électricité annuelle reçue par un particulier.

Doc. 1 Facture annuelle d'électricité de juin 2014 à juin 2015

Tarif bleu

Abonnement	Prix unitaire	Montant HT
Abonnement du 14 août 2014 au 31 octobre 2014 (puissance souscrite de 6 kW - 2,6 mois)	66,72 €/an	14,46 €
Abonnement du 1 novembre 2014 au 13 juin 2015 (puissance souscrite de 6 kW - 7,4 mois)	68,64 €/an	42,33 €
Abonnement du 14 juin 2015 au 13 août 2015 (puissance souscrite de 6 kW - 2 mois)	68,64 €/an	11,44 €
Abonnement - Régularisation selon arrêté ministériel du 28 juillet 2014		3,32 €

Consommations — du 06/06/2014 au 03/06/2015

postes tarifaires	anciens index relevés	nouveaux index relevés	coefficients de lecture	consommations (kWh) compteur électronique n° 030322884103	Prix unitaire	Montant HT
Base	35 104	38 759	1	3 655		
Base - barème du 06/06/2014 au 31/10/2014				1 490	0,0883 €/kWh	131,57 €
Base - barème du 01/11/2014 au 03/06/2015				2 165	0,0909 €/kWh	196,80 €

du 06/06/2014 au 03/06/2015

postes tarifaires	anciens index relevés	nouveaux index relevés	coefficients de lecture	consommations ()	Montant HT
Consommations - Régularisation selon arrêté ministériel du 28 juillet 2014					11,70 €

Total HT dont part acheminement HT : 52 % **411,62 €**

Taxes & Contributions	Assiette	Taux	Montant HT
TCCFE du 06/06/2014 au 31/12/2014	2 104	0,0036 € / kWh	7,57 €
TDCFE du 06/06/2014 au 31/12/2014	2 104	0,003165 € / kWh	6,66 €
TDCFE du 01/01/2015 au 03/06/2015	1 551	0,003188 € / kWh	4,94 €
TCCFE du 01/01/2015 au 03/06/2015	1 551	0,0036 € / kWh	5,58 €
CSPE du 06/06/2014 au 31/12/2014	2 104	0,0165 € / kWh	34,72 €
CTA	49,32	27,04 %	13,34 €
CSPE du 01/01/2015 au 03/06/2015	1 551	0,0195 € / kWh	30,24 €
TVA réduite	84,89	5,50 %	4,67 €
TVA	11,70	19,60 %	2,29 €
TVA	418,08	20,00 %	83,62 €
TOTAL TTC			**605,25 €**

Dans son appartement, ce particulier possède notamment des lampes, un ordinateur, un radiateur électrique, un four électrique et un lave-linge. La puissance nominale de ces appareils, qui est la puissance électrique consommée par l'appareil en fonctionnement normal, est notée dans le *document 2* ci-après.

Doc. 2 **Puissance nominale de différents appareils électriques**

Appareil électrique	Puissance nominale
Lampe	20 W
Ordinateur	250 W
Radiateur électrique	1,50 kW
Four électrique	2,00 kW
Lave-linge	2,50 kW

1 Après la lecture du *document 1*, répondre aux questions suivantes.
a. Quelle est la quantité d'énergie électrique consommée par ce particulier entre novembre 2014 et juin 2015 ?
b. Quel est le prix hors taxes (HT) du kWh en 2015 ?
c. Le kilowatt (kW) est l'unité d'une (*cocher la bonne réponse*) :
☐ énergie ☐ puissance
d. Quelle est la puissance électrique souscrite par ce particulier ?

2 Tous les appareils électriques convertissent une partie de l'énergie électrique qu'ils reçoivent en énergie thermique.
a. Pour quels appareils du *document 2* l'énergie thermique est-elle de l'énergie perdue ? Pour quels appareils l'énergie thermique est-elle de l'énergie utile ?
b. Construire la chaîne énergétique d'une lampe.
c. Indiquer quels appareils électriques du *document 2* ont une puissance nominale du même ordre de grandeur.

3 Le disjoncteur se déclenche lorsque la puissance électrique consommée dépasse la puissance électrique souscrite. Ce particulier veut faire fonctionner en même temps le lave-linge, le four électrique, le radiateur électrique et l'ordinateur. Que va-t-il se passer ? Justifier la réponse.

Sujet 33 Corrigé

Les clés pour réussir

L'essentiel à connaître

- L'énergie peut s'exprimer en **joules** (J), en **wattheures** (Wh) ou en **kilowattheures** (kWh), tandis que la **puissance** s'exprime en **watts** (W) ou en **kilowatts** (kW).
- Une **chaîne énergétique** indique sous la forme d'un schéma les transferts et la conversion, réalisée par un convertisseur d'énergie, d'une forme d'énergie en d'autres formes d'énergie.
- L'**énergie thermique** convertie n'est pas toujours de l'énergie perdue. Dans le cas d'un feu de cheminée par exemple, c'est de l'énergie utile.
- L'**ordre de grandeur** d'une grandeur est égal à la puissance de dix la plus proche de la valeur de cette grandeur.

Analyser l'énoncé et les documents

La lecture attentive des *documents 1* et *2* est indispensable pour répondre aux questions posées :

- la quantité d'énergie électrique consommée est donnée en kilowatt-heures (kWh) ;
- les prix sont en euros (€) et ils ont varié entre 2014 et 2015 ;
- les puissances nominales des appareils électriques sont exprimées en watts (W) ou en kilowatts (kW).

Bien comprendre les questions

Question 1

- Étudiez attentivement le *document 1* en faisant bien attention aux dates pour répondre aux questions posées.

Question 2

- Interrogez-vous sur le fonctionnement des différents appareils électriques du *document 2* : est-ce utile qu'ils chauffent ?
- Dessinez un schéma représentant une chaîne énergétique : le convertisseur d'énergie est dans un ovale, et les formes d'énergie converties et transférées sont notées à côté des flèches.
- Déterminez les ordres de grandeur de la puissance nominale de tous les appareils électriques décrits dans le *document 2*, puis comparez-les entre eux. Soyez attentif aux unités utilisées.

PHYSIQUE-CHIMIE

Question 3

- Additionnez les puissances nominales des différents appareils en fonctionnement pour obtenir la puissance électrique consommée. Comparez ensuite cette valeur à la puissance électrique souscrite, qui est donnée dans le *document 1*.

1 **a.** La quantité d'énergie électrique consommée par ce particulier entre novembre 2014 et juin 2015 est égale à **2 165 kWh**.

b. Le prix hors taxes (HT) du kWh en 2015 est égal à **0,090 9 €**.

c. Le kilowatt (kW) est l'unité d'une **puissance**.

d. La puissance électrique souscrite par ce particulier est de **6 kW**.

2 **a.** L'énergie thermique convertie à partir de l'énergie électrique est **perdue pour la lampe et l'ordinateur**. En revanche, c'est de l'énergie **utile pour le radiateur électrique, le lave-linge et le four électrique**. En effet, un radiateur électrique et un four électrique ont pour fonction de chauffer l'air (d'une pièce ou de l'intérieur du four), tandis qu'un lave-linge chauffe le plus souvent l'eau qu'il utilise.

b. La chaîne énergétique d'une lampe peut être représentée de la façon suivante :

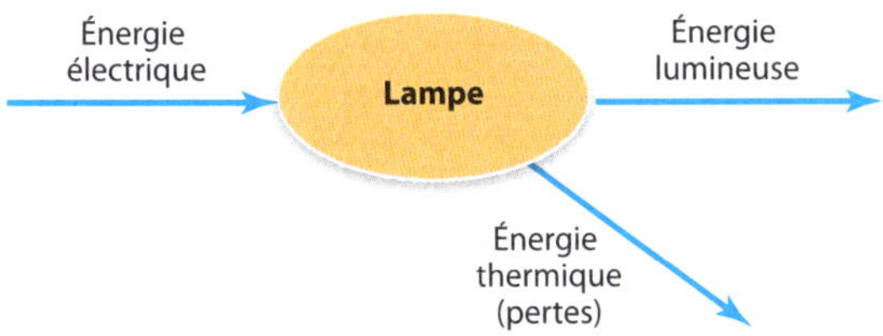

c. L'ordre de grandeur de la puissance nominale de la lampe est 10^1 W. Celui de l'ordinateur est 10^2 W, tandis que celui du radiateur, du four et du lave-linge est 10^3 W.

L'astuce du prof

100 W = 10^2 W
1 kW = 10^3 W

Le radiateur, le four et le lave-linge ont donc une puissance nominale du même ordre de grandeur.

3 Si le lave-linge, le four électrique, le radiateur électrique et l'ordinateur fonctionnent en même temps, la **puissance électrique consommée** est égale à :

2,50 + 2,00 + 1,50 + 0,250 = 6,25 kW.

Pensez-y !

250 W = 0,250 kW

Comme la **puissance électrique souscrite** par ce particulier (6 kW) est **inférieure à la puissance électrique consommée, le disjoncteur se déclenchera** et il n'y aura plus de courant électrique qui circulera dans l'appartement de cette personne.

Sujet 34 — Mesure de la vitesse de la lumière

25 pts — 30 min

Sujet inédit

La propagation de la lumière a longtemps été considérée comme instantanée. L'observation par Galilée des satellites de Jupiter a toutefois ouvert la voie aux premières tentatives de mesure de la vitesse de la lumière dans le vide.

Doc. 1 Mesure historique de la vitesse de la lumière par Römer (1676)

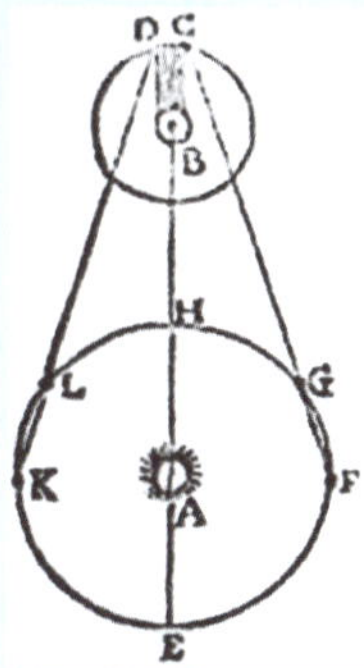

L'astronome danois Ole Römer a effectué à Paris la première mesure de la vitesse de la lumière en 1676. Il a observé l'éclipse de Io, satellite de Jupiter. Sur la figure, on voit l'orbite de Io qui entre dans le cône d'ombre de Jupiter (immersion) et en sort (émersion) ; on voit aussi le Soleil et l'orbite de la Terre. Entre deux émersions successives de Io, la Terre se déplace de L à K. Lorsque la Terre est en K, Römer a observé la deuxième émersion de Io en retard de plusieurs minutes : en effet, la lumière issue de Io a parcouru la distance supplémentaire LK. Il en a déduit que la propagation de la lumière n'était pas instantanée, et il a calculé la vitesse de celle-ci : environ 212 000 km/s.

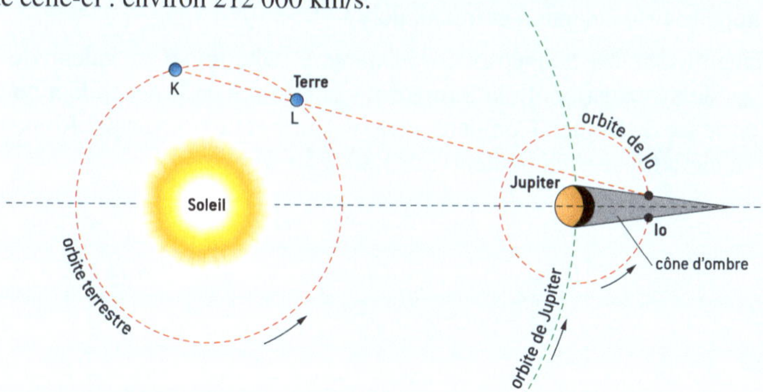

Des astronomes ont depuis tenté de reproduire la démarche de Römer pour estimer la valeur de la vitesse de la lumière dans le vide. Les résultats de ces mesures sont regroupés dans le *document 2*.

PHYSIQUE-CHIMIE

Doc. 2 **Reproduction actuelle de l'expérience de Römer**

- Distance KL = 1,57 u. a. avec 1 u. a. = $1{,}50 \times 10^8$ km.
- Retard entre deux émersions successives de Io : $\tau = 16$ min.

1 Pour chacune des affirmations suivantes, cocher la (ou les) bonne(s) réponse(s).

a. Jupiter, la Terre et Io sont :
☐ des sources primaires de lumière ☐ des objets diffusants

b. Dans l'espace, considéré comme homogène :
☐ la lumière et le son se propagent en ligne droite
☐ la lumière se propage en ligne droite
☐ le son se propage en ligne droite

c. Pour modéliser la propagation de la lumière entre Io et la Terre lorsque Io est aperçu depuis la Terre, on représente un rayon lumineux orienté :
☐ de la Terre vers Io ☐ de Io vers la Terre

d. Un élève souhaite faire une maquette de cette expérience en utilisant des lasers pour simuler les faisceaux lumineux.
☐ Les lasers peuvent être manipulés sans précaution particulière.
☐ La lumière issue d'un laser ne doit pas entrer dans l'œil.
☐ Il ne faut pas manipuler les lasers.

e. Dans le *document 2*, la durée t correspond à une propagation de la lumière sur la distance :
☐ Io-Terre ☐ KL ☐ Soleil-Terre

2 Sur quelle observation astronomique Römer a-t-il basé ses calculs ? Qu'appelle-t-on émersion et immersion ?

3 En utilisant les données du *document 2*, déterminer la valeur de la vitesse de propagation de la lumière $v_{\text{lumière}}$ déduite de la reconduction de l'expérience de Römer. Comparer cette valeur à celle trouvée par Römer et à la valeur admise actuellement, $c = 3{,}00 \times 10^5$ km/s.

Sujet 34 Corrigé

Les clés pour réussir

L'essentiel à connaître

- Une **source primaire** de lumière produit elle-même la lumière qu'elle émet.
- Un **objet diffusant** est un objet éclairé qui renvoie dans toutes les directions la lumière qu'il reçoit et qui ne produit pas sa propre lumière.
- **Dans un milieu homogène et transparent comme l'air, la lumière se propage en ligne droite**. Ce phénomène est nommé **la propagation rectiligne de la lumière**.
- On modélise le trajet rectiligne de la lumière par un rayon de lumière qui est une **droite orientée de la source de lumière vers l'objet éclairé**.
- Pour des raisons de sécurité, les sources lumineuses utilisées, et notamment le laser, doivent être manipulées **avec précaution**, car elles peuvent présenter des dangers pour les yeux.
- Un son se propage dans un milieu matériel, mais ne peut pas se propager dans le vide.
- La **vitesse de propagation** v (en m/s) est égale au rapport de la distance parcourue d (en m) par la durée de propagation t (en s) : $\boldsymbol{v = \frac{d}{t}}$.

Analyser l'énoncé et les documents

- L'expérience de Römer était basée sur l'observation de l'éclipse d'un satellite naturel de Jupiter, Io. L'immersion est l'entrée de Io dans le cône d'ombre de Jupiter, tandis que l'émersion correspond à la sortie de Io de cette ombre. Pendant la durée séparant deux émersions successives de Io, la distance parcourue par la lumière est LK.
- Römer a mesuré une valeur de la vitesse de la lumière de 212 000 km/s.
- Dans la reconduction actuelle de l'expérience de Römer (*document 2*), la durée séparant deux émersions successives de Io est $\tau = 16$ min et la distance KL = 1,57 u. a. avec 1 u. a. = $1{,}50 \times 10^8$ km.

Bien comprendre les questions

Question 1b

- Distinguez la propagation du son et celle de la lumière. Elles n'obéissent pas aux mêmes lois physiques, car leurs natures sont différentes.

Question 2

- Utilisez les informations extraites du *document 1*.

Question 3

- Pour calculer la vitesse de propagation de la lumière dans le vide, il faut utiliser la relation entre vitesse, distance et durée.
- N'oubliez pas de conclure après avoir comparé les différentes vitesses.

PHYSIQUE-CHIMIE

1 **a.** Jupiter, la Terre et Io sont **des objets diffusants.**

b. Dans l'espace, considéré comme homogène, **la lumière se propage en ligne droite**.

c. Pour modéliser la propagation de la lumière entre Io et la Terre lorsque Io est aperçu depuis la Terre, **on représente un rayon lumineux orienté de Io vers la Terre.**

À savoir

Contrairement à la lumière, le son ne se propage pas dans le vide.

d. Un élève souhaite faire une maquette de cette expérience en utilisant des lasers pour simuler les faisceaux lumineux. **La lumière issue d'un laser ne doit pas entrer dans l'œil**.

e. Dans le *document 2*, la durée τ correspond à une propagation de la lumière sur la **distance KL**.

2 D'après le *document 1*, **l'expérience de Römer est basée sur l'observation de l'éclipse d'un satellite naturel de Jupiter, Io**. **L'immersion est l'entrée de Io dans le cône d'ombre** de Jupiter, tandis que **l'émersion correspond à la sortie de Io de cette ombre**.

3 D'après les données du *document 2*, la vitesse de propagation de la lumière est égale à :

$$v_{\text{lumière}} = \frac{d}{t} = \frac{\text{KL}}{\tau} = \frac{1{,}57 \times 1{,}50 \times 10_8}{16 \times 60} = \mathbf{2{,}5 \times 10^5\ km/s.}$$

Römer avait déterminé $v = 2{,}12 \times 10^5$ km/s avec 1 km/s = 1×10^3 m/s, soit $v = 2{,}12 \times 10^8$ m/s et le texte donne $c = 3{,}00 \times 10^8$ m/s.

Ces valeurs ont toutes le même ordre de grandeur : **10^8 m/s.** La valeur déterminée à l'aide des données du *document 2* est proche de celle trouvée par **Römer, mais ces valeurs de vitesse sont tout de même assez éloignées de la valeur de la vitesse de la lumière admise de nos jours** (écart relatif de 30 %).

L'astuce du prof

Exprimez les vitesses en écriture scientifique et dans les mêmes unités pour les comparer plus facilement.

Sujet 35 Le saut à l'élastique

25 pts — 30 min

Sujet inédit

Dans la première phase d'un saut à l'élastique, l'élastique n'est pas tendu, et la valeur de la vitesse augmente. Dans une deuxième phase, l'élastique s'allonge progressivement jusqu'à l'arrêt du sauteur : il a alors sa longueur maximale. Dans la troisième phase, l'élastique se raccourcit pendant que le sauteur remonte. Le saut se termine par quelques oscillations verticales du sauteur qui finit par s'immobiliser.

Donnée : intensité de la pesanteur, $g = 9{,}8$ N/kg.

Doc. Évolutions dans le temps de la vitesse et de l'ordonnée du sauteur

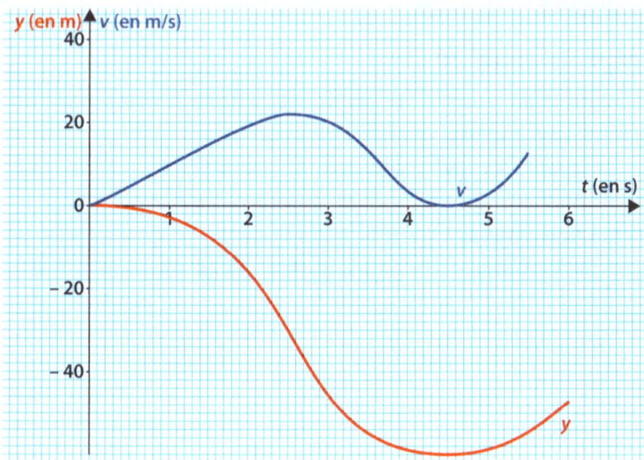

1 Pour un sauteur de masse $m = 80$ kg, exprimer, puis calculer la valeur P du poids du sauteur.

2 Si un enfant de masse $m' = \dfrac{m}{2}$ se présentait sur le pont après le premier sauteur de masse $m = 80$ kg, quelle serait la relation entre le poids P' de l'enfant et le poids P de l'adulte ? Justifier le raisonnement, puis calculer P'.

PHYSIQUE-CHIMIE

3 À l'aide du texte de l'énoncé et du graphique donné ci-avant, répondre aux questions suivantes.

a. Quelle est, en m/s, la vitesse maximale atteinte par le sauteur ? En déduire la durée de la première phase. Justifier.

b. Convertir la vitesse déterminée dans la question précédente en km/h. Le mouvement du sauteur est-il uniforme ? Justifier.

c. Quelle est la position *y* du sauteur à la fin de la première phase ?

d. Quelle est la longueur de l'élastique non tendu ?

e. À quel instant le sauteur s'arrête-t-il pour la première fois ? Quelle est alors sa position ? Comparer la longueur de l'élastique à cet instant et sa longueur à la fin de la première phase.

Sujet 35 Corrigé

Les clés pour réussir

L'essentiel à connaître

- La **trajectoire d'un point** d'un objet est la **ligne formée par l'ensemble des positions successives** occupées par ce point.
- Pour caractériser un **mouvement**, il est nécessaire de préciser la **vitesse de l'objet** étudié, en indiquant notamment la direction, le sens et la valeur de cette vitesse.
- La valeur de la **vitesse de propagation de la lumière** *v* (en m/s) est égale au rapport de la distance parcourue *d* (en m) par la durée de propagation *t* (en s) : $v = \frac{d}{t}$.
- Un objet proche de la surface d'un astre subit une **force d'attraction gravitationnelle** exercée par l'astre, nommée poids ou force de pesanteur : $P = m \times g$ avec *P* le poids en N, *m* la masse de l'objet en kg, *g* l'intensité de la pesanteur sur l'astre en N/kg.

Analyser l'énoncé et les documents

- Dans la première phase du saut, la vitesse augmente.
- Dans la deuxième phase du saut, l'élastique s'allonge progressivement jusqu'à l'arrêt du sauteur : il a alors sa longueur maximale.
- Dans la troisième phase du saut, l'élastique se raccourcit pendant que le sauteur remonte.
- Le graphique représente l'évolution de la valeur de la vitesse *v* du sauteur et de sa position *y* en fonction du temps.

Bien comprendre les questions

Question 1

- Utilisez la relation entre le poids, la masse et l'intensité de la pesanteur pour calculer le poids.

Question 2

- Utilisez la proportionnalité entre le poids et la masse pour répondre à cette question.

Question 3

- Étudiez attentivement le graphique car il permet de relier la vitesse à la distance.

1 $\boldsymbol{P = m \times g = 80 \times 9{,}8 = 7{,}8 \times 10^2}$ **N**

2 Sur le sol d'un astre donné, le poids est proportionnel à la masse. Si la masse est divisée par deux, le poids sera lui aussi divisé par deux :

$P' = \dfrac{P}{2}$.

On en déduit $P' = \dfrac{7{,}8 \times 10^2}{2} =$ **3,9 × 10² N**.

3 **a.** D'après le graphique, la valeur de la vitesse maximale atteinte par le sauteur est $\boldsymbol{v_{Max}}$ **= 22 m/s.** Cette valeur de vitesse est atteinte à la fin de la première phase. On détermine la durée de cette phase en cherchant l'abscisse du point d'ordonnée 22 m/s : $\boldsymbol{t_1}$ **= 2,5 s.**

b. $v_{Max} = 22$ m/s $= 22 \times 10^{-3}$ km/s, car 1 m $= 1 \times 10^{-3}$ km.

Si le sauteur parcourt 22×10^{-3} km en une seconde, il va parcourir $22 \times 10^{-3} \times 3\,600$ km en 3 600 s (1 h).

$\boldsymbol{v_{Max}} = 22 \times 10^{-3} \times 3\,600$ km/h = **79 km/h.**

La valeur de la vitesse du sauteur n'est pas constante dans le temps, **son mouvement n'est pas uniforme.**

> **À vérifier**
>
> La distance parcourue en une heure (79 km) est plus grande que la distance parcourue en une seconde (22 m).

c. Pour $t = t_1 = 2{,}5$ s, on trouve sur le graphique $\boldsymbol{y}$ **= – 30 m.**

d. Après 2,5 s de chute, l'élastique se tend. Le sauteur est alors à 30 m sous le pont. On peut donc affirmer que la longueur de l'élastique est **inférieure à 30 m.**

e. Lorsque le sauteur s'arrête pour la première fois, la valeur de sa vitesse s'annule pour la première fois. On trouve sur le graphique $v = 0$ pour $\boldsymbol{t_2}$ **= 4,5 s.** Graphiquement, on détermine que pour $v = 0$, $\boldsymbol{y}$ **= – 60 m.** La longueur de l'élastique est alors de 60 m, alors qu'elle était de 30 m environ à la fin de la première phase.

La longueur de l'élastique a quasiment doublé entre le moment où il a commencé à se tendre et le moment où le sauteur commence à remonter.

Sujet 36 Satellite météorologique METOP-A

25 pts — 30 min

Sujet inédit

De nombreux satellites d'observation sont lancés chaque année. Les observations et missions de ces satellites sont variées, et leurs orbites autour de la Terre ne sont pas toutes identiques.

Doc. Satellite artificiel METOP-A

ESA/Division de la communication

Le satellite météorologique METOP-A, lancé en 2006, est le premier satellite européen placé en orbite « polaire », ce qui signifie que sa trajectoire passe pratiquement au-dessus des pôles géographiques. Ce satellite d'observation de la Terre recueille notamment des informations sur l'atmosphère terrestre, afin d'améliorer les prévisions météorologiques. La masse m de METOP-A est de 4,1 tonnes, et le satellite décrit une orbite quasi-circulaire par rapport au centre de la Terre, à une altitude $h = 8{,}2 \times 10^2$ km. Le satellite décrit une orbite complète en $t = 101$ min.

Données nécessaires à la résolution de l'exercice

Valeur de la constante de la gravitation universelle :
$G = 6{,}67 \times 10^{-11}\ \text{N} \cdot \text{m}^2/\text{kg}^2$.
Masse de la Terre : $M_T = 5{,}97 \times 10^{24}$ kg.
Rayon de la Terre : $R_T = 6{,}38 \times 10^6$ m.
Une tonne (symbole t) : 1 t = 1×10^3 kg.
Périmètre d'un cercle de rayon r : $L = 2 \times \pi \times r$.
On considérera dans l'exercice que seuls la Terre, la Lune et le Soleil sont en interaction avec le satellite.

1 Pour chacune des affirmations suivantes, cocher la (ou les) bonne(s) réponse(s) :

a. La trajectoire du satellite par rapport au centre de la Terre est :
☐ une droite ☐ un cercle

b. Le satellite effectue une orbite complète en :
☐ 24 heures ☐ 101 minutes

c. La distance entre le satellite et le centre de la Terre est de :
☐ $6{,}38 \times 10^6$ m ☐ $7{,}20 \times 10^6$ m ☐ $8{,}2 \times 10^2$ km

d. Le mouvement du satellite par rapport à un point fixe du sol terrestre :
☐ est circulaire ☐ est rectiligne
☐ n'est probablement ni rectiligne ni circulaire

2 Si on suppose le mouvement du satellite uniforme par rapport au centre de la Terre, déterminer les caractéristiques de sa vitesse.

3 Quelles sont les forces qui s'exercent sur le satellite ? Exprimer et calculer la valeur *F* de la force gravitationnelle exercée par la Terre sur le satellite.

Sujet 36 Corrigé

Les clés pour réussir

L'essentiel à connaître

- La **trajectoire d'un point d'un objet** est la ligne formée par l'ensemble des positions successives occupées par ce point. Lorsque la trajectoire d'un point d'un corps est une droite, on dit que le mouvement du point est rectiligne.
- Un même mouvement peut être caractérisé de manière différente par plusieurs observateurs.
- Pour caractériser un mouvement, il est nécessaire de préciser la **direction**, le **sens** et la **valeur de la vitesse** de l'objet.
- Par rapport à un observateur donné, un mouvement est **uniforme** s'il s'effectue avec une **valeur de la vitesse constante**. La valeur de la vitesse peut alors s'écrire : $v = \frac{d}{t}$, avec v la valeur de la vitesse en m/s, d la distance parcourue par un point de l'objet en m et t la durée du déplacement en s.
- L'**interaction gravitationnelle** entre deux corps de centres A et B, de masses respectives m_A et m_B et séparés d'une distance d, est modélisée par des forces d'attraction gravitationnelle de valeur : $F = G \times \frac{m_A \times m_B}{d^2}$ avec F en N, m_A et m_B en kg, d en m.

PHYSIQUE-CHIMIE

Analyser l'énoncé et les documents

Il faut lire attentivement le document et les données et noter à quoi correspondent les différentes données :

- $m = 4{,}1$ t est la valeur de la masse du satellite ;
- $h = 8{,}2 \times 10^2$ km est l'altitude du satellite, sa distance par rapport au sol terrestre ;
- $G = 6{,}67 \times 10^{-11}$ N · m²/kg² ; $M_T = 5{,}97 \times 10^{24}$ kg ; $R_T = 6{,}38 \times 10^6$ m ;
- 1 t = 1×10^3 kg ;
- périmètre d'un cercle de rayon r : $L = 2 \times \pi \times r$;
- le satellite décrit une orbite complète en $t = 101$ min ;
- seuls la Terre, la Lune et le Soleil sont en interaction avec le satellite.

Bien comprendre les questions

Question 1

- La distance demandée dans la question **c.** est la distance entre le satellite et le centre de la Terre, et non la distance entre le satellite et le sol.

Question 2

- Indiquez la direction, le sens et la valeur de la vitesse. Pour la valeur de cette vitesse, utilisez la relation entre la vitesse, la distance et la durée, en prenant soin d'exprimer les différentes grandeurs dans des unités cohérentes.

Question 3

- La valeur de la force pourra être calculée avec les données de l'exercice, en prenant bien soin d'utiliser des unités adaptées et en ne confondant pas l'altitude et la distance entre le satellite et le centre de la Terre.

1 **a.** La trajectoire du satellite par rapport au centre de la Terre est **un cercle**.

b. Le satellite effectue une orbite complète en **101 minutes**.

c. La distance entre le satellite et le centre de la Terre est :

$$R_T + h = 6{,}38 \times 10^6 + 8{,}2 \times 10^2 \times 10^3 \text{ m}$$
$$= 6{,}38 \times 10^6 + 8{,}2 \times 10^5 \text{ m}$$
$$= \mathbf{7{,}20 \times 10^6\ m}.$$

Piège à éviter

Il faut additionner des distances exprimées dans la même unité.

d. Le mouvement du satellite par rapport à un point fixe du sol terrestre **n'est probablement ni rectiligne ni circulaire**.

2 La trajectoire étant un cercle, la **direction** de la vitesse est **la tangente à ce cercle**.
Le sens de la vitesse est le **sens du mouvement** et sa **valeur *v*** est donnée par :

$$v = \frac{d}{t} = \frac{2 \times \pi \times r}{t}$$

$$v = \frac{2 \times \pi \times 7{,}20 \times 10^6}{101 \times 60} = \mathbf{7{,}46 \times 103\ m/s.}$$

À savoir

Pensez à convertir la durée *t* en secondes pour obtenir *v* en mètres par seconde.

3 Un diagramme objet-interaction permet de déterminer les forces qui s'exercent sur le satellite :

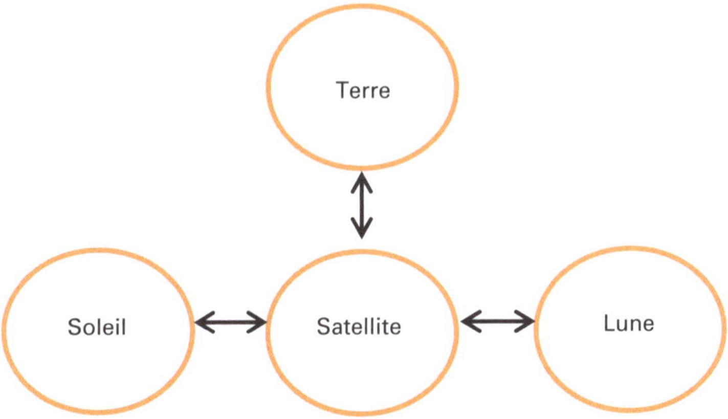

La valeur de la force gravitationnelle exercée par la Terre sur le satellite est :

$$F = G \times \frac{m \times M_T}{(h + R_T)^2}$$

$$F = 6{,}67 \times 10^{-11} \times \frac{4{,}1 \times 10^3 \times 5{,}97 \times 10^{24}}{(7{,}20 \times 10^6)^2} = \mathbf{3{,}1 \times 10^4\ N.}$$

PHYSIQUE-CHIMIE

Sujet 37 La sonde Pionner 10 aux confins du système solaire

25 pts — 30 min

Sujet inédit

La sonde Pionner 10 a dépassé l'orbite de Pluton en 1983, onze années après son lancement. Cette sonde transporte une plaque en or sur laquelle ont été gravés les dessins d'une femme et d'un homme, un atome d'hydrogène et la position de la Terre dans le système solaire.

Doc. **La sonde Pionner 10 aujourd'hui**

COSMOS/SPL/Nasa/JPL

Lors de la fermeture de la salle de contrôle de la sonde Pionner 10 en 1997, la sonde se trouvait à 10 milliards de kilomètres de la Terre et fonçait à 12,5 km/s. Il fallait alors 9 h 05 min aux opérateurs pour lui transmettre un ordre, puis attendre encore 9 h 05 min pour recevoir la confirmation en retour. Le 23 janvier 2003, un dernier signal envoyé par la sonde a été capté sur Terre. Ce signal était très faible. Depuis ce jour, la source d'énergie de Pionner 10 ne lui permet plus d'émettre des signaux vers la Terre même si la sonde continue à se déplacer.

Données de l'exercice

1 milliard = 1×10^9 ; 1 million = 1×10^6 ; 1 millionième = 1×10^{-6} ;
1 a. l. = $9,5 \times 10^{15}$ m.
Valeur de la vitesse de la lumière dans le vide : $3,0 \times 10^8$ m/s.
Distance moyenne Terre-Soleil : $1,5 \times 10^8$ km.
Unité astronomique, u. a. : 1 u. a. = $1,5 \times 10^8$ km.
Distance moyenne Soleil-Neptune : 30 u. a.
Limite du système solaire (héliopause) : 120 u. a.

1 Après la lecture de l'énoncé, pour chacune des affirmations suivantes, cocher la (ou les) bonne(s) réponse(s) :

a. La Voie Lactée est :
☐ notre galaxie ☐ une galaxie extérieure à la nôtre ☐ une étoile

b. La sonde Pionner 10 a été lancée en :
☐ 2003 ☐ 1983 ☐ 1972

c. En 1997, la vitesse de la sonde par rapport à la Terre était de l'ordre de :
☐ $3{,}0 \times 10^8$ m/s ☐ 12,5 m/s

d. En 1997, lorsque les opérateurs envoyaient un ordre à la sonde, ils recevaient la confirmation de la sonde :
☐ 18 h 10 min plus tard ☐ 9 h 05 min plus tard
☐ 36 h 20 min plus tard

e. En 1997, la distance entre la Terre et la sonde était approximativement de :
☐ un millionième d'a. l. ☐ un millième d'a. l. ☐ mille a. l.

f. Au moment de la fermeture de la salle de contrôle de Pionner 10, la sonde se trouvait approximativement :
☐ au voisinage de Pluton ☐ au voisinage de Neptune
☐ deux fois plus loin de la Terre que Neptune

2 Si on suppose que la vitesse de la sonde est constante depuis 1997, à quelle distance totale de la Terre se trouverait la sonde en 2017 ?

3 On admet que les ondes radio envoyées qui servent à communiquer avec la sonde sont des ondes électromagnétiques, de même nature que la lumière, et qu'elles se propagent à la même vitesse dans le vide. Déterminer à l'aide du *document* la vitesse de la lumière dans le vide et comparer le résultat obtenu avec la valeur donnée en fin d'énoncé.

PHYSIQUE-CHIMIE

Sujet 37 Corrigé

Les clés pour réussir

L'essentiel à connaître

- Le **système solaire** est constitué d'une étoile, le **Soleil**, autour de laquelle tournent **huit planètes** : Mercure, Vénus, la Terre, Mars, Jupiter, Saturne, Uranus et Neptune.
- Le Soleil n'est qu'une étoile moyenne dans un groupe contenant environ 100 milliards d'étoiles, une **galaxie**.

- Le **mètre**, de symbole m, est l'unité de longueur dans le système international.
- L'**année-lumière** (ou année de lumière), de **symbole a. l.**, est la distance parcourue par la lumière dans le vide, en une année.
- L'**ordre de grandeur** d'une longueur est la puissance de dix la plus proche de cette longueur.
- La valeur de la **vitesse de propagation de la lumière** v (en m/s) est égale au rapport de la distance parcourue d (en m) par la durée de propagation t (en s) : $\boldsymbol{v = \frac{d}{t}}$.

Analyser l'énoncé et les documents

Lisez attentivement les documents et notez à quoi correspondent les différentes dates du *document 1* et de l'énoncé :

- 1983 correspond au passage de la sonde à proximité de Pluton, onze années après son lancement ;
- 1997 correspond à la fermeture de la salle de contrôle ;
- 2003 correspond à la date de réception du dernier signal émis par la sonde ;
- en 1997, la sonde était à dix milliards de kilomètres de la Terre et avait une vitesse de 12,5 km/s ;
- en 1997, un signal émis par le centre de contrôle se propageait pendant 9 h 05 min avant de rejoindre la sonde.

Bien comprendre les questions

Question 1

- Lisez attentivement le *document 1* et l'énoncé pour répondre aux premières affirmations.
- Pour la durée de propagation du signal, pensez à l'aller-retour de l'onde.
- Enfin, pour les deux dernières affirmations, convertissez la distance de la Terre à la sonde donnée dans le texte en a. l. et en u. a.

Question 2

- Utilisez la relation entre la vitesse, la distance et la durée, en prenant soin d'exprimer les différentes grandeurs dans des unités cohérentes.

Question 3

- Le *document 1* indique une durée et une distance correspondante. Il faut ici encore utiliser la relation entre vitesse, distance et durée.

1 **a.** La Voie Lactée est **notre galaxie.**

b. La sonde Pionner 10 a été lancée en **1972** (1983 – 11 = 1972).

c. En 1997, la vitesse de la sonde par rapport à la Terre était de l'ordre de **12,5 m/s.**

d. En 1997, lorsque les opérateurs envoyaient un ordre à la sonde, **ils recevaient la confirmation de la sonde 18 h 10 min plus tard** puisqu'il fallait 9 h 05 min au signal pour atteindre la sonde et 9 h 05 min supplémentaires pour que la confirmation émise par la sonde atteigne la Terre.

e. En 1997, la distance entre la Terre et la sonde était approximativement **d'un millième d'a. l.** :
dix milliards de kilomètres = 10×10^9 km

$= 10^{10}$ km, soit en a. l. $\dfrac{10^{10}}{9{,}5 \times 10^{15} \times 10^{-3}} \approx$ **10^{-3} a. l.**

Piège à éviter

Pensez à convertir l'année lumière en kilomètres.

f. Au moment de la fermeture de la salle de contrôle de Pionner 10, **la sonde se trouvait approximativement deux fois plus loin de la Terre que Neptune** :

$\dfrac{10^{10}}{1{,}5 \times 10^8} = 67$ u. a. soit environ 2×30 u. a.

L'astuce du prof

En valeur approchée, la distance Pionner-Terre est quasiment égale à la distance Pionner-Soleil.

2 La durée de propagation de la sonde est :
2017 – 1997 = 20 années avec une vitesse $v = 12{,}5$ km/s, soit une distance parcourue : $d = v \times t = 12{,}5 \times 20 \times 365 \times 24 \times 3\,600 = 7{,}9 \times 10^9$ km.
La sonde se trouverait donc à une distance de $10^{10} + 7{,}9 \times 10^9$ km, soit **$1{,}79 \times 10^{10}$ km.**

3 En 1997, les ondes radio parcouraient 10^{10} km, soit 10^{13} m, en 9 h 05 min, soit en $9 \times 3\,600 + 5 \times 60$ s $= 3{,}3 \times 10^4$ s. On en déduit :

$$v = \frac{d}{t} = \frac{10^{13}}{3{,}3 \times 10^4} = 3{,}1 \times 10^8 \text{ m/s}$$

On retrouve une valeur proche de la vitesse de propagation de la lumière : **$3{,}0 \times 10^8$ m/s.**

PHYSIQUE-CHIMIE

Sujet 38 L'impact de la pollution du sol

25 pts 30 min

Asie, juin 2017

Suite à une activité industrielle, dans une région française, un sol a été fortement pollué par du plomb (plusieurs grammes par kilogramme de sol). À sa surface, une épaisseur anormale de litière[1] a été constatée. Une équipe d'étudiants cherche à comprendre le lien entre cette pollution par le plomb et la diminution de la dégradation de la litière.

[1] Litière : partie du sol située en surface et constituée de débris (fragmentés) végétaux et animaux en cours de dégradation.

Doc. 1 Nombre d'animaux dans un sol sain et dans un sol pollué

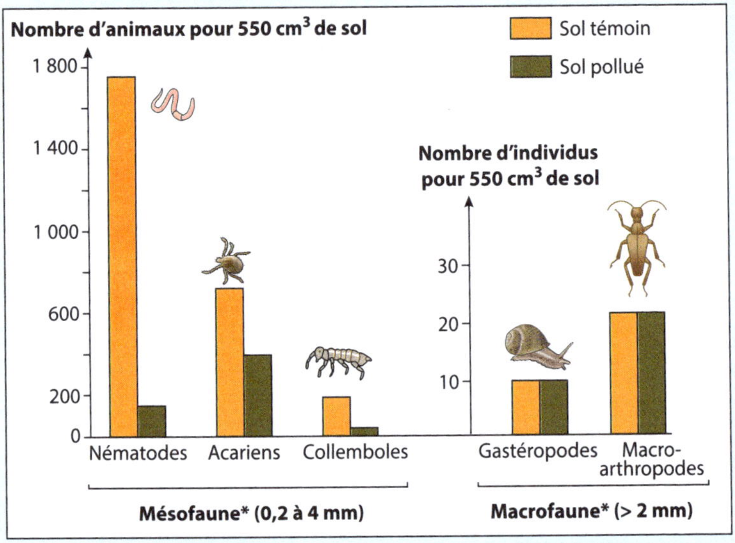

* Mésofaune : ensemble d'animaux de tailles comprises entre 0,2 et 4 mm.
* Macrofaune : ensemble d'animaux de tailles supérieures à 2 mm.

D'après svt.acdijon/schemassvt - Source INRA (Mrs Lacassin et Schvartz).

Doc. 2 Les micro-organismes du sol

Les micro-organismes (champignons, bactéries…) n'appartiennent pas à la mésofaune ni à la macrofaune. Ils ne sont observables qu'au microscope et terminent la dégradation de la litière. Celle-ci doit être préalablement finement fragmentée par les animaux du sol.

Doc. 3 Étude complémentaire sur un sol pollué

On a constaté une diminution du nombre de certains animaux appartenant à la mésofaune (collemboles, nématodes) qui participent à la fragmentation de la litière. Les débris de la litière ne sont plus fragmentés aussi finement que dans un site non pollué. Malgré la forte pollution du sol, les micro-organismes restent vivants mais leur action de dégradation est ralentie.

Modifié d'après http://www.gissol.fr

1 Compléter le tableau suivant à partir du *document 1*.

Nombre d'animaux dans un sol sain et dans un sol pollué

Populations animales	Nombre d'animaux dans le sol témoin pour 550 cm³	Nombre d'animaux dans le sol pollué pour 550 cm³
....	1 750	180
Acariens	780	....
Collemboles	....	20
....	10	10
Macro-arthropodes	20	20

2 À partir des *documents 1* et *3*, nommer la population animale qui diminue le plus dans le sol pollué étudié. Justifier en s'appuyant sur des valeurs chiffrées (calcul, estimation, pourcentage ou autre…).

3 Proposer une explication à l'épaisseur anormale de litière sur un sol pollué. Un texte construit est attendu, il devra s'appuyer sur des arguments tirés des **deux** *documents 2* et *3*.

SVT

Sujet 38 Corrigé

Les clés pour réussir

L'essentiel à connaître

- **Le sol** est la partie superficielle de la croûte terrestre. Il est constitué par le mélange de **matière organique** en décomposition et de **particules minérales.**
- Les particules minérales proviennent de la dégradation de la **roche mère** située sous le sol.
- La matière organique en décomposition provient de la dégradation de la **litière** formée essentiellement par les débris de végétaux morts.
- La litière est le premier maillon d'un **réseau alimentaire** formé par de **très nombreux êtres vivants** (animaux, champignons et bactéries).
- Le fonctionnement de ce réseau alimentaire permet la dégradation de la litière et assure ainsi le **recyclage** de la matière.

Analyser l'énoncé

- Lisez attentivement le titre et l'introduction présentée dans l'encadré pour déterminer le sujet abordé : l'impact d'une pollution du sol sur la dégradation de la litière.
- Sur le *document 1*, repérez les légendes des deux figurés utilisés pour les histogrammes et reliez ces informations au titre du graphique.
- Dans le texte du *document 2*, repérez les particularités des micro-organismes par rapport aux autres êtres vivants du sol.
- Sur le *document 3*, identifiez l'effet de la pollution d'un sol sur les êtres vivants qui le peuplent.

Bien comprendre les questions

Question 1

- Commencez par compléter les lignes du tableau pour lesquelles on vous donne le nom des populations animales en repérant le plus précisément possible leur nombre dans le graphique.
- Nommez ensuite les deux populations animales manquantes en vous servant des nombres d'animaux très différents.

Question 2

- Utilisez d'abord le *document 3* pour repérer les animaux dont le nombre diminue lors d'une pollution. Ensuite, utilisez des valeurs chiffrées tirées du graphique du *document 1* pour montrer quelle est la population animale qui diminue le plus.

Question 3

• Rappelez le problème que vous devez résoudre, puis mettez en relation les informations sur le rôle de la faune du sol (*document 2*) avec celles sur les effets d'une pollution (*document 3*).

1 Le tableau complété est le suivant :

Nombre d'animaux dans un sol sain et dans un sol pollué

Populations animales	Nombre d'animaux dans le sol témoin pour 550 cm³	Nombre d'animaux dans le sol pollué pour 550 cm³
Nématodes	1 750	180
Acariens	780	**500**
Collemboles	**200**	20
Gastéropodes	10	10
Macro-arthropodes	20	20

2 D'après le *document 3*, on constate une **diminution du nombre d'animaux de la mésofaune** lorsque le sol est pollué. L'analyse du graphique du *document 1* montre que trois populations animales appartiennent à la mésofaune : **les nématodes, les acariens et les collemboles.** Cependant, on remarque que **seulement la moitié des acariens** disparaît dans un sol pollué, alors que les nombres des deux autres populations diminuent fortement. En effet, le nombre de nématodes dans un sol pollué passe de 1 750 animaux pour 550 cm³ de sol témoin **à seulement 180 animaux** dans le sol pollué. La **diminution est encore plus forte pour les collemboles** puisqu'il ne reste plus que 10 % de la population initiale lorsque le sol est pollué (20 animaux pour 550 cm³ de sol pollué contre 200 animaux dans le sol témoin). **Ainsi, c'est la population des collemboles qui diminue le plus dans un sol pollué.**

Gagnez des points !

Pourcentage d'animaux restant après pollution = 100 × nombre d'animaux dans le sol pollué/nombre d'animaux dans le sol témoin.

3 Dans un sol sain, les micro-organismes **terminent la dégradation** de la litière, mais ils ne peuvent intervenir que sur des **débris** de litière **très fins.** Or, ce sont les animaux du sol qui sont responsables de la **fragmentation** de la litière en débris fins, en particulier ceux de la mésofaune (collemboles, nématodes...). On sait par ailleurs que **la plupart de ces animaux disparaissent** en cas de **pollution** du sol. Par conséquent, la litière **n'est plus** fragmentée, les micro-organismes **ne peuvent** pas terminer sa dégradation, et la litière **s'accumule** et devient anormalement **épaisse**.

L'astuce du prof

Sur votre brouillon, construisez une chaîne d'événements reliés logiquement entre eux par une relation cause-conséquence par exemple.

Sujet 39 — Approvisionnement énergétique de quelques villes français

25 pts — 30 min

Pondichéry, mai 2017

On s'intéresse à l'approvisionnement énergétique de quelques villes françaises.

Doc. 1 Quelques définitions concernant les trois types d'énergie

Une énergie non renouvelable désigne l'énergie que l'on produit à partir de la combustion de matières premières fossiles d'origine organique (issues d'êtres vivants) : le pétrole, le charbon et le gaz naturel. Elle n'est pas renouvelable à l'échelle d'une vie humaine.
Une énergie renouvelable est une ressource énergétique dont le renouvellement naturel est assez rapide pour qu'elle puisse être considérée comme inépuisable à l'échelle d'une vie humaine. L'énergie solaire (produite à partir du Soleil), l'énergie éolienne (produite à partir du vent), l'énergie géothermique (produite par l'activité interne de la Terre), l'énergie provenant de la biomasse (produite à partir de la matière organique des êtres vivants) et l'énergie hydraulique (produite à partir de la force de l'eau) sont des types d'énergie renouvelable.
L'énergie nucléaire est une énergie qui provient du noyau des atomes.

Doc. 2 Estimation de la part de différents types d'énergie dans l'approvisionnement énergétique mondial

Types d'énergie		2010	2020	2035
Énergies non renouvelables	Pétrole Charbon Gaz	81 %	80 %	74 %
Énergie nucléaire	Nucléaire	6 %	5 %	6 %
Énergies renouvelables	Géothermique Solaire Provenant de la biomasse Hydraulique	13 %	15 %	20 %

1 En vous appuyant sur les données du *document 2*, comparer l'évolution de la part des différents types d'énergie dans l'approvisionnement énergétique entre 2010 et 2035.

Doc. 3 **Cartes de la répartition du débit d'énergie géothermique, de la moyenne de l'ensoleillement et de la vitesse des vents en France**

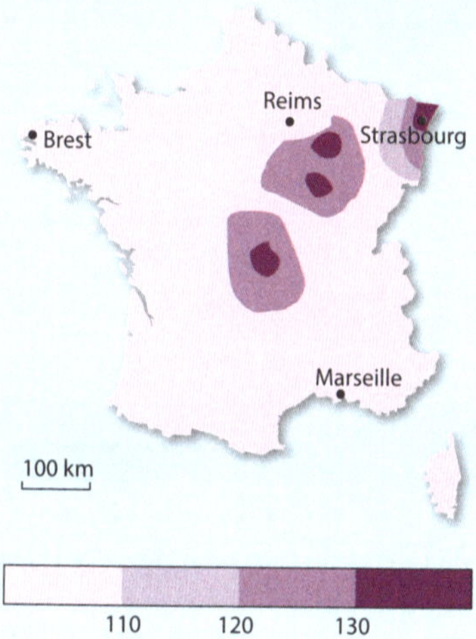

Carte de la répartition du débit moyen d'énergie géothermique issue des profondeurs de la Terre, mesurée en surface de la Terre pour 1 m² (en mW)

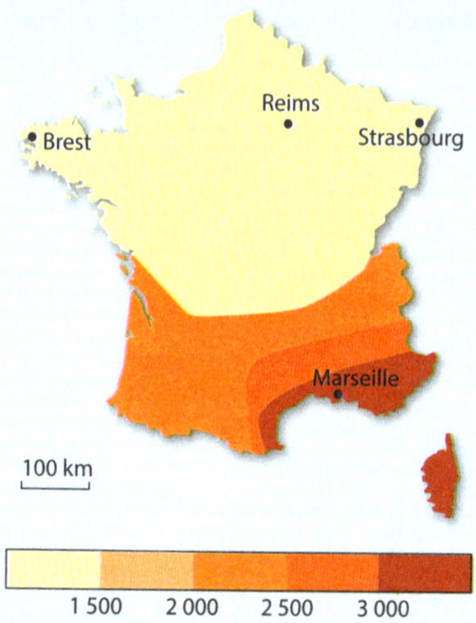

Carte de la moyenne de l'ensoleillement (en heures par année)

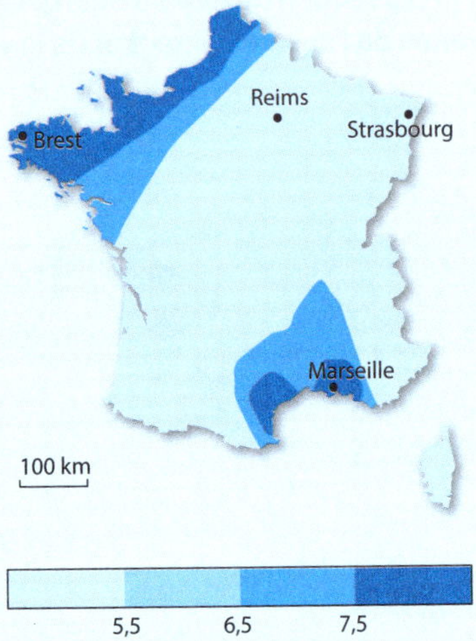

Carte de la vitesse moyenne des vents (en m/s)

Doc. 4 **Les avantages et les inconvénients de trois énergies renouvelables**

Énergie	Géothermique	Solaire	Éolienne
Avantage	Ressource inépuisable à l'échelle d'une vie humaine		
Inconvénients	Une centrale géothermique n'est installée qu'à partir d'un débit d'énergie en surface suffisant (supérieur à 120 mW/m²).	Certains panneaux solaires ne sont pas rentables si la durée d'ensoleillement ne dépasse pas 1 800 heures de soleil par an.	Une éolienne ne produit pas d'électricité si la vitesse du vent est inférieure à 7,5 m/s.

2 À partir des informations des *documents 3* et *4*, citer (sans justifier) la ou les énergies renouvelables les plus pertinentes pour les trois villes françaises suivantes : Strasbourg, Brest et Marseille.

3 À partir des *documents 1* à *4*, proposer une solution à l'approvisionnement énergétique de la ville de Reims. Justifier votre réponse.

Sujet 39 Corrigé

Les clés pour réussir

L'essentiel à connaître

- Les gisements de pétrole, de charbon, de gaz et d'uranium sont des sources d'énergie fossiles, donc **limitées**. L'énergie nucléaire et les énergies tirées des combustibles fossiles sont des sources d'énergie **non renouvelables** à l'échelle de temps de la vie humaine.
- L'énergie solaire, l'énergie thermique de la Terre, l'énergie hydraulique (déplacement d'eau), l'énergie éolienne (vent) et l'énergie de la biomasse (matière organique comme le bois) sont des sources d'énergie **presque illimitées**. Elles sont **renouvelables** à l'échelle d'une vie humaine.
- Actuellement, l'Homme utilise **essentiellement** des sources d'énergie non renouvelables qui s'épuiseront un jour. Il essaie donc de **développer** l'utilisation des sources d'énergie renouvelables.

Analyser l'énoncé

- Prenez le temps de lire attentivement le *document 1*, car il comporte des définitions des types d'énergie. Comparez ces définitions avec celles que vous connaissez en vous concentrant sur les points communs.
- Identifiez l'objectif du tableau du *document 2* : il vous montre la part de chaque type d'énergie et l'évolution de ces parts entre 2010 et 2035. Il permet de savoir si la part d'un type d'énergie va stagner, baisser ou augmenter.
- Repérez le point commun aux trois cartes du *document 3* : elles permettent de repérer géographiquement quelles sources d'énergie sont les plus intéressantes. Identifiez les unités utilisées pour quantifier chaque source d'énergie en soulignant chacune d'elles avec une couleur différente.
- Relevez les valeurs indiquées dans le tableau du *document 4* en les soulignant avec les mêmes couleurs que celles utilisées pour le *document 3*.

Bien comprendre les questions

Question 1

- Pour chaque type d'énergie, comparez la part en pourcentage prévue en 2035 avec la part connue en 2010 et indiquez si cette part a augmenté, baissé ou stagné.

SVT

Question 2

- Localisez chaque ville sur la carte du *document 3*, notez les valeurs de débit d'énergie thermique, de durée d'ensoleillement et de vitesse de vent indiquées pour cette ville. Comparez ces valeurs avec celles indiquées par le *document 4*.

Question 3

- Localisez Reims sur la carte du *document 3*, notez les valeurs de débit d'énergie thermique, de durée d'ensoleillement et de vitesse de vent indiquées pour cette ville. Comparez ces valeurs avec celles indiquées par le *document 4*. Proposez une source d'énergie utilisable à Reims qui remplit toutes les attentes indiquées dans les *documents 1* à *4*.

1 Entre 2010 et 2035, la part des énergies non renouvelables dans l'approvisionnement énergétique mondial devrait baisser (de 81 à 74 %), alors que celle des énergies renouvelables devrait augmenter (de 13 à 20 %). La part de l'énergie nucléaire ne devrait pratiquement pas changer.

L'astuce du prof

Maîtrisez la langue française : utilisez des expressions tirées de la question et du document.

2 À **Strasbourg**, l'énergie renouvelable la plus pertinente est l'**énergie géothermique**.
À **Brest**, l'énergie renouvelable la plus pertinente est l'**énergie éolienne**.
À **Marseille**, les énergies renouvelables les plus pertinentes sont l'**énergie solaire** et l'**énergie éolienne**.

3 À Reims, l'utilisation de l'énergie éolienne n'est pas pertinente, car la vitesse moyenne des vents est inférieure à 7,5 m/s ; les éoliennes ne fonctionnent pas.
L'utilisation de l'énergie solaire n'est pas pertinente, car la durée moyenne d'ensoleillement est inférieure à 1 500 heures par an ; les panneaux solaires ne sont pas rentables.
Enfin, l'utilisation de l'énergie géothermique n'est pas pertinente, car le débit géothermique inférieur à 110 mW/m² n'est pas suffisant pour installer une centrale (*documents 3* et *4*).
De plus, le charbon, le gaz et le pétrole étant des sources d'énergie non renouvelables, il n'est pas souhaitable de les exploiter (*document 1*).
Enfin, l'utilisation du nucléaire ne devrait pas se développer d'ici 2035, car il s'agit d'une énergie non renouvelable. En revanche, l'exploitation de la biomasse serait une solution pour l'approvisionnement énergétique de la ville de Reims (*document 2*).

L'astuce du prof

Indiquez entre parenthèses le document qui a servi à justifier votre réponse.

Sujet 40 La formation de la cordillère des Andes

25 pts 30 min

Sujet inédit

La cordillère des Andes est la plus longue chaîne de montagnes du monde. Elle mesure plus de 8 000 km de long et s'étend sur la côte ouest de l'Amérique du Sud en traversant 7 pays. Cette chaîne de montagnes compte plusieurs sommets qui dépassent 6 000 m d'altitude et possède de nombreux édifices volcaniques dont certains sont en activité.
De nombreuses régions de la cordillère des Andes subissent également des séismes, dont certains dévastateurs, comme celui de février 2010 qui a eu lieu au Chili et engendré plus de 500 morts et des milliers de blessés.

Doc. Coupe ouest-est de la bordure pacifique des Andes

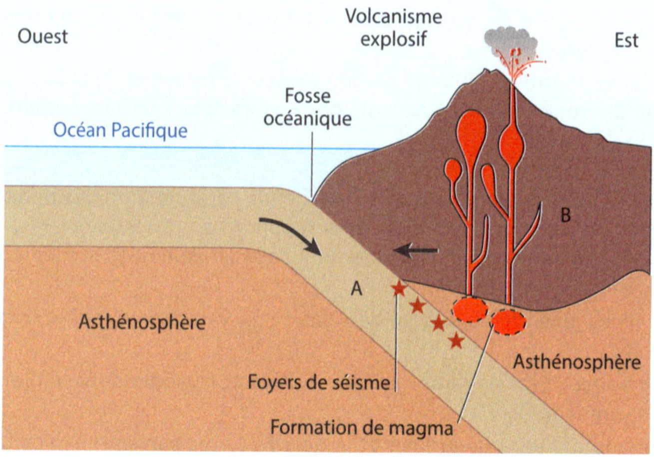

1 Quelles sont les enveloppes rocheuses repérées par les lettres A et B sur la coupe représentée ci-dessus ?

2 Comment les plaques de roches sont-elles mises en mouvement ?

3 Expliquer les caractéristiques de la cordillère des Andes : séismes, volcanisme actif et présence de reliefs élevés.

4 Réaliser un schéma en coupe de la bordure pacifique de l'Amérique du Sud avant que la subduction démarre et indiquer les différences avec le schéma précédent.

Sujet 40 Corrigé

Les clés pour réussir

L'essentiel à connaître

- La Terre est constituée d'un noyau métallique entouré d'enveloppes rocheuses solides : le **manteau**, puis la **croûte**.
- La croûte et la partie supérieure du manteau forment un ensemble rigide épais d'une centaine de kilomètres que l'on appelle **lithosphère**.
- La lithosphère surmonte des roches du manteau plus chaudes et plus déformables qui forment une enveloppe appelée **asthénosphère**.
- La lithosphère est découpée en grandes plaques jointives comme les pièces d'un puzzle qui se déplacent à la surface de l'asthénosphère.
- Dans une zone de **subduction**, la lithosphère océanique s'enfonce dans l'asthénosphère.
- L'énergie thermique libérée par le noyau et le manteau de la Terre provoque des **mouvements très lents des roches dans l'asthénosphère**.

Analyser l'énoncé

Prenez le temps de bien observer le schéma, car il contient des informations qui vous seront très utiles pour répondre aux questions :

- les blocs légendés A et B surmontent l'asthénosphère et se déplacent l'un vers l'autre ;
- les blocs légendés A et B se déplacent l'un vers l'autre, et A s'enfouit sous B ;
- le magma se forme dans l'asthénosphère et remonte dans le bloc de roches légendé B ;
- le magma atteint la surface et engendre un volcanisme explosif, ou bien il reste dans le bloc A sous forme de gouttes géantes.

Bien comprendre les questions

Question 1

Réutilisez vos connaissances sur les enveloppes rocheuses superficielles de la Terre. Utilisez aussi leur position par rapport à l'océan Pacifique.

Question 2

- Utilisez vos connaissances sur l'énergie thermique et sur l'asthénosphère notamment, pour expliquer comment des masses de roches rigides aussi importantes peuvent être déplacées.

Question 3

- Utilisez le schéma en coupe pour expliquer les séismes et les volcans actifs. Complétez avec vos connaissances sur les conséquences des mouvements des plaques lithosphériques pour expliquer l'origine des reliefs des Andes.

Question 4

- Dessinez un schéma sur lequel apparaissent les différentes enveloppes rocheuses de la Terre en reprenant les épaisseurs et les couleurs du schéma de l'énoncé.
- Ajoutez les légendes et un titre.
- Comparez tous les éléments des schémas (enveloppes, mouvements, séismes, volcanisme...).

1 L'enveloppe repérée par la lettre A est la **lithosphère océanique** et celle repérée par le lettre B est la **lithosphère continentale**.

2 Les plaques lithosphériques sont mises en mouvement par des **déplacements très lents** des roches de l'asthénosphère située en dessous (à raison de 1 à 10 cm/an). Les déplacements de matière qui ont lieu dans l'asthénosphère sont eux-mêmes **engendrés par la libération de l'énergie thermique** produite par la planète Terre.

Gagnez des points !

L'énergie thermique est convertie en énergie mécanique (mouvements des plaques).

3 Les foyers des séismes sont localisés sur la plaque lithosphérique plongeante. Cela signifie que les séismes prennent naissance dans les roches de la lithosphère océanique. En effet, celles-ci sont soumises à des **forces qui provoquent leur rupture**, ce qui génère les séismes.

Le **magma se forme dans l'asthénosphère** sous la lithosphère continentale et il remonte presque à la verticale. Lorsque le magma atteint la surface de la cordillère des Andes, il engendre des **éruptions volcaniques explosives**.

La plaque lithosphérique pacifique et la plaque lithosphérique sud-américaine **convergent** l'une vers l'autre. Ce mouvement à leurs limites provoque des **compressions** qui engendrent des **déformations** des roches (des plis, des failles) responsables des reliefs élevés des Andes.

4 Le schéma de la bordure pacifique de l'Amérique du Sud avant la **subduction** est le suivant :

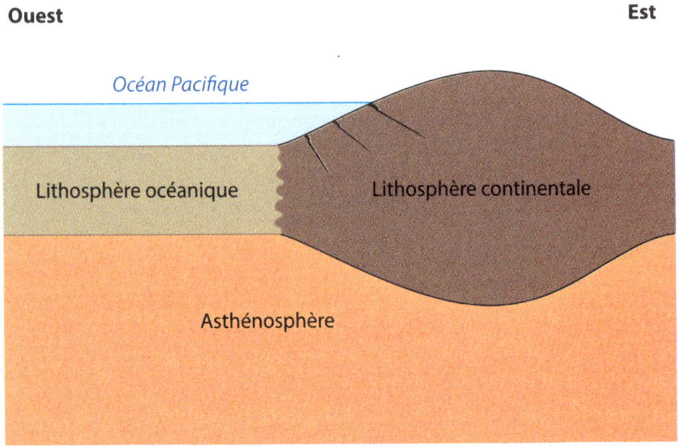

La lithosphère océanique est raccordée à la lithosphère continentale. Il n'y a **pas de limite de plaques** et donc pas de mouvement représenté par des flèches.

L'absence de forces s'exerçant entre les deux lithosphères explique **l'absence de séismes** et de reliefs élevés. De plus, sans subduction, il n'y a **pas de volcanisme**.

Remarque

On parle de marge active pour désigner la bordure d'un continent animée de séismes et de volcans. En l'absence de ces derniers, on parle de marge passive.

Sujet 41 Des insectes dans nos assiettes

25 pts 30 min

Sujet inédit

Presque 300 millions de vaches et de veaux sont élevés et abattus chaque année dans le monde pour satisfaire les besoins en viande des êtres humains. Ces élevages nécessitent des surfaces agricoles importantes pour produire les aliments destinés aux vaches. On estime que 30 % des terres cultivables dans le monde sont utilisées pour produire du fourrage pour les animaux d'élevage. En outre, l'élevage des vaches engendre des quantités importantes de dioxyde de carbone et de méthane (gaz à effet de serre).
L'élevage des insectes nécessite beaucoup moins de surfaces agricoles, notamment parce qu'il suffit de 2 kg de matières végétales pour produire 1 kg d'insectes, alors qu'il en faut 8 kg pour produire 1 kg de bœuf. Enfin, les insectes peuvent être nourris avec des déchets verts et ils rejettent beaucoup moins de gaz à effet de serre que les vaches.

Doc. Consommation en eau pour produire un kilogramme de matière

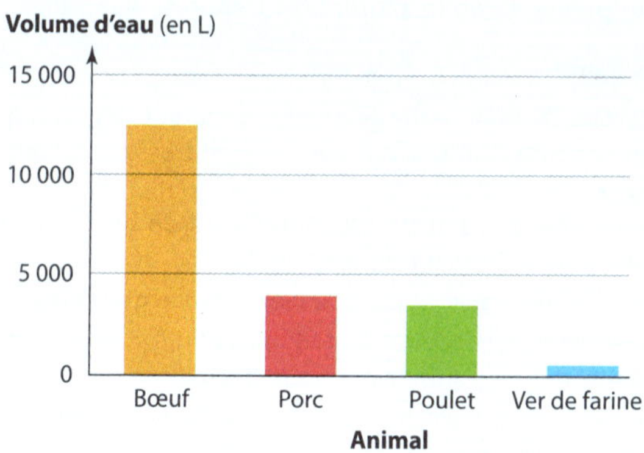

1 Utiliser le graphique ci-dessus pour comparer la quantité d'eau nécessaire à la production de bœuf, de porc, de poulet et de ver de farine (larve d'insecte).

2 Un bœuf ne consomme pas plusieurs dizaines de milliers de litres d'eau au cours de sa vie. Indiquer à quoi servent ces quantités importantes d'eau pour son élevage.

3 Expliquer pour quelles raisons l'élevage des vaches, des bœufs et des veaux ne va pas dans le sens du développement durable. Réaliser ensuite un tableau pour comparer l'impact sur l'environnement de cet élevage avec celui des vaches et des bœufs.

Sujet 41 Corrigé

Les clés pour réussir

L'essentiel à connaître

- L'Homme exploite les ressources naturelles de la planète pour produire ses aliments.
- Les **réserves en eau potable** et les **surfaces agricoles cultivables** sont présentes en quantité limitée à la surface de la planète.
- **La population mondiale augmente chaque année**, et la demande en aliments augmente avec elle.
- Si tous les êtres humains adoptaient les habitudes de consommation des Européens, il faudrait presque trois planètes comme la Terre pour subvenir à nos **besoins énergétiques et alimentaires.**
- Dans une perspective de **développement durable**, les êtres humains doivent envisager des modifications dans leurs habitudes de consommation pour préserver ou restaurer les ressources naturelles.

Analyser l'énoncé

Prenez le temps de bien lire le texte et d'observer le graphique, car ils contiennent des informations qui vous seront très utiles pour répondre aux questions :

- les élevages de vaches et de bœufs utilisent de grandes surfaces de sol, une ressource naturelle fragile et limitée ;
- les élevages ne nécessitent pas tous les mêmes quantités d'eau ;
- l'eau et le sol sont essentiellement utilisés pour produire des végétaux qui servent d'aliments pour les animaux d'élevage ;
- l'élevage des insectes est moins consommateur d'eau et de surface agricole que celui des vaches.

Bien comprendre les questions

Question 1

- Commencez par décrire le graphique en utilisant son titre, le nom et l'unité de l'axe des ordonnées.

Question 2

- Pensez aux opérations agricoles nécessaires pour élever une vache.

Question 3

- Identifiez dans l'énoncé tous les aspects de l'élevage des vaches qui nécessitent l'exploitation de ressources naturelles.
- Construisez un tableau à trois colonnes : Impact sur l'environnement ; Élevage de vaches, de bœufs et de veaux ; Élevage d'insectes.

1 Le graphique représente la consommation d'eau (en litres) nécessaire pour produire un kilogramme de bœuf, de porc, de poulet ou de ver de farine. On constate que la production d'un kilogramme de bœuf nécessite plus de 12 000 litres d'eau, alors que la production d'un kilogramme de porc en demande environ 4 000 L, celle du poulet autour de 3 500 L et pour le ver de farine moins de 500 L. Ainsi, **la production de viande de bœuf demande 3 fois plus d'eau que celle de viande de porc ou de poulet, et 24 fois plus d'eau que celle de ver de farine**.

Gagnez des points !

Pour comparer des valeurs, il est préférable de réaliser des proportions entre ces valeurs.

2 Les vaches et les bœufs se nourrissent de plantes. Ce sont ces **plantes qui nécessitent de grandes quantités d'eau** pour se développer.

3 L'élevage des vaches exige de grandes **surfaces agricoles** et de grandes quantités d'**eau potable**. Or, ce sont des ressources naturelles disponibles en **quantité limitée** sur Terre. De plus, la croissance de la population mondiale et le développement économique de nombreux pays **augmentent la demande en viande**. Ainsi l'humanité ne peut pas se **développer durablement** sur Terre si elle continue à consommer de la viande de bœuf comme elle le fait actuellement. L'élevage d'insectes pourrait donc être préférable comme cela est expliqué dans le tableau ci-dessous.

Impacts sur l'environnement	Élevage de vaches, de bœufs et de veaux	Élevage d'insectes
Ressources en eau potable	Forte utilisation	Faible utilisation
Surfaces agricoles	Grandes surfaces	Petites surfaces
Rejets de gaz à effet de serre	Importants	Moins importants
Recyclage des déchets verts	Non	Oui

Sujet 42 Le syndrome de Klinefelter

25 pts 30 min

Amérique du Nord, juin 2017

Le syndrome de Klinefelter est une anomalie chromosomique caractérisée par un caryotype comprenant 47 chromosomes, dont 3 chromosomes sexuels XXY.

Doc. 1 Le syndrome de Klinefelter

Ce syndrome affecte en particulier le développement physique d'individus de sexe masculin. Les individus atteints ont généralement des petits testicules qui ne produisent pas autant de testostérone que la normale [...] La testostérone est l'hormone qui est impliquée dans le développement sexuel masculin avant la naissance. Pendant la puberté, elle intervient également en moyenne entre 10 et 18 ans chez les garçons. Le manque de testostérone chez les individus atteints va conduire à une puberté tardive et anormale. Chez eux, le développement des seins, la réduction des poils du visage et du corps seront associés à une incapacité à avoir des enfants (infertilité) [...].

D'après https://www.nlm.nih.gov/U.S. National Library of Medicine.

1 À partir du *document 1*, cocher pour chaque phrase **la** proposition exacte.

a. Le syndrome de Klinefelter :

❒ trouve son origine dans une infection bactérienne.

❒ est dû à la présence d'un chromosome sexuel supplémentaire.

❒ est dû à l'absence totale de testicules.

b. La puberté :

❒ est anormale chez le garçon atteint du syndrome de Klinefelter.

❒ intervient avant 6 ans chez l'enfant atteint du syndrome de Klinefelter.

❒ ne s'accompagne pas de modification physique.

c. Un manque de testostérone peut conduire à :

❒ un développement des poils chez une fille.

❒ l'apparition de seins chez le garçon.

❒ une puberté avant l'âge de 5 ans.

Doc. 2 **Évolution du taux de testostérone dans le sang en fonction de l'âge chez le garçon et l'adolescent (entre 5 et 18 ans)**

Âge en années	Taux moyen de testostérone plasmatique en ng*/dL Individu non atteint du syndrome de Klinefelter	Taux moyen de testostérone plasmatique en ng*/dL Individu atteint du syndrome de Klinefelter
5 ans	Traces	Traces
10 ans	Traces	Traces
12 ans	10	3
13 ans	120	3
18 ans	520	4

Sources : http://acces. ens-lyon.fr/biotic/procreat/determin /html/puberHorm.htm et International Journal of Endocrinology : Clinical presentation of Klinefelter's syndrome.

* ng : nanogrammes (10^{-9} grammes).

2 En s'appuyant sur des données chiffrées extraites du *document 2*, comparer l'évolution du taux de testostérone dans le sang, chez un individu atteint du syndrome de Klinefelter et chez un individu non atteint, au cours de la puberté.

Doc. 3 **Un traitement pour compenser le manque de testostérone**

Il n'existe pas de traitement qui guérisse complétement les manifestations de ce syndrome. […]

Dans la plupart des cas, le traitement consiste en une hormonothérapie* à base de testostérone qui devrait, de l'avis de certains médecins, être entreprise dès la puberté.

[…] Ce traitement administré régulièrement contribue au développement des caractéristiques masculines secondaires (pilosité, voix grave, développement de la musculature) et peut éviter le développement des seins. […]

D'après http://klinefelter.valentin-apac.org/articles.php?lng=fr&pg=6, lu et validé par le Dr Nicole Morichon-Delvallez (Hôpital Necker), Article écrit le 22 janvier 2007.

* Hormonothérapie : traitement par injection d'hormones.

3 Des parents consultent un médecin spécialiste pour leur fils atteint du syndrome de Klinefelter. Le médecin prescrit le traitement décrit dans le *document 3*.

SVT

Préciser les éléments qui ont permis d'élaborer le diagnostic et justifier le traitement prescrit par le médecin.
Un texte construit est attendu, il devra s'appuyer sur des arguments tirés des **trois** documents.

Sujet 42 Corrigé

Les clés pour réussir

L'essentiel à connaître

- Les chromosomes portent les **gènes** qui interviennent dans **l'expression des caractères** détectables ou observables.
- Les **caractères sexuels primaires** (l'organisation des appareils sexuels) se mettent en place **pendant la vie embryonnaire**.
- Les **caractères sexuels secondaires** (pilosité, développement des testicules…) se mettent en place **au cours de la puberté**, entre 12 et 18 ans.
- La **testostérone**, hormone produite par les testicules, est responsable du fonctionnement de l'appareil génital chez l'homme et de l'apparition des caractères sexuels secondaires chez les garçons. Le **taux plasmatique** d'une hormone est la quantité de cette hormone dans un volume donné de plasma (partie liquide du sang).
- Un **syndrome** désigne l'ensemble des symptômes qui caractérise une maladie.

Analyser l'énoncé

- Lisez attentivement le *document 1* pour repérer le vocabulaire spécifique aux SVT. Cherchez les définitions des termes dans le document lui-même ou faites appel à vos connaissances.
- Analysez le titre du tableau et les titres de ses colonnes (*document 2*). Cette analyse doit vous permettre de comprendre le but du tableau.
- Soulignez ou surlignez les sujets et les verbes du texte du *document 3*. Lisez le texte en associant chaque sujet avec son verbe pour bien comprendre la signification du texte.

Bien comprendre les questions

Question 1

- Lisez attentivement chaque proposition. Chaque mot compte pour déterminer la proposition exacte (par exemple, « absence **totale** de testicules »).

Question 2

- Citez, pour les deux cas, des valeurs des taux moyens de testostérone à 12 ans et à 18 ans pour bien montrer l'évolution au cours de la puberté (pensez à donner l'unité).
- Indiquez si l'évolution est une baisse, une stagnation ou une augmentation.
- Précisez si les variations sont fortes ou faibles.

Question 3

- Cherchez les éléments de diagnostic du syndrome de Klinefelter dans les deux premiers documents en dressant une liste des symptômes présents chez le patient. Justifiez le traitement prescrit par le médecin en montrant ce qu'il permet de corriger chez le patient.

1 Les propositions exactes sont les suivantes :

a. Le syndrome de Klinefelter est dû à la présence d'un **chromosome sexuel supplémentaire**.

b. La puberté est **anormale** chez le garçon atteint du syndrome de Klinefelter.

c. Un manque de testostérone peut conduire à l'**apparition de seins** chez le garçon.

Attention

Il n'y a qu'une seule proposition exacte par phrase.

2 Au cours de la puberté, le taux moyen de **testostérone** chez l'individu non atteint **augmente fortement**, passant de 10 à 520 ng/dL, alors que ce taux **reste presque stable** (autour de 3-4 ng/dL) chez l'individu atteint par le syndrome de Klinefelter.

L'astuce du prof

Commencez la comparaison en décrivant l'évolution chez l'individu non atteint par le syndrome, car il sert de référence.

3 Le diagnostic du syndrome a été fait en **constatant** :

– la présence de seins, de **petits testicules**, la quasi-absence de poils sur le visage ;

– le **taux** de testostérone **très faible** ;

– la présence de **trois chromosomes sexuels** XXY (visibles dans un caryotype).

Le traitement par injection de testostérone permet de **compenser la faible production de testostérone** par les testicules trop petits. Ces injections vont permettre d'éviter le développement des seins et **contribuer au développement des caractères sexuels masculins** (musculature, voix…).

SVT

Sujet 43 La digestion des makis

25 pts 30 min

Sujet inédit

Sushi, sashimi, maki… ces mets japonais ont la cote en France et en Europe. Pourtant, nos intestins ne sont pas aussi bien équipés que ceux des Asiatiques pour digérer une des algues qui entre dans la recette de certains de ces plats.

Dans une étude parue en 2012, des biologistes de Roscoff ont montré que les Japonais abritent dans leur système digestif une enzyme jusqu'alors inconnue. « *La porphyranase. Cette enzyme est produite par une bactérie présente dans leurs intestins*, explique Michel Gurvan, l'un des auteurs de l'étude. *Elle est capable de digérer le porphyrane, un sucre complexe présent dans la paroi des algues rouges utilisées dans la cuisine asiatique.* »

Doc. **Makis japonais. L'enveloppe noire est réalisée à partir d'une algue du genre Porphyra.**

brand49/Fotolia

Le porphyrane est un glucide de grande taille qui ne peut pas être absorbé par la paroi du tube digestif. Lors de sa digestion, il est transformé en glucides de plus petite taille, capables de passer dans la circulation sanguine.

1 Utiliser ses connaissances pour rédiger un texte décrivant le trajet et les transformations subies par un maki dans le tube digestif.

2 Utiliser les informations du texte ci-dessus pour cocher une ou plusieurs cases et justifier son choix.

La porphyranase est une enzyme digestive :

- ☐ présente chez tous les êtres humains
- ☐ présente uniquement chez les Japonais
- ☐ produite par l'intestin
- ☐ produite par des bactéries

3 Expliquer pourquoi les Japonais digèrent mieux les makis que les Français.

4 Compléter le schéma suivant :

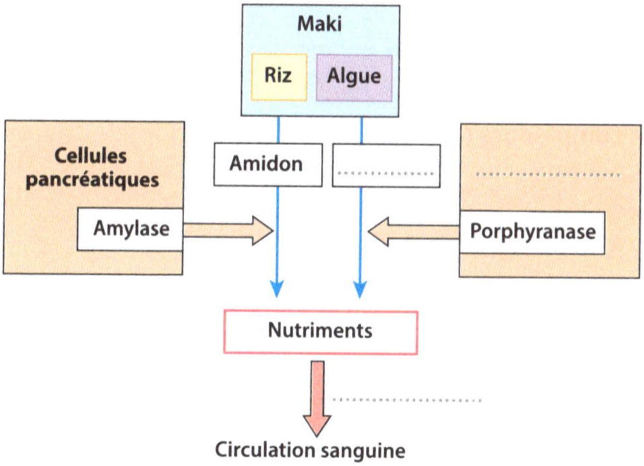

Titre : ....

Sujet 43 Corrigé

Les clés pour réussir

L'essentiel à connaître

- **L'organisme humain** est constitué d'**appareils**, eux-mêmes constitués d'**organes spécialisés**.
- L'intestin est constitué de **tissus**, eux-mêmes constitués de **cellules spécialisées**.
- Des cellules intestinales produisent des enzymes digestives.
- Les **enzymes digestives** permettent de transformer les aliments en nutriments, capables de traverser la paroi intestinale.
- L'**absorption intestinale** est assurée par d'autres cellules spécialisées qui transfèrent les nutriments dans le sang.

Analyser l'énoncé

Prenez le temps de bien lire le texte, car il contient des informations qui vous seront très utiles pour répondre aux questions :

- les Japonais digèrent mieux l'algue présente dans les makis que les Occidentaux ;
- les Japonais possèdent une enzyme digestive inconnue chez les Occidentaux, la porphyranase ;

SVT

- la porphyranase transforme un glucide de la paroi de l'algue en nutriments ;
- la porphyranase est produite par des bactéries présentes dans l'intestin des Japonais.

Bien comprendre les questions

Question 1

- Commencez par faire la liste des organes traversés par les aliments, c'est-à-dire appartenant au tube digestif. Ajoutez les organes de l'appareil digestif qui libèrent des enzymes dans le tube digestif. Rédigez votre texte en décrivant le trajet de la bouche à l'intestin en distinguant les transformations mécaniques et chimiques.

Question 2

- Recherchez les parties du texte qui parlent de la porphyranase et vérifiez la validité de chaque proposition.

Question 3

- Identifiez dans l'énoncé les particularités du système digestif des Japonais.

Question 4

- Cherchez le composant de l'algue équivalent à l'amidon du riz.
- Identifiez ce qui produit la porphyranase.
- Donnez un titre au schéma qui résume l'ensemble.

1 Le maki entre dans le tube digestif par la **bouche**. La mastication réduit la taille de l'aliment et la **salive** produite enrobe les morceaux d'aliments et commence la digestion. Puis, les morceaux de maki progressent dans **l'œsophage** jusqu'à l'estomac. Dans **l'estomac**, des enzymes digestives poursuivent la **transformation des aliments** en une bouillie malaxée par les mouvements de brassage. Cette bouillie est conduite à l'**intestin grêle** dans lequel sont déversées de nombreuses **enzymes digestives** produites par le **pancréas** et l'intestin lui-même. Ces enzymes achèvent de transformer les aliments en **nutriments**. Ces derniers traversent la **paroi intestinale** et rejoignent la circulation sanguine.

Gagnez des points !

Le tube digestif produit des enzymes digestives, mais il reçoit aussi des enzymes produites par des glandes digestives.

2 La **porphyranase** est une enzyme digestive **présente uniquement chez les Japonais** (car le texte indique que « *les Japonais abritent dans leur système digestif une enzyme jusqu'alors inconnue* ») et **produite par des bactéries** (car le texte indique que « *Cette enzyme est produite par une bactérie...* »).

Pensez-y !

Vous pouvez justifier vos réponses en citant des parties de l'énoncé.

3 L'intestin des Japonais **héberge une bactérie** qui produit une enzyme digestive absente chez les Occidentaux : la porphyranase. Or, cette enzyme permet de **digérer les algues** utilisées pour réaliser les makis.
Donc, les Japonais digèrent tous les ingrédients d'un maki (enveloppe comprise), alors que les Français **ne sont pas capables de digérer l'enveloppe** des makis.

4 Le schéma complété est le suivant :

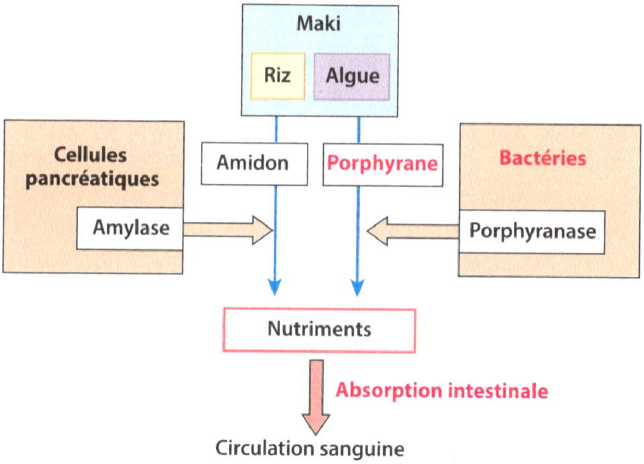

Titre : **La digestion du maki facilitée par des bactéries chez les Japonais**

SVT

Sujet 44 — La couleur de la peau, les gènes et l'environnement

25 pts — 30 min

Sujet inédit

Quelle que soit la couleur de notre peau, nous possédons tous des mélanocytes. Ces cellules spécialisées produisent de la mélanine (pigment naturel) sous contrôle de nos gènes. Suivant sa concentration, ce pigment fonce plus ou moins notre épiderme. On connaît aujourd'hui 5 gènes différents qui influencent la production de mélanine, sa concentration et sa répartition dans la peau. Pour chacun de ces gènes, il existe des allèles différents. Parallèlement, la quantité et l'intensité des rayons solaires influent sur notre corps qui, pour se protéger, produit plus ou moins de mélanine : c'est le phénomène de bronzage.
Certains humains sont albinos : ils présentent une peau totalement dépourvue de mélanine et sont incapables de bronzer. Ils possèdent des allèles différents pour un des gènes qui contrôlent la production de mélanine.

Doc. Deux sœurs dont une est atteinte d'albinisme (à droite)

Photo : Association Genespoir/www.genespoir.org

1 Indiquer de quoi dépend la couleur de la peau d'un être humain et pourquoi un individu albinos ne peut pas bronzer.

2 Les chromosomes de la paire n° 11 portent les allèles du gène responsable de la production de mélanine. L'allèle normal est noté « A » et l'allèle conduisant à l'albinisme est noté « a ». L'allèle A domine l'allèle a. Écrire les couples d'allèles probables pour les deux sœurs et justifier les réponses.

3 Expliquer comment deux parents qui ne sont pas albinos peuvent avoir un enfant albinos.

4 Les parents d'une petite fille albinos souhaitent avoir un nouvel enfant et se demandent quel est le risque que ce nouvel enfant soit albinos. Après avoir complété le tableau suivant, montrer que ce risque est de 1/4.

Gamètes du père → / Gamètes de la mère ↓		

Sujet 44 Corrigé

Les clés pour réussir

L'essentiel à connaître

- Le **phénotype** (= ensemble des caractères) d'un individu dépend de l'**expression de ses gènes**. Il dépend parfois de l'environnement.
- La diversité des phénotypes est due à l'existence d'**allèles différents** pour les gènes.
- Chaque individu possède **deux exemplaires de chaque gène**.
- Pour un même gène, les allèles peuvent être identiques ou différents.
- Lorsqu'un individu porte des allèles différents pour un gène, **un des deux allèles peut dominer l'autre** ; il est le seul à s'exprimer et à influencer le phénotype.

Analyser l'énoncé

Prenez le temps de bien lire le texte, car il contient des informations qui vous seront très utiles pour répondre aux questions :

- la couleur de la peau dépend de la concentration et de la répartition de la mélanine dans l'épiderme ;
- la production de la mélanine est influencée par 5 gènes différents ;
- les rayons solaires influencent aussi la production de mélanine ;
- les individus albinos ne produisent pas de mélanine ;
- l'absence de production de mélanine est due à la présence d'allèles différents.

Bien comprendre les questions

Question 1

- Réutilisez vos connaissances sur les relations entre le phénotype et le génotype. Cherchez dans le texte ce qui influence la production du pigment de la peau, la mélanine.

Question 2

- Utilisez vos connaissances sur la dominance entre les allèles. Envisagez plusieurs possibilités de couples d'allèles et vérifiez si le phénotype correspondant est possible.

Question 3

- Appuyez-vous sur les génotypes des deux sœurs pour connaître le génotype des parents.

Question 4

- Complétez le tableau en représentant un allèle sur chaque chromosome des gamètes.
- Dessinez les paires de chromosomes après fécondation des gamètes avec leur allèle dans les cases du tableau.
- La rencontre des gamètes a lieu au hasard, donc chaque cas présenté dans le tableau a exactement la même probabilité d'existence que les autres.

1 La couleur de la peau dépend de la **quantité de mélanine** présente. Or, la production de mélanine **dépend** de l'expression de plusieurs **gènes** contenus dans les mélanocytes et **des rayons solaires** reçus par la peau. Un albinos ne peut pas bronzer, car il ne produit pas de mélanine.

2 Pour la sœur qui est albinos, **les allèles portés sont « aa »**, car l'allèle « A » est dominant, donc la présence d'un seul allèle « A » aurait suffit pour qu'elle ne soit pas albinos. **Sa sœur qui n'est pas albinos porte les allèles « Aa » ou les allèles « AA »** pour les mêmes raisons que précédemment.

Gagnez des points !

Un porteur sain est un individu porteur d'un allèle conduisant à une maladie sans être atteint lui-même par cette maladie.

3 Les deux parents sont de génotype « Aa », car ils ne sont pas albinos, mais **chacun d'entre eux a transmis l'allèle « a »** qui a conduit à l'albinisme d'une de leurs filles.

4 Le tableau suivant représente les différents cas possibles de fécondation entre les gamètes des parents.

Gamètes du père → / Gamètes de la mère ↓	A	a
A	A A	A a
a	a A	a a

Le tableau montre qu'il y a **4 combinaisons possibles** pour les allèles considérés. La combinaison « aa » conduisant à l'albinisme survient dans 1 cas sur 4, car toutes les combinaisons (fécondations) ont lieu au **hasard**.

Remarque

Ce risque de 1/4 reste le même pour chaque enfant à naître.

Sujet 45 Le choix d'un moyen de contraception

25 pts 30 min

Sujet inédit

Le dispositif intra-utérin (DIU, encore appelé stérilet) est un objet de 2,5 cm en forme de T mis en place dans l'utérus par un gynécologue. Il existe deux sortes de dispositif intra-utérin :
- le DIU au cuivre (ce métal a la propriété d'inactiver les spermatozoïdes) ;
- le DIU hormonal [il libère une hormone qui épaissit les sécrétions du col (« entrée ») de l'utérus. Les spermatozoïdes ne peuvent plus passer].

Doc. **Un dispositif intra-utérin en place**

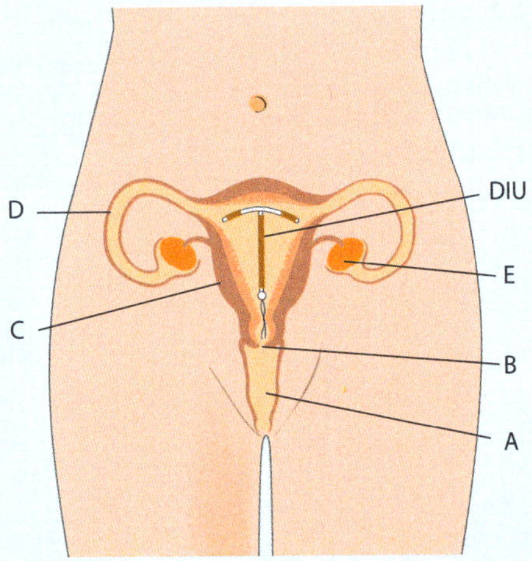

En France, certains médecins et patientes sont encore réticents à la pose du DIU chez des jeunes filles. Pourtant, ce type de contraception est très efficace. En effet, le taux de grossesse à un an est de 0,2 % à 0,8 % sous dispositif intra-utérin, alors que 9 % des femmes qui prennent la pilule et 18 % de celles qui préfèrent les préservatifs tombent enceintes sur cette même période. Autre atout de ces dispositifs, leur durée de vie : cinq à dix ans pour les dispositifs intra-utérins, avec possibilité de retrait à tout moment sans conséquence sur la fertilité.

1 À l'aide de vos connaissances et des informations du texte, compléter les légendes A à E du document ci-avant.

2 Après avoir rappelé comment agit la pilule contraceptive, expliquer pourquoi « le taux de grossesse à un an est de 0,2 % à 0,8 % sous dispositif intra-utérin, alors qu'il est de 9 % pour les femmes qui prennent la pilule ».

3 Cocher la (ou les) réponse(s) correcte(s) suivante(s) :
Le DIU est un contraceptif :

- ☐ placé dans le vagin
- ☐ placé dans l'utérus
- ☐ empêchant la fécondation
- ☐ empêchant l'implantation de l'embryon

4 Réaliser un tableau comparatif entre le DIU et la pilule en indiquant leur mécanisme d'action, leur efficacité sur un an et leur durée de vie.

5 Expliquer pourquoi il n'est pas judicieux d'utiliser le terme stérilet pour désigner le DIU.

Sujet 45 Corrigé

Les clés pour réussir

L'essentiel à connaître

- Lors d'un rapport sexuel, les **spermatozoïdes** sont déposés au fond du **vagin**, ils franchissent le **col de l'utérus**, remontent l'**utérus** et les **trompes utérines** jusqu'à leur tiers supérieur.
- La **fécondation** a lieu dans une des trompes. La **cellule-oeuf** se divise et donne naissance à un embryon qui migre jusqu'à l'utérus.
- L'**embryon** s'implante dans la paroi de l'utérus et poursuit son développement.
- Un **moyen de contraception** vise à éviter la fécondation ou l'implantation de l'embryon dans l'utérus.
- Les **dispositifs mécaniques de contraception** empêchent la fécondation.
- Les **dispositifs hormonaux de contraception** empêchent la fécondation et/ou l'implantation de l'embryon.
- Les **préservatifs** sont les seuls moyens contraceptifs qui empêchent la transmission des **infections sexuellement transmissibles**.

Analyser l'énoncé

Prenez le temps de bien lire tout l'énoncé et d'examiner le document pour identifier les éléments importants :

- le dispositif intra-utérin inactive les spermatozoïdes ou les empêche de passer dans l'utérus ;
- le dispositif intra-utérin est plus efficace que la pilule ou le préservatif pour éviter une grossesse ;
- le dispositif intra-utérin est mis en place par un gynécologue, et sa durée de vie est de plusieurs années.

Bien comprendre les questions

Question 1

- Utilisez les informations du texte (« ... est un objet de 2,5 cm en forme de T mis en place dans l'utérus », « col (« entrée ») de l'utérus ») et complétez avec vos connaissances sur l'organisation de l'appareil reproducteur féminin.

Question 2

- Utilisez vos connaissances sur les cycles ovarien et utérin et leur contrôle hormonal. Puis identifiez une raison qui rend la pilule moins efficace que le DIU.

Question 3

- Cherchez ces informations dans le texte de l'énoncé.

Question 4

- Construisez un tableau comportant trois colonnes (caractéristiques, DIU, pilule contraceptive) et quatre lignes (nom des colonnes, mode d'action, efficacité, durée de vie).

Question 5

- Le terme « stérilet » laisse penser que le DIU rend stérile. Cherchez une information dans le texte qui montre le contraire.

1 Les légendes sont les suivantes :
A : Vagin ; B : Col de l'utérus ; C : Utérus ; D : Trompe utérine ; E : Ovaire

2 La pilule contraceptive contient des hormones de synthèse qui agissent en bloquant l'ovulation et en empêchant l'implantation de l'embryon dans l'utérus. Le taux de grossesse des femmes qui prennent la pilule est plus élevé que celui des femmes ayant un DIU **à cause des oublis de pilule**.

3 Le DIU est un contraceptif **placé dans l'utérus empêchant la fécondation**.

Remarque

Une pilule contient de très faibles quantités d'hormones (des microgrammes, c'est-à-dire des millionièmes de gramme).

4 Le tableau comparatif DIU/pilule contraceptive est le suivant :

Caractéristiques	DIU	Pilule contraceptive
Mode d'action	Inactivation des spermatozoïdes ou blocage des spermatozoïdes au col de l'utérus	Blocage de l'ovulation et/ou blocage de l'implantation de l'embryon
Efficacité	Plus de 99 %	91 %
Durée de vie	5 à 10 ans	Un jour (par pilule)

Gagnez des points !

Soignez la présentation de votre tableau (traits tirés à la règle, mots correctement orthographiés).

5 Le texte indique que l'on peut retirer un DIU à tout moment sans conséquence pour la fertilité. **Il ne provoque pas de stérilité**, donc le terme « stérilet » n'est pas judicieux.

Sujet 46 Le voyage de *Yersinia pestis*

25 pts — 30 min

Polynésie, juin 2017

Doc. 1 Le voyage de *Yersinia pestis*

La peste est une maladie infectieuse très grave due à la bactérie *Yersinia pestis*. Elle a provoqué plus de 50 millions de morts dans le monde. La peste serait apparue en Asie il y a plus de 2 600 ans puis se serait répandue vers l'Europe, empruntant la route de la soie[1]. L'arrivée de la peste en Afrique correspondrait aux voyages du navigateur chinois Zheng He.

[1] Route de la soie : réseau ancien de routes commerciales entre l'Asie et l'Europe.

1 À partir du *document 1*, nommer le micro-organisme responsable de la transmission de la peste et préciser le type de micro-organisme auquel il appartient.

Doc. 2 *Yersinia pestis* observée au microscope

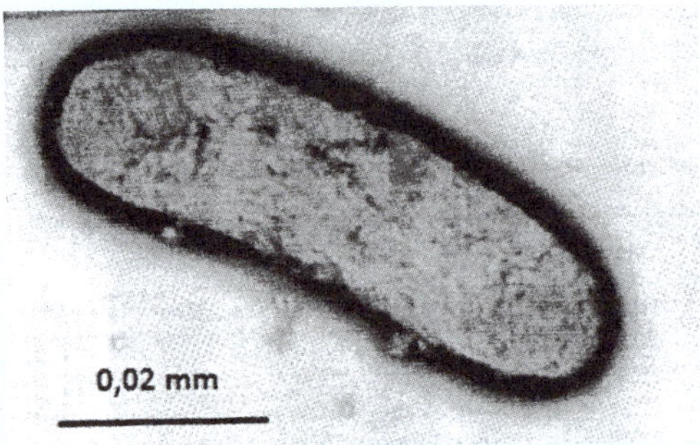

D'après Historiadelamedica.org

2 En utilisant le *document 2* et vos connaissances, classer les éléments suivants du plus grand au plus petit : poumon humain, être humain, bactérie.

Doc. 3 Costume d'un médecin de la peste

En 1619, un costume protecteur de la peste est inventé. Ci-contre, un médecin soignant des malades atteints de la peste est vêtu d'une épaisse tunique, porte des bottes et un masque en forme de bec dans lequel on incorpore des herbes aromatiques. Les mains sont nues.
On a découvert depuis que la peste se transmettait par les piqûres des puces qui passent du rat à l'Homme ou d'un être humain à un autre. Elle se transmet également par les poussières contenant les excréments des puces, et dans certains cas, elle peut même se transmettre d'être humain à être humain par voie aérienne (gouttelettes de salive, éternuements…).

D'après Docteur Schnabel de Rome, pendant la peste noire (d'après Wikipedia).

3 À partir du *document 3*, identifier les modes de transmission de ce micro-organisme.

4 D'après les informations du *document 3*, expliquer quels sont les éléments du costume qui sont efficaces contre la contamination et proposer une précaution supplémentaire pour une meilleure efficacité.
On attend une réponse sous la forme d'un texte argumenté.

SVT

Sujet 46 Corrigé

Les clés pour réussir

L'essentiel à connaître

- Les **micro-organismes** sont inoffensifs pour la plupart des êtres vivants, mais quelques espèces sont **pathogènes** pour l'Homme, c'est-à-dire qu'elles provoquent des maladies. Les micro-organismes sont répartis en trois catégories : les **bactéries**, les **champignons** et les **protozoaires**.
- Les **virus**, qui sont aussi des agents pathogènes, ne sont pas des êtres vivants.
- La **contamination** par des micro-organismes pathogènes peut être réalisée par **voie aérienne** (dans l'air), par **voie orale** (par la bouche vers

le tube digestif), au travers de la **peau** (blessures, égratignures...) ou par **simple contact** (lors de relations sexuelles par exemple).

- Des moyens d'**asepsie** permettent d'éviter la contamination : **masque** couvrant la bouche et le nez, peau recouverte (y compris les mains par des **gants**), **lunettes** de protection...
- Des moyens d'**antisepsie** permettent de détruire les micro-organismes présents : lavage et **désinfection** des surfaces et objets utilisés, utilisation d'**antibiotiques** naturels ou de synthèse...

Analyser l'énoncé

- Lisez rapidement la totalité du sujet avant de commencer à répondre question par question.
- Notez sur votre brouillon les mots importants du *document 1* : « *Yersinia pestis* », « peste », « maladie infectieuse ».
- Mettez en relation le *document 2* avec le *document 1* pour identifier ce qu'est *Yersinia pestis*.
- Dans le texte du *document 3*, surlignez ou soulignez les éléments de protection avec une couleur et les voies de transmission de la peste avec une autre couleur.

Bien comprendre les questions

Question 1

- Repérez le nom du micro-organisme dans le texte et recopiez-le en entier sans faire de fautes d'orthographe. Le type de micro-organisme est aussi indiqué dans le texte : vous devez utiliser vos connaissances pour le repérer.

Question 2

- Pensez à des dimensions en mètres pour le poumon humain et l'être humain entier, et rangez ces éléments dans l'ordre décroissant de taille avec la bactérie.

Question 3

- Repérez dans le texte les différents modes de transmission qui sont associés aux adverbes « également » et « même ».

Question 4

- Mettez chaque élément du costume en relation avec un mode de contamination possible pour comprendre en quoi cet élément protège d'une contamination.

1 Le micro-organisme responsable de la peste s'appelle ***Yersinia pestis***. Il s'agit d'une bactérie.

Gagnez des points !

Un nom d'espèce s'écrit en deux mots, en latin, et avec une majuscule au début du nom de l'espèce.

2 Les éléments suivants sont classés du **plus grand au plus petit** : être humain, poumon humain, bactérie.

3 Trois modes de transmission sont possibles pour la bactérie de la peste :
– les **piqûres** de puces ;
– les excréments de puces contenus dans la poussière ;
– d'humain à humain **par l'air** contenant des gouttelettes de salive.

L'astuce du prof

Proposez une liste des modes de transmission pour montrer que vous avez bien su les distinguer.

4 Le costume utilisé comporte des éléments permettant **l'asepsie**. Pour commencer, le tissu épais de la tunique et les bottes permettent d'**éviter** les piqûres de puces ou le contact de la peau avec leurs excréments. Par ailleurs, le masque qui recouvre le visage **protège** le médecin contre une contamination par voie aérienne. En effet, le masque **arrête** les gouttelettes de salive projetées par un malade qui tousse ou éternue.
Cependant, l'asepsie mise en œuvre par le médecin **n'est pas complète,** car il a les mains nues. Or, des bactéries **pourraient pénétrer** par des plaies, mêmes microscopiques, sur la peau de ses mains.

Pour aller plus loin

On peut aussi penser que le costume comporte un élément permettant l'antisepsie : certaines herbes aromatiques contiennent des antibiotiques naturels.

Sujet 47 — Le comportement de l'automobiliste lors du freinage

25 pts — 30 min

Sujet zéro, avril 2016

On s'intéresse au comportement de l'automobiliste lors du freinage, en comparant celui-ci sans ou avec consommation d'alcool.

1 La durée de réaction du conducteur, entre le moment où il voit l'obstacle et le moment où il freine, correspond au temps de prise de décision et de transmission des informations motrices jusqu'aux muscles des membres inférieurs qui appuient sur la pédale de frein.
À l'aide de ces informations, compléter le schéma fonctionnel ci-dessous de la commande volontaire du freinage chez un automobiliste.

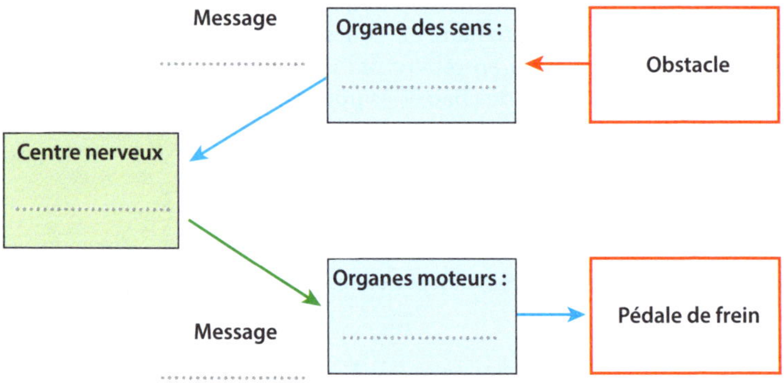

2 Lors d'une expérimentation, on mesure la distance de réaction et la distance de freinage d'une voiture lancée à 50 km/h, conduite par un individu à jeun ou par un individu alcoolisé.
Les résultats de ces mesures sont donnés dans le tableau suivant :

Alcoolémie (g/L de sang)	Distance parcourue (m)	
	Distance de réaction D_R	Distance de freinage D_F
0	14	16
0,5	22	16
0,8	26	16

Déduire de ces résultats l'effet de l'alcool sur le freinage.

3 Pour identifier le mode d'action de l'alcool sur l'organisme du conducteur, on étudie son effet sur des neurones du circuit de la motricité volontaire chez un animal modèle, dont la sensibilité à l'alcool est identique à celle de l'espèce humaine, selon le protocole schématisé dans le *document 1*. Les enregistrements ont été obtenus dans des situations d'alcoolisation différentes (*document 2*).

Doc. 1

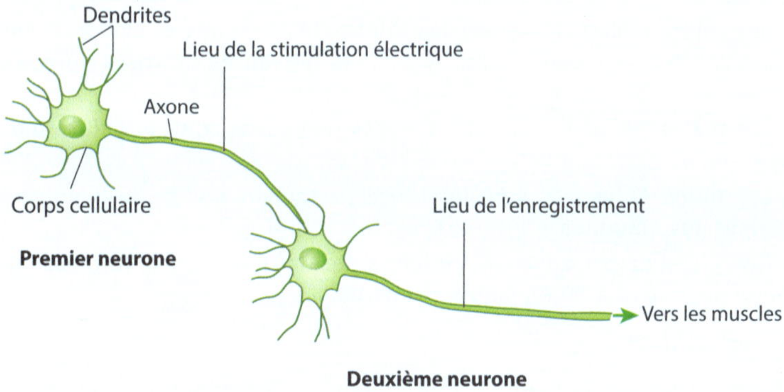

Doc. 2

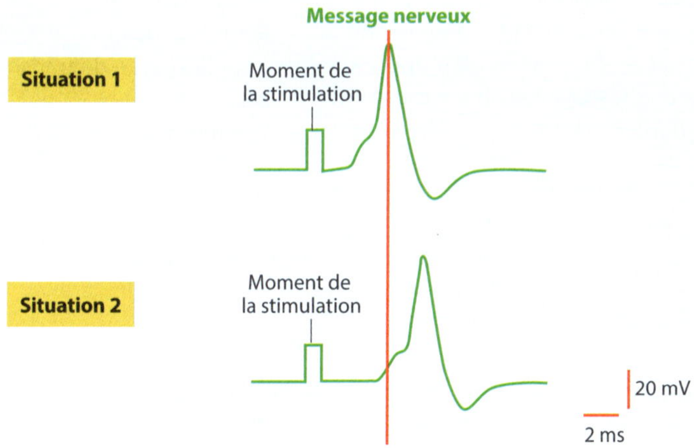

À l'aide de l'exploitation des *documents 1* et *2* :
- préciser sur le *document 1* le sens de circulation de l'information nerveuse ;
- expliquer l'effet de l'alcool sur le comportement d'un conducteur lors du freinage.

Sujet 47 Corrigé

Les clés pour réussir

L'essentiel à connaître

- Les **centres nerveux** reçoivent des informations sensorielles en provenance des organes des sens par des **fibres nerveuses sensitives**.
- Les centres nerveux traitent les informations reçues et élaborent un message nerveux conduit par des **fibres nerveuses motrices** vers les muscles.
- Les messages conduits par les fibres nerveuses sont de nature **bioélectrique**.
- Les fibres nerveuses sont les longs prolongements de cellules nerveuses, les **neurones**.
- Dans la **synapse**, zone de contact entre deux neurones, le message nerveux transmis est de nature **chimique**.

Analyser l'énoncé

Prenez le temps de bien lire tout l'énoncé, d'examiner tous les documents et de lire toutes les questions pour identifier les éléments importants :

- l'alcool augmente le temps de réaction d'un individu ;
- l'alcool perturbe le fonctionnement du système nerveux ;
- le temps de réaction d'un individu dépend de la vitesse de transmission du message nerveux entre les neurones ;
- la durée d'un message nerveux se mesure en millisecondes (ms).

Bien comprendre les questions

Question 1

- Utilisez les informations du texte (« le conducteur voit l'obstacle », « transmission des informations motrices ») et complétez avec vos connaissances sur le système nerveux.

Question 2

- Comparez les distances de réaction (= distance parcourue par la voiture pendant le temps de réaction) sans alcool et avec alcool.
- Notez que la distance de freinage reste constante avec ou sans alcool (c'est la distance mise par la voiture pour s'arrêter à partir de l'appui sur le frein).
- Distance d'arrêt de la voiture = distance de réaction + distance de freinage.

Question 3

- Rappelez-vous quelle est la partie du neurone qui est à l'origine du message nerveux.
- Comparez les délais entre la stimulation et la réponse des neurones avec ou sans alcool.

1 Le schéma complété est le suivant :

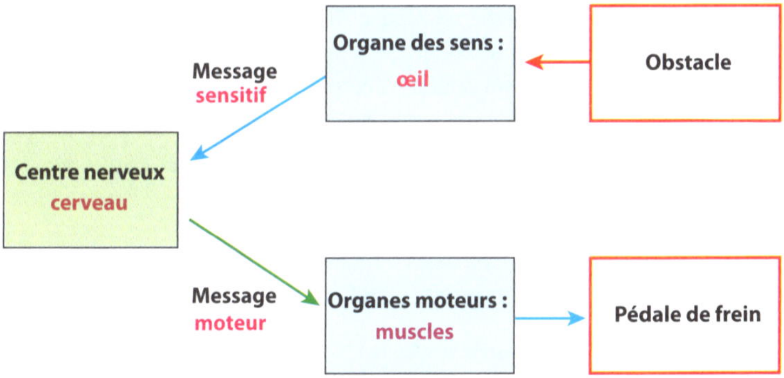

2 À 50 km/h, la **distance de freinage** est de 16 m quelle que soit l'alcoolémie. Pour une alcoolémie de 0 g/L, la **distance de réaction** est de 14 m, alors qu'elle est de 26 m pour une alcoolémie de 0,8 g/L. Donc, l'alcool augmente la distance de réaction qui s'ajoute à la distance de freinage. Ainsi, **l'alcool rallonge le freinage**.

Gagnez des points !
N'oubliez pas les unités des grandeurs utilisées.

3 L'information nerveuse circule du corps cellulaire du premier neurone **vers le deuxième neurone**, puis de ce deuxième neurone **vers les muscles**. On constate que le message nerveux survient **2 ms plus tard** lorsque l'animal est alcoolisé. Or, on sait que ce modèle animal **réagit comme un être humain** aux effets de l'alcool. Donc, on en déduit que l'alcool **diminue la vitesse de transmission** des messages nerveux entre les neurones et que cet effet est **responsable de l'augmentation de la distance de réaction** du conducteur alcoolisé.

Sujet 48 Immunisation naturelle et immunisation artificielle

25 pts — 30 min

Sujet inédit

La rougeole est une maladie infectieuse due à un virus qui peut avoir de graves complications. Une personne qui a eu la rougeole ne pourra plus être malade si elle est de nouveau contaminée par ce virus.

1 Des dosages d'anticorps anti-rougeole sont réalisés sur un individu pendant 100 jours. Décrire l'évolution du taux d'anticorps et expliquer pour quelle raison on ne peut avoir la rougeole qu'une seule fois dans sa vie.

Doc. **Taux d'anticorps après deux contacts avec le virus de la rougeole**

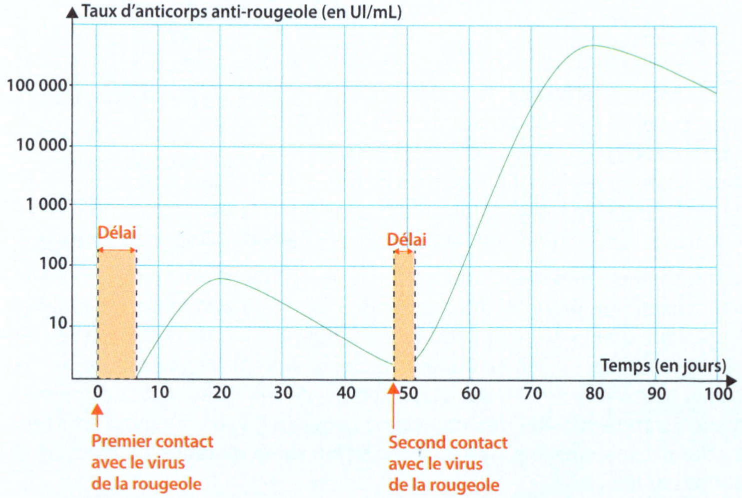

2 Le vaccin ROR (rubéole-oreillons-rougeole) est administré en une seule injection et protège contre ces trois maladies. Expliquer comment agit ce vaccin et pour quelle raison il ne protège que contre ces trois maladies.

3 Les cellules immunitaires sont toutes des leucocytes, mais elles ont des rôles différents. Compléter le tableau de la page suivante et lui donner un titre.

Nom des leucocytes	Macrophage		Lymphocyte B
Rôles		Adhère aux cellules infectées et les détruit	

Sujet 48 Corrigé

Les clés pour réussir

L'essentiel à connaître

- Le **système immunitaire humain** repose sur les **leucocytes** ou **globules blancs**.
- **Les leucocytes reconnaissent et éliminent les microbes** et les cellules infectées.
- On distingue trois sortes de leucocytes :

– les **lymphocytes B**, producteurs d'anticorps, qui neutralisent les microbes circulant dans l'organisme ;
– les **lymphocytes T** qui détruisent les cellules infectées ;
– les **phagocytes** qui ingèrent les microbes reconnus par les anticorps et qui ingèrent les débris cellulaires.

- Lors de la **vaccination**, les leucocytes apprennent à reconnaître une espèce de microbe et se multiplient. Ces **leucocytes mémoire** réagiront plus vite et plus efficacement en cas d'infection par ce microbe.

Analyser l'énoncé

Prenez le temps de bien lire l'énoncé et d'observer le graphique, car les informations qu'ils contiennent vous seront très utiles pour répondre aux questions :

- le sujet parle d'immunisation. Or, être immunisé, c'est posséder des défenses immunitaires efficaces contre un microbe ;
- on ne peut pas avoir deux fois la rougeole, un premier contact avec le virus nous immunise contre lui ;
- lors d'un deuxième contact avec le virus de la rougeole, le taux d'anticorps produits par l'organisme est beaucoup plus élevé qu'au premier contact.

Bien comprendre les questions

Question 1

- Utilisez les données chiffrées du graphique pour réaliser votre description (taux d'anticorps en UI/mL, temps en jours). Attention, l'échelle des

SVT

ordonnées n'est pas linéaire : chaque graduation donne des concentrations dix fois plus fortes que la précédente.

Question 2

- Utilisez la réponse précédente et vos connaissances sur le rôle des anticorps et la mémoire immunitaire pour rédiger votre réponse.

Question 3

- Faites appel à vos connaissances sur les trois sortes de leucocytes (globules blancs), puis rédigez un titre en utilisant les intitulés des deux lignes du tableau.

1 Le taux d'anticorps **augmente après le premier contact** ; la production met 5 à 6 jours à se mettre en place, et le taux atteint un peu moins de 100 UI/mL en 20 jours, puis diminue. Lors du second contact, le taux d'anticorps anti-rougeole augmente en 2 ou 3 jours et dépasse 100 000 UI/mL. Ainsi, il **augmente plus vite et plus fortement**. On ne peut pas avoir deux fois la rougeole dans sa vie, car après un premier contact, il reste **assez d'anticorps** dans le sang pour protéger contre ce virus pendant des mois. De plus, le système immunitaire a la mémoire des microbes rencontrés et réagira plus rapidement et plus fortement lors d'un nouveau contact.

2 Le vaccin ROR agit **comme un premier contact** avec les microbes qui provoquent ces maladies. Il provoque une **réaction des cellules immunitaires (lymphocytes)**, qui seront désormais capables de reconnaître ces microbes, mais uniquement ceux-là, car les anticorps produits sont **spécifiques** de chaque microbe.

L'astuce du prof

Dans un tableau à compléter, les cases déjà remplies donnent le modèle à suivre. Ci-dessous, par exemple, il faut utiliser des verbes d'action pour le rôle des cellules.

3 Les cellules immunitaires et leur rôle

Nom des leucocytes	Macrophage	*Lymphocyte T*	Lymphocyte B
Rôles	*Phagocyte les microbes*	Adhère aux cellules infectées et les détruit	*Produit les anticorps*

Sujet 49 La naissance du bracelet intelligent pour sportifs

25 pts 30 min

Sujet inédit

Une entreprise souhaite commercialiser une montre appelée Runamax. C'est une montre-bracelet d'activité pour les amateurs de course à pied. Le bureau d'étude et de conception a débuté le projet, et le service commercial souhaite lancer la commercialisation avant Noël.

Doc. 1 Bracelet d'activité

Présentation du produit

Ce bracelet d'activité est un concentré de technologie. Avec son design innovant et son impressionnante liste de fonctionnalités, il bouleverse le monde du sport, et particulièrement celui de la course à pied.

Liste des fonctionnalités : comptage des pas, mesure de la fréquence cardiaque, position GPS, communication avec le *smartphone*…

Shutterstock/monicaodo

TECHNOLOGIE

Doc. 2 Extrait du cahier des charges

Repère	Fonction	Critère	Niveau
FP	Mesurer et enregistrer l'activité du coureur à pied	– Rythme cardiaque – Vitesse de course – Comptage des pas – Position géographique	– ± 2 battements/min – ± 2 km/h – ± 1 pas/min – ± 3 m
FC1	Permettre une autonomie suffisante	– Autonomie en mode « course » – Autonomie en mode « montre »	– > 4 heures – > 5 jours
FC2	Communiquer avec un *smartphone*	– Type de connexion – Distance bracelet/ *smartphone* – Débit de la communication	– Sans fil – Jusqu'à 3 m – Mini 512 Kb/s
FC3	Être esthétique et plaire au plus grand nombre	Design	Moderne et adapté à la pratique sportive

Doc. 3 Extrait du planning prévisionnel du projet

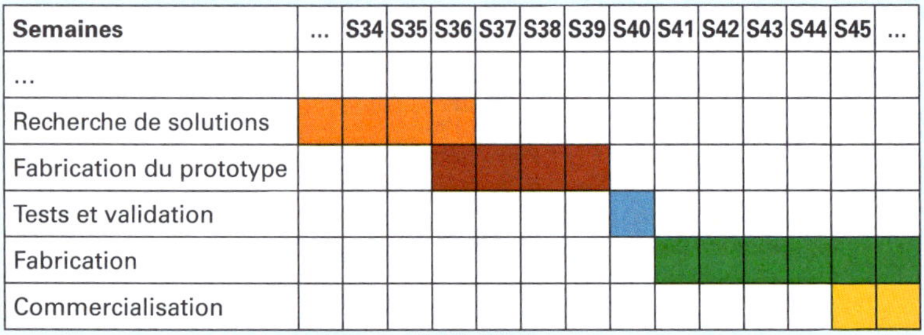

Doc. 4 Comparaison des solutions de communication sans fil

	Wi-Fi	Bluetooth
Débit	> 1 Mb/s	> 720 Kb/s
Portée maximale	100 m	10 m
Consommation électrique	Élevée	Faible

1 **a.** Réaliser le diagramme d'expression du besoin (bête à cornes), puis énoncer le besoin auquel répond la montre de l'entreprise Runamax.

b. En s'aidant du *document 2*, donner la précision souhaitée pour la mesure de la vitesse de course.

2 D'après le *document 2*, quelles sont les étapes du projet qui peuvent être réalisées simultanément ?

3 En s'aidant du *document 4*, choisir entre Bluetooth et Wi-Fi pour répondre à la fonction Fc3 du cahier des charges. Justifier la réponse.

Sujet 49 Corrigé

Les clés pour réussir

L'essentiel à connaître

- Pour réaliser un **diagramme d'expression du besoin**, il faut répondre aux questions suivantes :
  – À quoi ou à qui le produit va-t-il servir ?
  – Que va-t-il modifier ou apporter à son utilisateur ?
  – Dans quel but sera-t-il utilisé ?
- Le **cahier des charges** prend souvent la forme d'un tableau avec quatre colonnes :
  – les repères associés à chaque fonction ;
  – la fonction définie sous forme de phrase ;
  – les critères associés à chacune des fonctions ;
  – les niveaux permettant de préciser les critères.
- Le **planning prévisionnel** permet de suivre l'avancement d'un projet et d'anticiper d'éventuels retards. Pour être efficace, il doit être régulièrement mis à jour durant le projet.
- Le **choix des solutions** étant toujours un **compromis entre plusieurs contraintes**, il faut se donner des priorités et respecter les critères et niveaux du cahier des charges.

Analyser l'énoncé et les documents

- Le texte et les documents permettent de bien saisir les particularités du produit. Lisez attentivement les textes et analysez de manière approfondie les documents.
- Lisez ligne par ligne le tableau du cahier des charges ; prenez le temps de bien comprendre chacune des fonctions et les critères associés.
- Le *document 3* est un extrait de planning, cela signifie que l'intégralité du planning du projet n'est pas représentée. L'échelle de temps de ce planning est la semaine, les semaines sont représentées dans les colonnes du tableau. Cinq tâches sont planifiées, ce sont les lignes du tableau.

Bien comprendre les questions

Question 1

- Réalisez un diagramme d'expression du besoin (bête à cornes) sur votre brouillon pour vous aider à rédiger une phrase qui présente le besoin de façon claire et complète.

Les précisions sont indiquées dans le cahier des charges dans la colonne « Niveau ».

Question 2

- Une tâche est réalisée simultanément à une autre tâche lorsque celles-ci sont superposées dans le planning. Ces tâches sont effectuées en même temps pour gagner du temps dans l'avancement du projet.

Question 3

- Identifiez dans le cahier des charges les niveaux et critères de la contrainte « communication avec le *smartphone* ». Effectuez votre choix en fonction de ces niveaux et critères.
- Identifiez les avantages et les inconvénients des deux solutions proposées pour vous aider à faire votre choix et à le justifier.

1 **a.** Voici le diagramme d'expression du besoin :

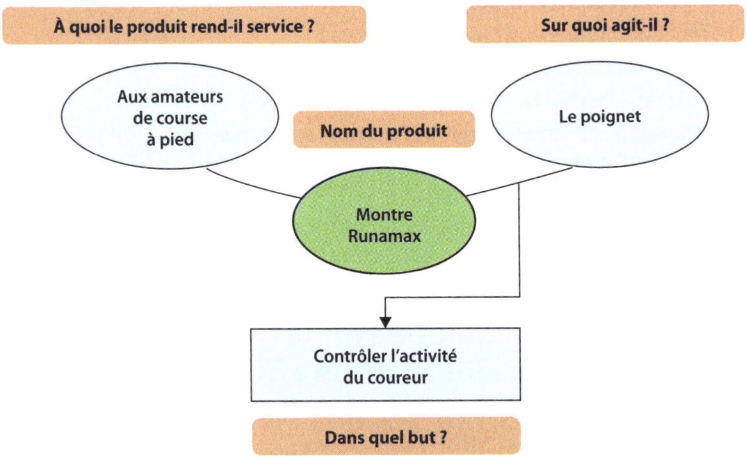

La montre Runamax rend service **aux amateurs de course** à pied en agissant sur **leur poignet** dans le but de **contrôler leur activité** lorsqu'ils courent.

Conseil

Utilisez le diagramme pour rédiger une phrase qui énonce précisément le besoin.

b. La montre doit être capable de mesurer la vitesse de déplacement du coureur avec une précision de **2 km/h** par rapport à la valeur de sa vitesse réelle.
La **colonne « Niveau »** du cahier des charges permet d'indiquer des valeurs chiffrées de la performance attendue. Il s'agit souvent de valeurs minimales, maximales, moyennes...

Remarque
Pour évaluer la vitesse du coureur, la montre utilise son système de géolocalisation GPS.

2 La fin de l'étape de **recherche des solutions** et le début de l'étape de **fabrication du prototype** peuvent être réalisés simultanément. **Le prototype** permet de mettre en évidence des problèmes de conception de l'objet. Il est souvent nécessaire de réaliser des modifications pour contourner ces nouvelles contraintes.

Conseil
Si plusieurs cases colorées sont dans la même colonne, les tâches sont simultanées.

3 Le protocole **Bluetooth** semble le plus adapté pour la connexion entre le *smartphone* et la montre.
Bien qu'il offre un débit plus important, le Wi-Fi consomme beaucoup d'énergie. L'autonomie de la montre serait alors fortement diminuée, il faudrait installer des batteries avec des capacités plus importantes, donc plus coûteuses et plus lourdes.
Le débit et la portée du Bluetooth sont suffisants pour l'application, la performance n'est pas toujours le critère de choix privilégié, la consommation et le coût de fabrication sont aussi à considérer.

Remarque
Les protocoles de communication sans fil permettent de relier, le plus souvent par ondes radio, plusieurs appareils informatiques.

Sujet 50 Enceinte *Bluetooth*

25 pts — 30 min

Sujet inédit

Après une enquête d'opinion, l'entreprise Audiovite souhaite développer une enceinte Bluetooth pour les jeunes. Elle cherche des solutions innovantes qui pourraient intéresser les adolescents.
Voici ci-dessous un extrait du cahier des charges du produit.

Doc. 1 Extrait du cahier des charges de l'enceinte *Bluetooth*

Repère	Fonction	Critère	Niveau
FP1	Permettre à un ou plusieurs utilisateurs d'écouter de la musique	Rayon audible	Cercle de 5 m autour de l'enceinte
FC1	Doit fournir un son d'une qualité et d'un niveau sonore suffisant tout en respectant la législation	– Puissance – Niveau sonore maximum	– 2 W +/– 0,5 W – 85 dB max
FC2	Doit se connecter à la majorité des appareils informatiques	– Type de connexion – Portée de la connexion avec la source audio	– Bluetooth – 5 m
FC3	Doit être dans une gamme de prix accessible à un jeune	Prix abordable	30 € maxi
FC4	Doit résister aux agressions extérieures et être d'une bonne stabilité	– Imperméabilité – Solidité – Assise	– Résiste à un taux d'humidité de 80 % – Résiste à une chute de 1 m – Stable sur un plan
FC5	Doit fonctionner de manière fiable et autonome	– Autonomie – Charge	– 2 heures mini – 6 heures maxi

Doc. 2 **Antériorité des tâches du projet**

N°	Tâche	Durée	Antériorité
1	Rédaction du cahier des charges	1 semaine	x
2	Recherche de solutions	3 semaines	1
3	Fabrication du prototype	3 semaines	2
4	Simulations numériques	2 semaines	2
5	Tests et validation	2 semaines	3
6	Lancement de la fabrication	1 semaine	4 ; 5

1 **a.** Après la lecture des documents, réaliser le diagramme d'expression du besoin (bête à cornes).
b. Quel est le besoin satisfait par cette enceinte Bluetooth ?
c. Quels sont les utilisateurs ciblés par ce produit ?

2 Les contraintes et fonctions identifiées dans ce cahier des charges peuvent être classées en plusieurs catégories : les contraintes de fonctionnement, les contraintes de sécurité et les contraintes commerciales.
a. Associer chaque fonction du cahier des charges à une catégorie de contrainte.
b. Pour quelle raison la législation impose-t-elle un niveau sonore maximal de 85 dB ?

3 En vous aidant du *document 2*, compléter le planning prévisionnel de la semaine 1 à la semaine 10, sous la forme habituelle de tableau en indiquant les tâches en lignes et les semaines en colonnes.

Semaines	1	2	3	4	5	6	7	8	9	10
Rédaction du cahier des charges	■									
Recherche de solutions										
Fabrication du prototype										
Simulations numériques										
Tests et validation										
Début de la fabrication										

TECHNOLOGIE

Sujet 50 Corrigé

Les clés pour réussir

L'essentiel à connaître

- « Exprimer un besoin » signifie formuler le besoin de manière claire.
- Pour **exprimer le besoin**, il faut répondre aux questions suivantes :

– À quoi ou à qui le produit va-t-il servir ?
– Que va-t-il modifier ou apporter à son utilisateur ?
– Dans quel but sera-t-il utilisé ?

- Le **cahier des charges** prend souvent la forme d'un tableau avec quatre colonnes :

– les **repères** associés à chaque fonction ;
– la **fonction** définie sous forme de phrase ;
– les **critères** associés à chacune des fonctions ;
– les **niveaux** permettant de préciser les critères.

- Le **planning** permet de suivre l'avancement d'un projet et d'anticiper d'éventuels retards. Pour être efficace, il doit être régulièrement mis à jour durant le projet.

Analyser l'énoncé et les documents

- Retenez les mots-clés dans l'introduction (jeunes, enceintes Bluetooth, écouter la musique à plusieurs).
- L'antériorité des tâches (dans le *document 2*, colonne 3) identifie le numéro de la (ou des) tâche(s) qui doi(ven)t être terminée(s) avant de pouvoir en commencer une autre. Par exemple, la tâche « Recherche de solutions (n° 2) » ne peut pas débuter avant la fin de la tâche « Rédaction du cahier des charges (n° 1) ».

Bien comprendre les questions

Question 1

- Étudiez attentivement le *document 1*, réalisez le diagramme d'expression du besoin (bête à cornes) et répondez ensuite aux deux questions posées.

Question 2

- Lisez attentivement l'extrait du cahier des charges et classez les fonctions dans les catégories de contraintes. Pour la question sur la législation, faites appel à votre culture générale, la réponse ne se trouve pas dans les documents.

Question 3

- Utilisez une couleur différente par ligne (par tâche) pour compléter le tableau.

1 **a.** Le diagramme d'expression du besoin (bête à cornes) est le suivant :

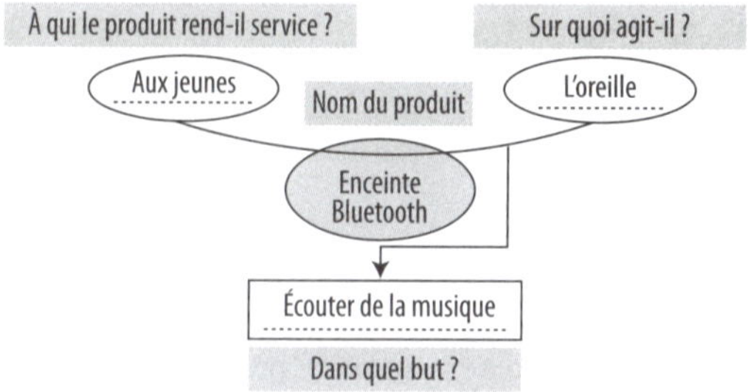

b. L'enceinte Bluetooth **rend service aux jeunes pour leurs permettre d'écouter à plusieurs de la musique**.

c. **Les jeunes (entre 13 et 25 ans par exemple) sont ciblés par l'entreprise**. Il faudra donc adapter la communication et concevoir un design et des fonctionnalités qui pourraient plaire à cette cible de consommateurs.

L'astuce du prof

Servez-vous du diagramme d'expression du besoin pour formuler l'expression du besoin.

2 **a.** Les différentes fonctions du cahier des charges peuvent être associées aux catégories de contraintes suivantes :

Contraintes de fonctionnement	FP1 ; FC2 ; FC4 ; FC5
Contraintes de sécurité	FC1
Contraintes commerciales	FC3

b. La législation impose un niveau sonore maximal de 85 dB **pour préserver l'audition des utilisateurs.**

Pensez-y !

Lorsque c'est possible, on peut réaliser deux tâches simultanément, cela permet de gagner du temps.

3 Le planning prévisionnel optimum est le suivant :

Semaines	**1**	**2**	**3**	**4**	**5**	**6**	**7**	**8**	**9**	**10**
Rédaction du cahier des charges	■									
Recherche de solutions		■	■	■						
Fabrication du prototype					■	■	■			
Simulations numériques					■	■				
Tests et validation								■	■	
Début de la fabrication										■

Sujet 51 Évolution de la mesure du temps

25 pts — 30 min

Sujet inédit

La mesure du temps est un des premiers problèmes technologiques auxquels l'homme a été confronté.

Doc. 1 **Schéma de principe du calcul de la longitude**

Mesurer le temps pour se repérer en mer

En 1714, face aux nombreux naufrages dus aux erreurs de navigation, le gouvernement britannique décida d'offrir une grosse somme d'argent à la personne capable de trouver une méthode précise de détermination de la position géographique des bateaux. La méthode la plus simple consistait à déterminer la position du bateau grâce au décalage horaire (en heure solaire) entre le lieu de départ et la position du bateau. Pour exécuter ce calcul, il fallait garder sur le bateau une horloge réglée précisément sur l'heure de la position de départ. Celle-ci fut réalisée par l'horloger John Harrison, qui remporta le prix après de nombreuses tentatives. Afin d'améliorer la précision de son horloge, il construisit un mécanisme utilisant de nouveaux alliages de laiton et d'acier, et des ressorts d'un nouveau type.

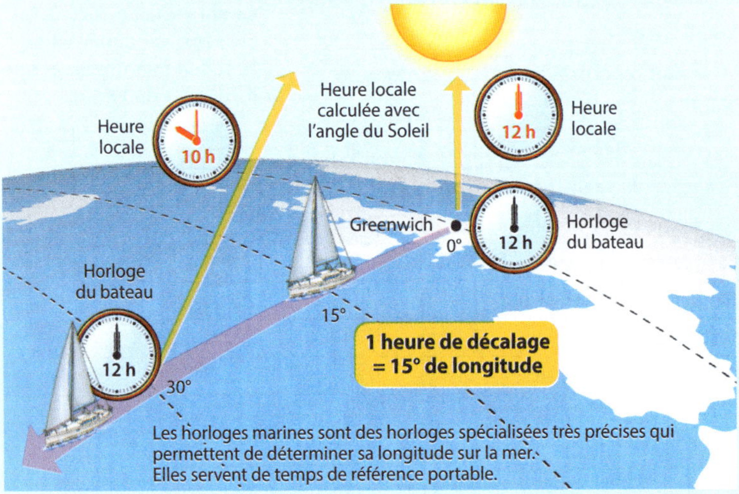

Doc. 2 **Chronologie des appareils de mesure du temps et de leur niveau de précision**

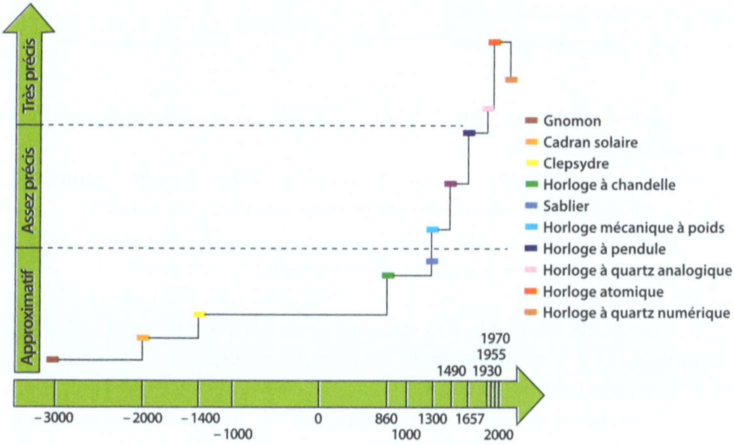

Doc. 3 **Impact environnemental d'une montre connectée**

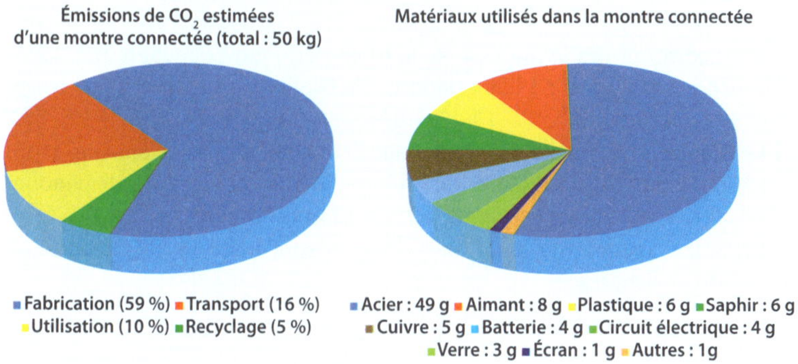

1 **a.** En 1715, pour quelle raison le gouvernement britannique proposa-t-il une grosse somme d'argent ?
b. À quel besoin les scientifiques devaient-ils répondre ?

2 **a.** Quelle solution technique a été trouvée ?
b. Quelles innovations ont permis cette invention ?

3 **a.** Pourquoi est-il difficile de recycler les montres connectées ?
b. Comment les entreprises pourraient-elles agir pour réduire l'impact écologique d'une montre connectée durant son utilisation ?

TECHNOLOGIE

Sujet 51 Corrigé

Les clés pour réussir

L'essentiel à connaître

- Les **inventions** et les **innovations** naissent toujours pour **répondre à un besoin**.
- L'histoire et la technologie sont intimement liées, les **évolutions techniques ont engendré des grands changements dans les sociétés**.
- Une **solution technique** est la manière dont sont réalisées une ou plusieurs **fonctions techniques** qui constituent un objet. Elle s'appuie sur un principe technique mis en œuvre par des matériaux, des dimensions, des formes, des mouvements. Par exemple, la solution technique pour la propulsion d'un vélo est généralement l'ensemble : chaîne-plateau-pignon-pédalier.
- Une **innovation** est une **solution nouvelle et plus performante** apportée pour améliorer la réponse à un besoin déjà existant.
- L'**impact environnemental** d'un produit doit être considéré en prenant en compte toutes les étapes de son **cycle de vie** (de l'extraction des matières premières au recyclage du produit).

Analyser l'énoncé et les documents

- Pour comprendre le principe de la mesure du temps inventé par John Harrison, aidez-vous de l'illustration, elle reprend les éléments du texte de façon imagée.
- Le diagramme circulaire (appelé aussi « camembert ») s'analyse rapidement, il permet d'identifier rapidement la part que représente chaque catégorie et de voir si certaines parts sont prédominantes.
- Dans les documents, tous les éléments sont importants : le titre, la légende, le schéma.

Bien comprendre les questions

Question 1

- Utilisez l'énoncé et le document pour identifier le besoin auquel répond l'horloge marine.

Question 2

- La deuxième partie du texte décrit la solution inventée par John Harrison, les innovations techniques y sont également présentées.

Question 3

- Servez-vous du *document 2* et de votre bon sens pour répondre à ces questions.

- Pensez à ce qui se passe entre le moment où vous jetez l'objet et celui où les matériaux sont récupérés.
- Durant la phase d'utilisation d'un produit, c'est généralement la consommation d'énergie qui représente la part la plus importante de l'impact environnemental.

1 **a.** **Les naufrages de bateaux** dus aux erreurs de navigation étaient très courants au XVIIIe siècle et entraînaient d'importantes pertes humaines et matérielles. Souvent, il s'agissait d'**erreurs de jugement sur la position géographique** des bateaux. Le gouvernement britannique offrit une grosse somme d'argent à celui qui trouverait un moyen de résoudre ce problème.

Conseil

Le concours mentionné dans l'énoncé portait le nom de « Longitude act ». De nombreux documents sont disponibles sur ce sujet passionnant.

b. Les scientifiques devaient répondre au besoin de **connaître avec précision sa position géographique sur l'eau**. Sur la mer, pour éviter les récifs, pour trouver sa route, pour suivre les courants et les vents, connaître précisément sa position était et demeure encore aujourd'hui primordial. De nos jours, les bateaux utilisent la géolocalisation par satellite (GPS).

2 **a.** La solution trouvée est **l'utilisation d'une horloge** pour mesurer précisément le décalage horaire en heure solaire avec le lieu de départ. En effet, en connaissant le décalage horaire avec un lieu, on connaît également la distance longitudinale de ce lieu.

Remarque

L'horloge de John Harisson s'appelle H5 et fonctionne toujours.

b. Les innovations qui ont permis cette invention sont **les nouveaux alliages de laiton et d'acier, et les nouveaux ressorts en spirale**. En effet, les conditions en mer étant difficiles (forts mouvements et variations de températures), les mécanismes des horloges précédentes se déformaient et se déréglaient, ce qui entraînait des erreurs dans la mesure du temps.

3 **a.** Il est difficile de recycler les montres connectées, car **elles comportent de nombreux matériaux très différents** qu'il faut parvenir à séparer pour pouvoir les recycler indépendamment.

Remarque

L'éco-participation est une taxe payée notamment à l'achat des objets électroniques, afin de financer leur recyclage.

b. Pour réduire la consommation énergétique d'une montre connectée durant son utilisation, il existe plusieurs solutions envisageables.
On peut tout d'abord trouver une solution pour que **la montre produise sa propre énergie** : panneau solaire, mécanisme qui récupère l'énergie des mouvements du bras, etc.
Il est également possible de chercher à **réduire la consommation énergétique** de la montre : mode veille, composants qui consomment moins d'énergie, écran moins lumineux ou moins grand...

Sujet 52 Du boulier au supercalculateur

25 pts — 30 min

Sujet inédit

Depuis très longtemps, les êtres humains ont eu besoin d'effectuer des opérations mathématiques. En effet, le commerce, la construction, la gestion des populations ont toujours nécessité de manipuler des nombres (additions, soustractions, divisions…).

Doc. 1 Histoire des machines à calculer

Dans l'histoire des machines à calculer, deux principes techniques ont longtemps cohabité. Le premier consiste à utiliser divers objets (cailloux, jetons…) pour effectuer des calculs. C'est le cas par exemple des bouliers inventés en Chine au XIIe siècle. Le second consiste à écrire les nombres sur un support (papyrus, papier, bâtonnets de bois…).

À la fin du XVIIe siècle, les premières machines à calculer mécaniques apparaissent. Elles utilisent les engrenages à roues dentées déjà employés dans l'horlogerie pour effectuer les calculs.

C'est au XIXe siècle avec la révolution industrielle et le développement des mouvements bancaires internationaux que la machine à calculer s'impose réellement. Les machines à calculer mécaniques gagnent en précision, et leur utilisation est simplifiée afin d'être accessible au plus grand nombre. Les calculateurs mécaniques seront utilisés jusqu'à l'arrivée des calculatrices électroniques dans les années 1970.

Les premiers calculateurs électroniques sont développés à partir de 1935 par l'armée américaine qui les utilise pour calculer les trajectoires de ses missiles. S'en suivront alors de nombreux modèles de calculateurs toujours plus rapides.

Les supercalculateurs bien plus rapides et moins encombrants que les calculateurs électroniques apparaissent à la fin des années 1950 et doivent leur existence à l'invention des transistors qui remplacent alors les tubes cathodiques. Ils sont très utilisés de nos jours et servent notamment à la médecine, aux modèles de climatologie ou de mouvements de la croûte terrestre.

Doc. 2 **Extrait de l'article « Pourquoi la France doit rester dans la course des supercalculateurs ? »,** ***La Tribune*****, 1er mai 2015**

Tous les dix ans, la puissance de calcul des supercalculateurs est multipliée par 1 000. Quant à la durée de vie d'un supercalculateur, elle n'est que de quatre à cinq ans. Passé ce laps de temps, il est bien plus rentable d'installer une machine plus moderne plutôt que de conserver l'ancienne. En 2005, un supercalculateur consommait 5 MW (mégawatts) contre 17 MW en 2014. Avec la prochaine génération, on veut limiter la consommation à 20 MW. Sur ses cinq ans de vie, la consommation électrique globale d'un supercalculateur revient aussi chère que la machine elle-même.

1 Après la lecture du *document 1* :

a. Relever quatre lignées d'objets (principes techniques) de la famille des machines à calculer.

b. Quelle est l'invention qui a permis le développement de la lignée des supercalculateurs ?

c. Quelle rupture technologique a entraîné la fin de l'utilisation des calculateurs mécaniques ?

d. À quel besoin répondaient les premiers calculateurs électroniques ?

2 À l'aide du *document 1*, compléter le tableau ci-dessous.

	Boulier chinois 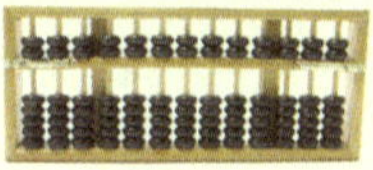 BIS/Ph. Silkstock	**Arythmomètre mécanique**  Ezrdr/wikimedia	**Calculateur IBM**  dingo/1.2.3 rf
Siècle		XXe	
Énergie		Énergie mécanique	
Lignée	Calcul par manipulation d'objets		

3 À partir du *document 2*, répondre aux questions suivantes :

a. Quels sont les deux grands facteurs qui évoluent avec le développement des supercalculateurs ?

b. Quelle phase du cycle de vie des supercalculateurs est particulièrement énergivore ?

Sujet 52 Corrigé

Les clés pour réussir

L'essentiel à connaître

- L'**évolution des techniques** permet de faire évoluer les objets dans de nombreux domaines.
- Les objets qui répondent au même besoin sont regroupés en **familles**.
- Une **lignée** regroupe les objets d'une même famille qui utilisent le même principe technique pour répondre au besoin.
- Le **cycle de vie** peut être différent suivant le produit, mais on retrouve souvent les mêmes étapes : l'extraction des matières premières, la fabrication de l'objet, son transport, la distribution, l'utilisation et la fin de vie.

Analyser l'énoncé et les documents

- Retrouvez dans les documents le nom des produits, les périodes d'utilisation, les principes techniques qu'ils utilisent.
- Dans le *document 1*, chaque paragraphe correspond à une période.

Bien comprendre les questions

Question 1

- Il faut connaître la définition des mots « lignée » et « principe technique ».

Question 2

- Relevez tout d'abord le principe technique utilisé par chaque objet afin de retrouver le paragraphe du *document 1* qui parle de ce type d'objet.
- Les matériaux et le design des objets peuvent aussi vous guider pour trouver leur époque.
- Observez les images afin d'en déduire l'énergie utilisée.

Question 3

- Certains des facteurs qui évoluent sont souhaités ; d'autres sont des conséquences de l'évolution et sont donc subis.
- Il faut connaître les étapes du cycle de vie et relever quelle étape est évoquée dans le *document 2*.

1 **a.** Les quatre lignées (principes techniques) de calculateurs présentées dans ce document sont : **les calculateurs à manipulation d'objets ; les machines à calculer mécaniques ; les calculateurs électroniques** et **les supercalculateurs**.

b. Les supercalculateurs ont pu être développés grâce à l'**invention des transistors** qui ont remplacé les tubes cathodiques.

c. **L'invention de la calculatrice électronique** a entraîné la fin de l'utilisation des calculateurs mécaniques.

d. Les premiers calculateurs électroniques répondaient au besoin qu'avait l'armée américaine de **calculer la trajectoire de ses missiles**.

Gagnez des points !

Une mauvaise réponse ne retire pas de points, proposez donc une réponse même si vous n'êtes pas sûr qu'elle soit juste.

2 Voici le **tableau complété** :

	Boulier chinois 	**Arythmomètre mécanique** 	**Calculateur IBM** 
Siècle	XIIe	XXe	XXe
Énergie	Énergie mécanique	Énergie mécanique	Énergie électrique
Lignée	Calcul par manipulation d'objets	Calculateur mécanique	Calculateur électronique

3 **a.** Les deux facteurs qui évoluent avec le développement des supercalculateurs sont **la puissance de calcul et la consommation énergétique des supercalculateurs.**

b. C'est **la phase d'utilisation** des supercalculateurs qui est particulièrement énergivore.

Sujet 53 Un véhicule hybride

25 pts 30 min

Sujet inédit

Un véhicule hybride combine une source d'énergie thermique avec une source d'énergie électrique. Le véhicule contient deux moteurs : un moteur thermique et un moteur électrique. Suivant la situation, le système électronique sélectionne la source d'énergie appropriée pour propulser le véhicule.

Doc. 1 Un véhicule hybride

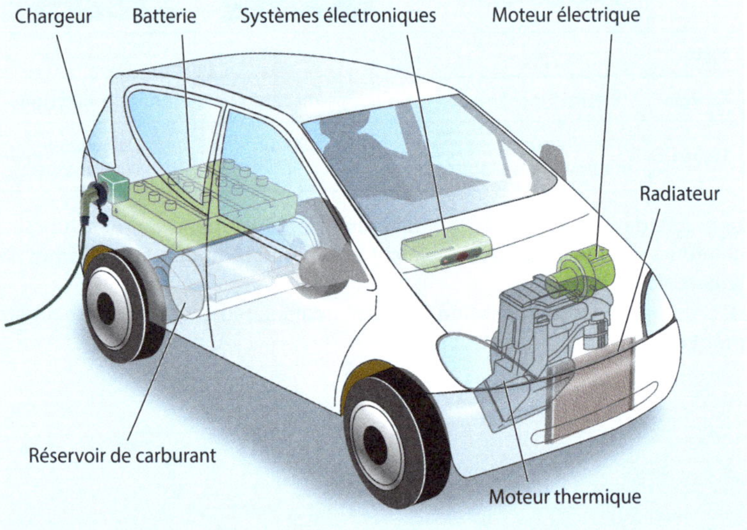

Doc. 2 Le système électronique

Le système électronique commande le système de couplage des moteurs en fonction des informations transmises par les différents capteurs du véhicule : la charge de la batterie, la position des pédales de frein et d'accélérateur, la vitesse du véhicule.

Situation n° 1 – Propulsion thermique avec assistance électrique
Les énergies sont combinées, le véhicule est propulsé par le moteur thermique et le moteur électrique :

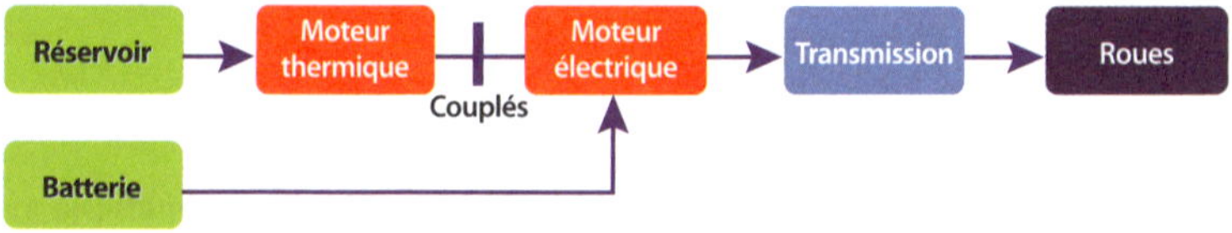

Situation n° 2 – Propulsion électrique seule
Lors des démarrages et des trajets courts (en ville par exemple), le véhicule est propulsé uniquement par le moteur électrique :

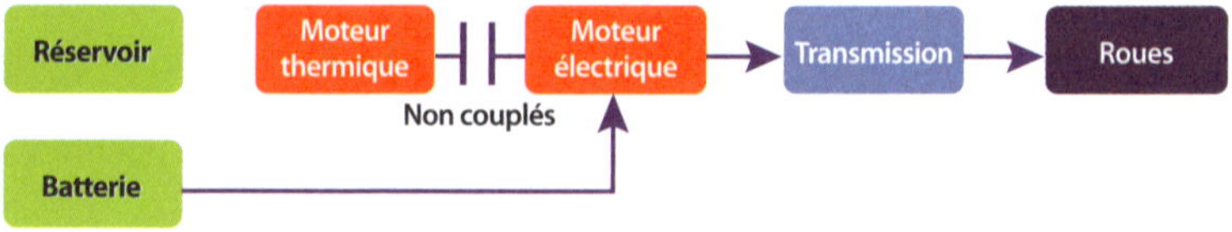

Situation n° 3 – Propulsion thermique avec charge des batteries
Lorsque la batterie est déchargée, le moteur thermique charge la batterie, le moteur électrique est donc utilisé en générateur :

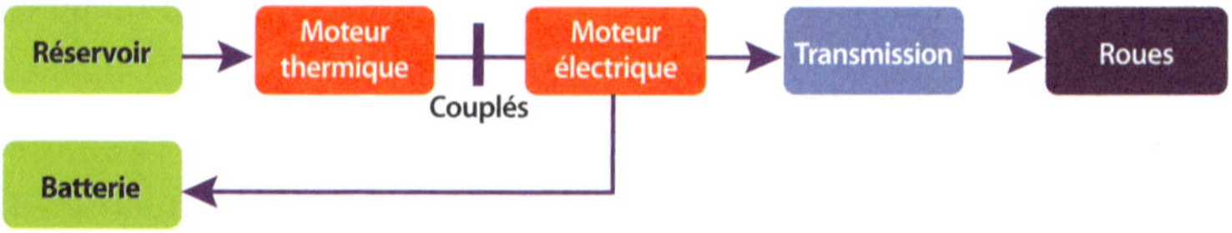

Situation n° 4 – Recharge des batteries lors du freinage
L'énergie récupérée lors du freinage ou des phases de décélération permet de recharger la batterie :

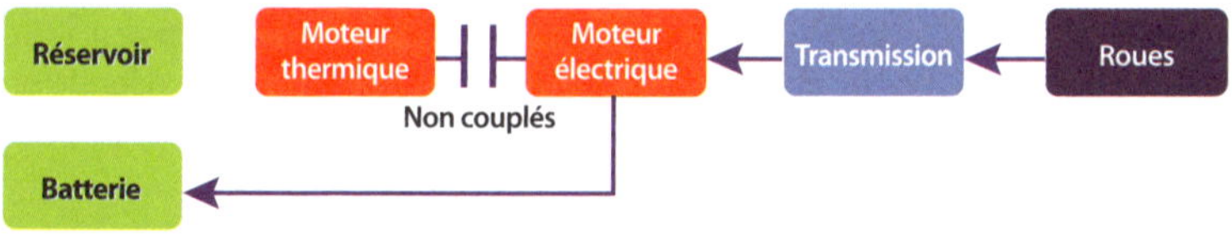

1 Réaliser un diagramme de fonctionnement simple du véhicule hybride sur lequel figurent les énergies utilisées et le résultat obtenu.

2 **a.** Dans quelles situations le véhicule ne consomme-t-il pas de carburant ?
b. Dans les situations n° 3 et 4, le moteur électrique fonctionne en générateur. Que cela signifie-t-il ?

3 En s'aidant des documents, réaliser un diagramme de la chaîne d'information (Acquérir, Traiter, Communiquer) en identifiant les éléments réalisant chacune des trois fonctions.

Sujet 53 Corrigé

Les clés pour réussir

L'essentiel à connaître

- Un **système** est un objet complexe qui **possède plusieurs fonctions et utilise une énergie pour fonctionner**. Cette énergie est transformée dans le but de satisfaire la **fonction d'usage**.
- Un système peut être **décomposé en fonctions techniques**. Une fonction technique est un sous-ensemble qui a un rôle précis dans le fonctionnement de l'objet. Le diagramme qui détaille les fonctions et solutions techniques s'appelle le **diagramme fonctionnel**.
- Dans une **chaîne d'énergie**, l'énergie peut être transférée ou convertie sous plusieurs formes : cinétique, potentielle (dépendant de la position), électrique, thermique...
- La **chaîne d'information** comprend trois éléments :

– « **Acquérir** » : ce sont les capteurs qui acquièrent des grandeurs physiques (vitesse, température...) ou les ordres de l'utilisateur (boutons, claviers...) ;

– « **Traiter** » : c'est le cerveau du système qui reçoit les informations en provenance de la partie « Acquérir » et les traite à l'aide d'un programme informatique ;

– « **Communiquer** » : ce sont les éléments qui transmettent les ordres à la chaîne d'énergie (relais, coupleurs...) ou les présentent à l'utilisateur (voyants lumineux, écrans...).

Analyser l'énoncé et les documents

- Aidez-vous du schéma légendé pour comprendre le fonctionnement du système.
- Les diagrammes se lisent généralement de gauche à droite : il faut suivre les flèches pour comprendre l'ordre des opérations et déchiffrer le fonctionnement d'un système.

Bien comprendre les questions

Question 1

- Pour réaliser le diagramme de fonctionnement, utilisez des flèches pour relier trois rectangles : énergie utilisée, système, résultat obtenu.

Question 2

- Comparez les quatre situations pour bien voir les différents modes de fonctionnement de ce véhicule.
- On dit souvent que le générateur est l'inverse du moteur électrique. Le moteur transforme l'énergie électrique en mouvement.

> **Question 3**
> - Identifiez les grandeurs physiques mesurées par ce système et les capteurs associés.
> - Identifiez ensuite le nom donné à la partie « Traiter » (qui est le cerveau du système).
> - Vous devez repérer l'élément auquel la partie « Traiter » envoie des ordres afin que le système réalise la fonction voulue.

1 Voici le diagramme de fonctionnement d'un véhicule hybride.

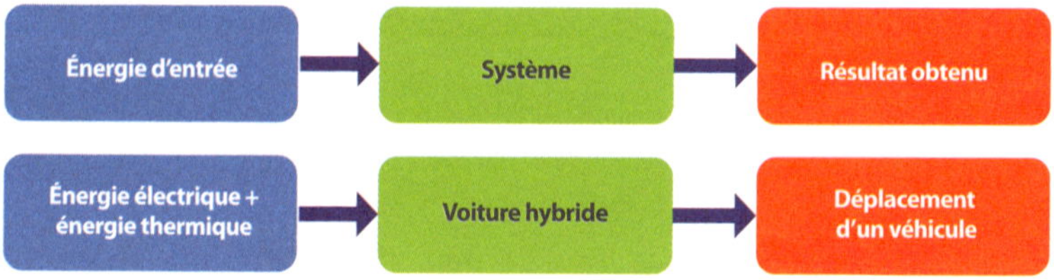

Il faut noter qu'il y a deux énergies d'entrée :
– **l'énergie électrique** qui est stockée dans la batterie ;
– **l'énergie thermique** développée par le moteur thermique qui utilise l'essence stockée dans le réservoir de la voiture pour fonctionner.
Un système électronique sélectionne l'énergie électrique ou thermique en fonction des besoins du véhicule commandé par l'utilisateur.

2 a. Le véhicule ne consomme pas de carburant dans deux situations :
– **lors des démarrages et des trajets courts** (en ville par exemple), le véhicule est propulsé uniquement par le moteur électrique. Les performances des batteries sont aujourd'hui encore très limitées, c'est pourquoi l'utilisation de la propulsion électrique ne se fait que sur des courts trajets et à faible vitesse. L'autonomie électrique varie de 25 km à une centaine de kilomètres selon les modèles de véhicule ;
– **lors du freinage**. En roulant, le véhicule a de l'énergie cinétique (énergie du mouvement). Lors du freinage, cette énergie est convertie par le générateur en énergie électrique et permet de recharger la batterie. Le véhicule devient alors producteur d'énergie électrique, il ne consomme pas de carburant.

b. Dans les situations n° 3 et n° 4, le moteur électrique fonctionne en générateur. En effet, dans la situation n° 3, **c'est le moteur thermique qui entraîne le moteur électrique**. Ce dernier convertit alors le mouvement d'entrée en énergie électrique, ce qui per-

> **Remarque**
> Les SREC (systèmes de récupération de l'énergie cinétique) sont même utilisés en Formule 1 depuis 2009.

> **Conseil**
> Pour comprendre les diagrammes, il faut bien regarder le sens des flèches.

met de recharger la batterie du véhicule. Dans la situation n° 4, c'est **l'énergie cinétique du véhicule lors du freinage qui entraîne le moteur électrique**. Là encore, ce dernier transforme le mouvement d'entrée en énergie électrique, ce qui permet de recharger la batterie du véhicule.

3 Voici un diagramme de la chaîne d'information du véhicule hybride :

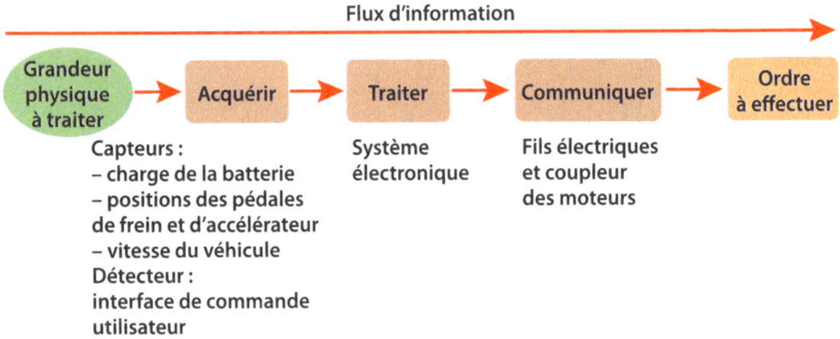

Les différents capteurs du véhicule acquièrent des informations qui sont traitées par le système électronique. Le programme informatique analyse les données et intervient sur **le coupleur qui est commandé par signal électrique** (couplé ou non couplé).

> **Conseil**
> Un capteur réalisera toujours la fonction « Acquérir ».

Sujet 54 Lyre à LED de spectacle

25 pts 30 min

Sujet inédit

La lyre à LED de spectacle est une lumière de couleur commandée qui peut être dirigée dans plusieurs directions depuis le pupitre de contrôle du technicien lumière.
Sa fonction d'usage est de créer un spectacle de lumières en mouvement et de différentes couleurs avec projection de formes.

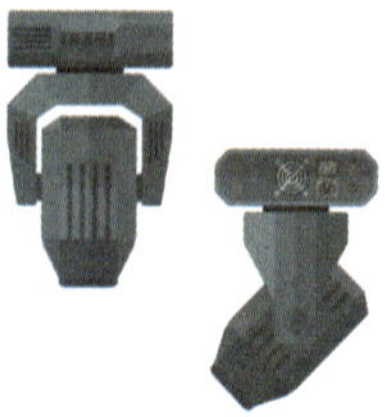
Lyre à led
al4k/1.2.3 rf

TECHNOLOGIE

Doc. 1 Extrait de la documentation technique

Le SpotLyre 250 est un projecteur électrique à effets sur lyre motorisée d'une puissance de 250 W, fonctionnant en mode automatique musical (capteur intégré), automatique ou DMX.

- Il est muni d'une lampe à LED 250 W/24 V, d'une roue de couleur à 9 positions (8 couleurs + blanc) et d'une roue de gobos (calques à motifs placés devant la LED) à 8 positions interchangeables.
- Les mouvements sont commandés par quatre moteurs pas à pas (deux moteurs pour les axes et deux pour les roues d'effets et de couleur).

Exemple de gobo
al4k/1.2.3 rf

Doc. 2 Le protocole DMX512

Le DMX512 est un protocole de commande d'appareils d'éclairage et d'animation de scène très largement répandu dans le milieu du spectacle.

- Le protocole DMX512 (norme RS 485) permet de contrôler 512 canaux en affectant à chacun une valeur comprise entre 0 et 255. Chaque appareil reçoit l'ensemble des 512 valeurs (appelées « trame » DMX) et renvoie cette trame à l'appareil suivant.
- La norme prévoit la mise en série d'au maximum 32 appareils sur une même ligne DMX, et un appareil DMX512 peut avoir de 1 à 16 canaux maximum, accessibles dans un ordre défini par le fabricant.

1 Après la lecture des documents, compléter le diagramme de fonctionnement ci-dessous :

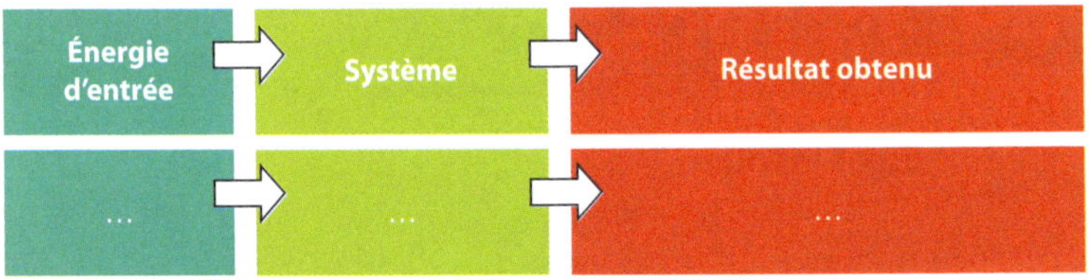

2 Compléter le diagramme d'analyse fonctionnelle ci-dessous en y ajoutant les solutions techniques utilisées ou la fonction technique associée.

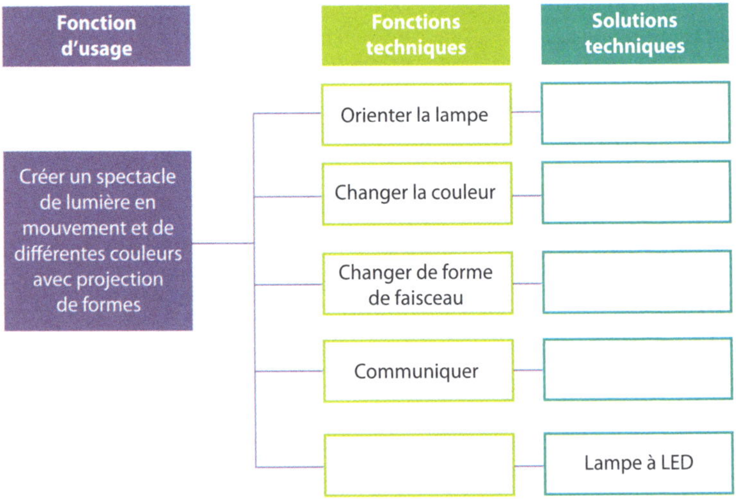

3 Classer les solutions techniques dans le tableau ci-dessous :

Éléments de la chaîne d'énergie	
Éléments de la chaîne d'information	

Sujet 54 Corrigé

Les clés pour réussir

L'essentiel à connaître

- Il est courant d'utiliser un **schéma** ou un **diagramme** pour représenter le fonctionnement global du système. Ce diagramme peut être plus ou moins détaillé.
- Chaque **fonction technique** est réalisée à l'aide de **composants** dédiés à cette fonction. Ces composants peuvent être des pièces mécaniques, des composants électroniques ou encore des parties de programmes informatiques.
- La **chaîne d'information** est constituée de l'ensemble des composants qui réalisent l'acquisition, le traitement et la communication de l'information.
- La **chaîne d'énergie** est constituée de l'ensemble des composants qui réalisent l'alimentation, la distribution, la conversion et la transmission de l'énergie.

Analyser l'énoncé et les documents

- N'hésitez pas à relire plusieurs fois les documents.
- Il n'est pas indispensable de connaître le sens de tous les mots complexes de la documentation technique pour comprendre le fonctionnement global de l'objet.

Bien comprendre les questions

Question 1

- Aidez-vous de la fonction d'usage pour remplir le diagramme de fonctionnement.
- Cherchez l'énergie d'entrée dans la documentation technique (*document 1*).

Question 2

- L'analyse fonctionnelle rentre dans le détail du fonctionnement de l'objet. Identifiez les parties du texte qui traitent de la fonction pour laquelle vous cherchez la solution retenue.

Question 3

- Aidez-vous des définitions de la chaîne d'énergie et de la chaîne d'information pour reconnaître les éléments à trier.

TECHNOLOGIE

1 Voici le **diagramme de fonctionnement** de la lyre de spectacle :

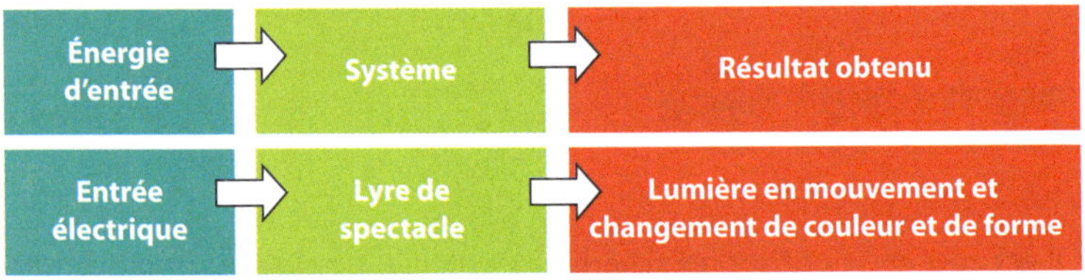

2 Voici le **diagramme d'analyse fonctionnelle** de la lyre de spectacle, il détaille les fonctions et solutions techniques retenues.

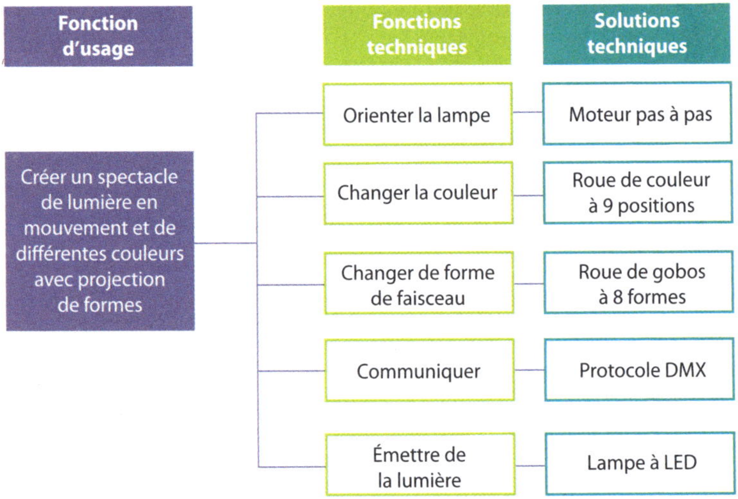

3 Les solutions techniques sont classées dans le tableau ci-dessous :

Éléments de la chaîne d'énergie	Moteur pas à pas Roue de couleur et roue de Gobos
Éléments de la chaîne d'information	Protocole DMX

Pensez-y !

Les moteurs et les lampes sont des actionneurs, ils sont toujours dans la chaîne d'énergie.

Sujet 55 Le téléphone portable

25 pts — 30 min

Sujet inédit

Le téléphone portable est un concentré de technologie, il permet de communiquer de façon nomade par voix, SMS, Internet. On peut le considérer comme un mini-ordinateur, car il dépasse désormais largement les fonctions de téléphone pour devenir également agenda personnel, console de jeux, appareil photo…

Doc. 1 Téléphone portable

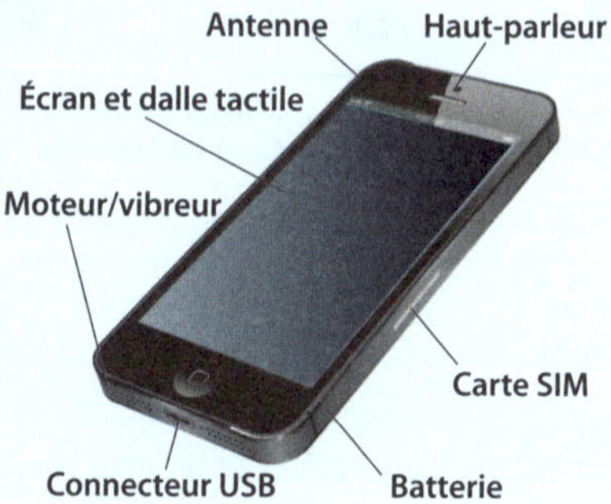

Doc. 2 Extrait de l'analyse fonctionnelle d'un téléphone portable

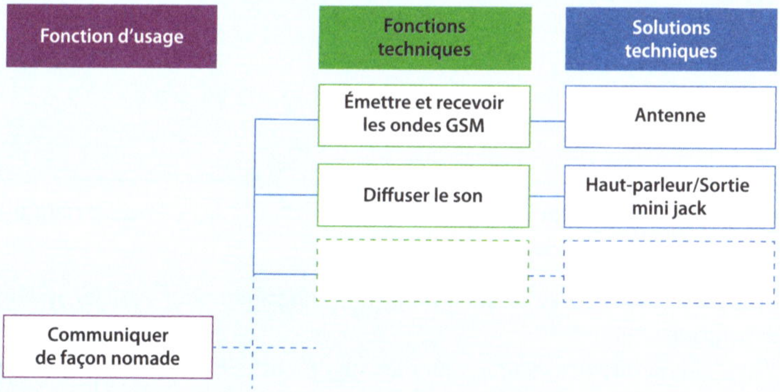

Cependant, un téléphone portable est fragile. Le *document 3* présente ainsi les résultats d'une simulation d'efforts et de déformations suite à la chute d'un téléphone. Deux simulations ont été réalisées, les formes des deux téléphones sont identiques, mais le matériau de la coque change.

Doc. 3 Protéger son téléphone avec une coque

Simulation de chute n° 1	Simulation de chute n° 2
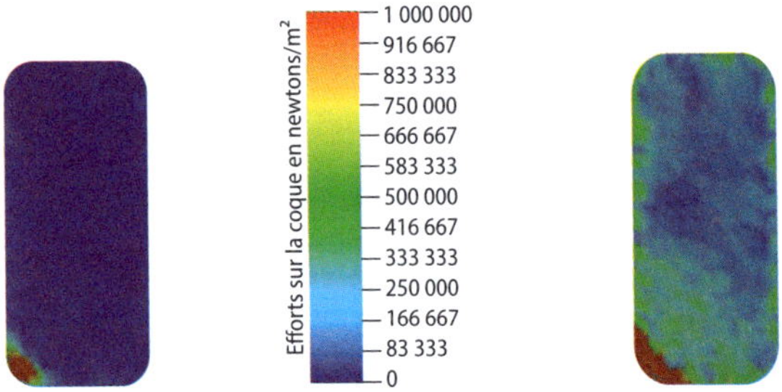	
Alliage aluminium type A **Coût de la coque : 5,80 €**	**Alliage aluminium type B** **Coût de la coque : 5,60 €**
Hauteur de chute : 5 m – Point d'impact : coin inférieur gauche	

1 En s'aidant du texte de présentation et du *document 1*, compléter le *document 2*.

2 **a.** À partir du *document 3*, compléter le tableau suivant :

Condition de simulation qui varie	Conditions de simulation qui ne varient pas
–	– ....
	– ....
	– ....

b. Selon vous, pourquoi les ingénieurs ont-ils choisi de ne faire varier qu'un seul paramètre entre les deux simulations ?

3 **a.** Quel intérêt présente la simulation numérique pour réaliser le choix des solutions ?

b. En s'aidant du *document 3*, aider les ingénieurs à effectuer le choix entre les coques 1 et 2. Justifier le choix effectué.

Sujet 55 Corrigé

Les clés pour réussir

L'essentiel à connaître

- Un **diagramme fonctionnel** permet de représenter sous forme graphique le fonctionnement d'un objet technique ou d'un système.
- On utilise un **logiciel de CAO** (conception assistée par ordinateur) pour concevoir et dessiner des maquettes virtuelles afin de représenter l'objet. Cela permet d'imaginer les solutions techniques et de visualiser le rendu (formes, couleurs, intégration dans l'environnement) d'un projet.
- La **simulation** permet d'effectuer des tests sur un objet virtuel pour identifier ses faiblesses éventuelles et les points à retravailler.
- Le choix définitif des solutions est réalisé en fonction du **cahier des charges** et des **résultats des diverses simulations** qui viennent compléter les tests réels réalisés sur le **prototype**.

Analyser l'énoncé et les documents

- Aidez-vous du schéma légendé (*document 1*) pour identifier les éléments du système.
- L'extrait du diagramme fonctionnel (*document 2*) vous propose des éléments de réponse qui pourront vous servir à répondre à la première question.
- Analysez les résultats de la simulation en vous servant de l'échelle qui figure dans le *document 3*.

Bien comprendre les questions

Question 1

- Associez une solution technique à chaque fonction technique listée. Pour cela, le *document 1* vous sera utile.

Question 2

- Les conditions de simulation sont indiquées dans le *document 3*.
- Pensez à l'objectif recherché par les ingénieurs : identifier la coque la plus résistante aux chocs.

Question 3

- Imaginez ce qu'il faudrait faire pour valider le choix d'une des coques si la simulation informatique n'existait pas.
- Pour faire votre choix, vous devez prendre en compte l'ensemble des informations fournies par le *document 3* (résultat illustré de la simulation, coût...).

TECHNOLOGIE

1 Le diagramme complété de l'analyse fonctionnelle du téléphone portable est le suivant :

> **Remarque**
> Cette représentation est courante et rappelle les cartes heuristiques, elle se lit de gauche à droite.

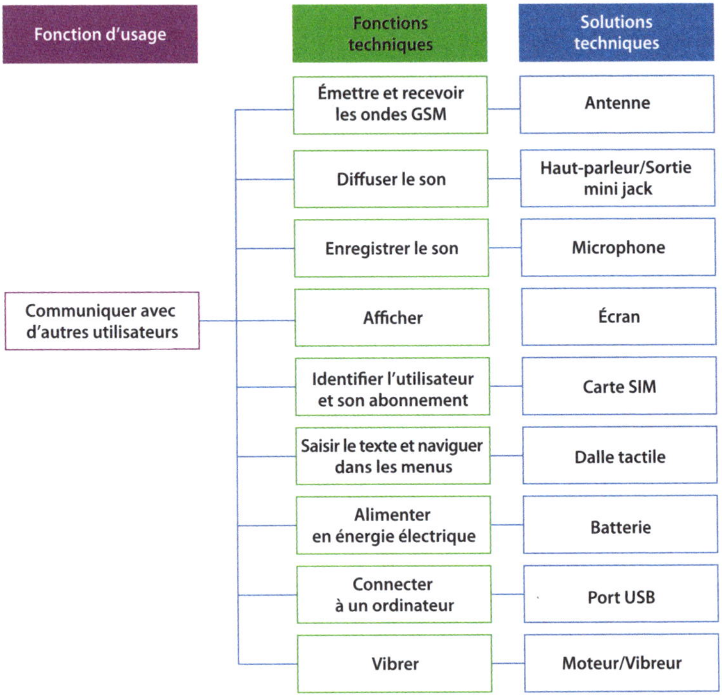

2 a. À partir du document fourni, on peut remplir le tableau de la façon suivante :

> **Conseil**
> Très souvent lors de simulations, on ne fait varier qu'un seul paramètre.

Condition de simulation qui varie	Conditions de simulation qui ne varient pas
– Matériau de la coque	– Hauteur de chute – Forme du téléphone – Point d'impact

b. Les ingénieurs ont choisi de ne faire varier qu'un seul paramètre afin d'identifier de façon claire les changements qu'apporte cette variation de paramètre sur le modèle. Si on faisait varier plusieurs paramètres, il serait difficile d'identifier le rôle de chacun de ces paramètres sur le modèle.

3 a. La simulation numérique permet de **gagner du temps**, d'**éviter de fabriquer les coques pour avoir à les tester**, donc également une **économie d'argent**. Elle permet de visionner les points faibles de l'objet et de les consolider.

b. Le choix de **l'alliage de type A semble plus judicieux**. En effet, même si la coque revient un peu plus cher à fabriquer, le surcoût est faible par rapport au prix d'un téléphone. Le matériau est clairement plus résistant, **il y a moins de déformations visibles et moins d'efforts sur la coque après la chute**.

Remarque

On peut lire deux informations sur le résultat : la déformation de l'objet et l'effort sur la coque (échelle de couleur).

Sujet 56 — Étude de l'implantation de lampadaires dans une rue

25 pts — 30 min

Sujet inédit

La ville de Saint-Ouen réalise une étude pour l'éclairage d'une rue et de sa piste cyclable. Elle fait appel à un cabinet d'architectes pour étudier la disposition des lampadaires. Le modèle de lampadaire et le type de lampe sont définis par le projet, il reste à choisir l'emplacement des lampadaires. Le cabinet propose une première simulation de disposition des lampadaires le long de la rue.

Doc. 1 **Résultat de la simulation réalisée sur 50 m de rue**

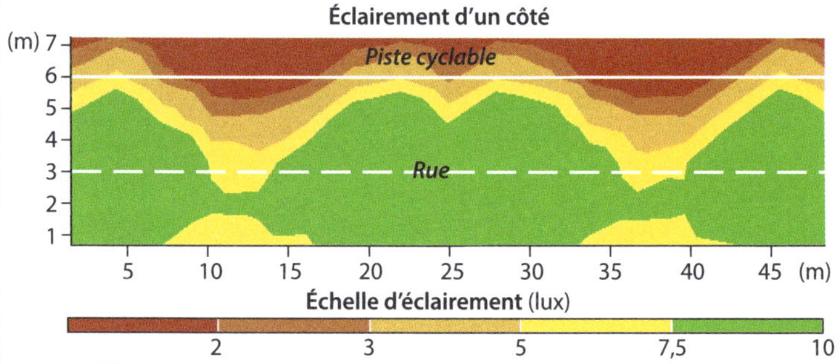

Doc. 2 **Extrait de la documentation technique du lampadaire choisi**

Données du luminaire		**Lampes**	
Rendement	81,6 %	Nombre	1
Rendement lumineux	76,59 lm/W	Désignation	ST
Classification	A30 ↓99,8 % ↑0,2 %	Puissance	100 W
CIE Flux Codes	38 70 95 100 81	Temp. de couleur	220/2 000 K
UGR 4H 8H	36,5 / 28,1	Flux lumineux	10 700 lm
Ballast	conventional inductive ballast	Culot	E40
Puissance	114 W	Rendu de couleurs	4/20...29
Flux lumineux	8731,2 lm		
Dimensions	650 × 332 × 219 mm		

Doc. 2 Suite

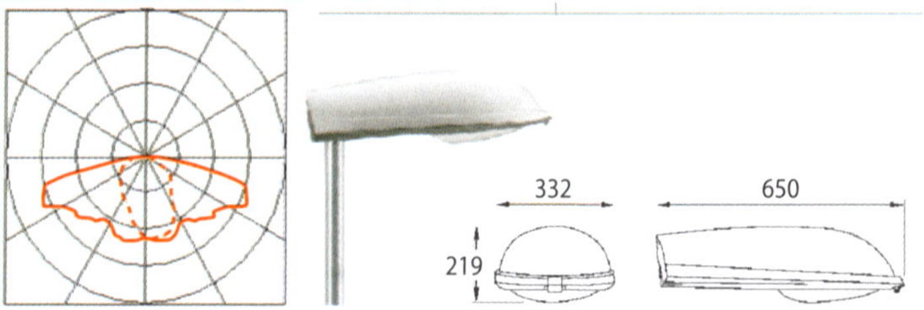

1 Après la lecture des documents, expliquer la raison pour laquelle le cabinet d'architectes utilise un logiciel de simulation avant de disposer les lampadaires le long de la rue.

2 **a.** D'après la documentation technique du lampadaire (*document 2*), donner la puissance de la lampe et l'unité de cette grandeur.

b. La documentation technique du luminaire indique un rendement de 81,6 %. Cela signifie qu'il y a des pertes d'énergie.
Indiquer la forme de cette énergie perdue.

3 **a.** Quelle est l'unité de mesure de l'éclairement utilisée pour la simulation du *document 1* ?

b. Quelle est la plage de mesures de l'éclairement utilisée dans cette simulation ?

c. Une fois l'installation des lampadaires terminée, proposer un protocole simple permettant de comparer les résultats de cette simulation avec l'éclairement réel.

4 **a.** Quel problème est mis en évidence par la proposition du cabinet d'architectes ?

b. En s'aidant du plan ci-dessous et de la proposition du cabinet d'architectes, proposer en argumentant une disposition plus adaptée des trois lampadaires.

Doc. 3 Plan

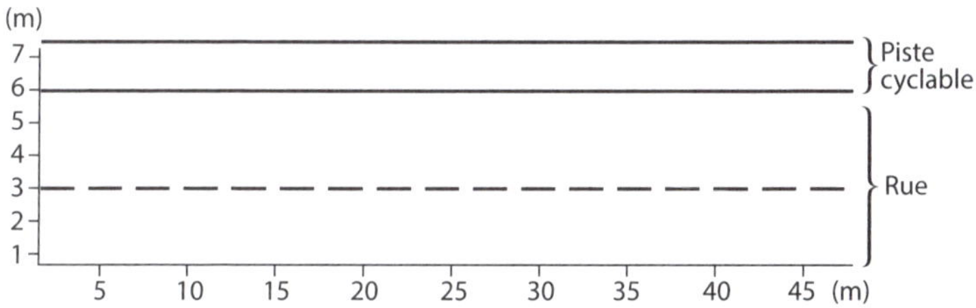

TECHNOLOGIE

Sujet 56 Corrigé

Les clés pour réussir

L'essentiel à connaître

- Les **logiciels de modélisation** permettent de dessiner et de concevoir des objets techniques, des systèmes en 3 dimensions ou des plans.
- Les **logiciels de simulation** sont utilisés lors de la conception d'un objet technique ou d'un système, pour aider au choix et à la validation des solutions. Ils permettent d'effectuer des tests sur des maquettes virtuelles.
- Il est nécessaire de contrôler la fabrication des pièces, des assemblages en utilisant une **procédure**, un **protocole** et des **instruments de mesure** ou des **gabarits de contrôle**.

Analyser l'énoncé et les documents

- Il n'est pas indispensable de comprendre tous les mots complexes de la documentation technique pour comprendre le fonctionnement global de l'objet.
- Prenez votre temps pour analyser le résultat de la simulation, identifier les unités sur les axes et comprendre l'échelle utilisée.

Bien comprendre les questions

Question 1

- Lisez l'énoncé et indiquez les informations supplémentaires fournies par la simulation.

Question 2

- Le watt est la puissance d'un système énergétique dans lequel une énergie de 1 joule est transférée uniformément pendant 1 seconde.
- Le rendement est le rapport de la puissance utile à la puissance absorbée par un dispositif électrique.

Question 3

- Le luxmètre est un instrument de mesure permettant de mesurer simplement et rapidement l'éclairement.
- Réfléchissez à une façon simple et concrète de vérifier la luminosité dans une rue.

Question 4

- Imaginez une solution simple permettant de mieux répartir les lampadaires en utilisant le même nombre de lampadaires et des lampes identiques.

1 La simulation permet d'**estimer par le calcul la répartition de l'éclairement de la rue** en fonction de la disposition des lampadaires, afin de **vérifier avant l'installation qu'il n'y aura pas de zones d'ombres** sur la rue et la piste cyclable.

Remarque
Une simulation n'est jamais parfaite, il y a toujours des écarts avec la réalité.

2 **a.** La lampe du lampadaire choisi est d'une puissance de **100 W. Cette puissance est exprimée en watts.**
b. Dans une lampe, l'énergie perdue l'est majoritairement sous forme d'énergie **thermique.**

3 **a.** L'unité de mesure de l'éclairement utilisé dans cette simulation est le **lux**.
b. La plage de mesures indiquée par l'échelle est de **0 à 40 Lux.**
c. Pour comparer l'éclairement aux résultats de la simulation, il faudrait **utiliser un luxmètre, relever les mesures en différents points de la rue** (réaliser un quadrillage de la zone) et **comparer ces mesures aux résultats de la simulation.**

4 **a.** La première simulation met en évidence une **importante zone d'ombre le long de la piste cyclable**, ce qui risque d'être dangereux pour les cyclistes circulant de nuit.
b. Une des solutions consiste à **alterner les lampadaires de chaque côté** de la rue, afin de mieux répartir les zones d'ombre.

Remarque
Placer tous les lampadaires le long de la piste cyclable est également possible, mais cela déplace la zone d'ombre de l'autre côté de la rue.

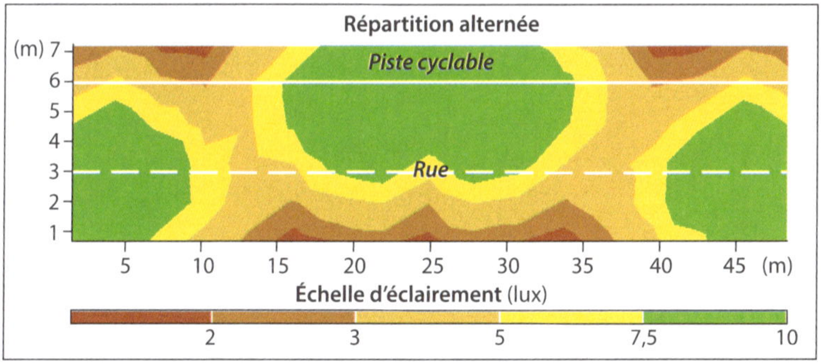

TECHNOLOGIE

Sujet 57 — Réseau de véhicules électriques en libre-service

25 pts — 30 min

Sujet inédit

Comme les vélos en libre-service, les services de partage de voitures électriques en libre-service se développent dans de nombreuses villes de France (Autolib à Paris, Lilas à Lille, Citigo en Bourgogne, Citiz à Lyon, Marseille, Bordeaux ou Besançon…). Les personnes abonnées à ces services peuvent retirer un véhicule dans une station de recharge, l'utiliser durant le temps souhaité et le restituer dans n'importe quelle station de recharge. L'utilisateur est ensuite facturé en fonction du temps de location. Ces services impliquent un système informatique de gestion et une interconnexion des stations de recharge (les stations sont connectées au serveur à l'aide de câbles en fibre optique). Ce système informatique permet notamment :

– la gestion des places disponibles (consultation, réservation) ;
– la gestion de la facturation ;
– la consultation des statistiques de location (kilomètres parcourus, heures de pointe…) ;
– la gestion de la charge des véhicules.

Doc. 1 **Schéma simplifié du réseau**

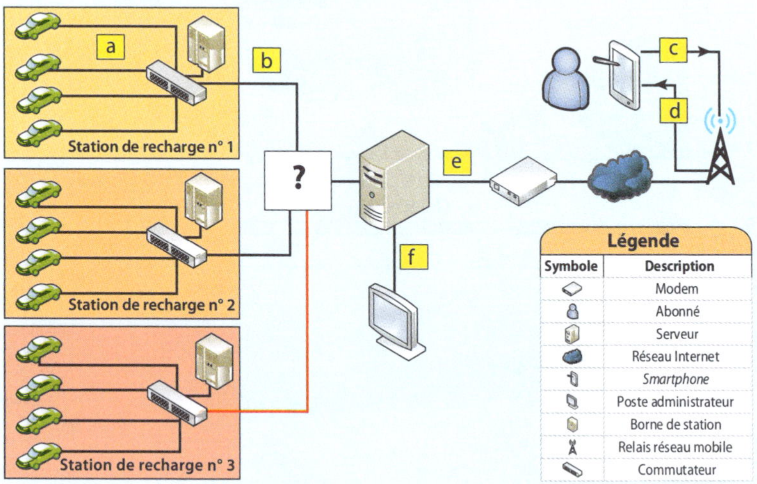

Doc. 2 Équipements

Commutateur	Serveur	Modem
Permet de connecter plusieurs machines entre elles. Il est également possible de relier plusieurs commutateurs entre eux.	Héberge le programme informatique et la base de données qui gère le système. Il dispose de deux types d'accès : administrateur et abonnés.	Permet à une machine de se connecter à un autre réseau. Le plus souvent, le modem permet de se connecter au réseau Internet.
Borne de station	**Relais réseau mobile**	**Poste administrateur**
Gère la station de recharge et communique avec le serveur et les véhicules en station.	Permet à l'utilisateur de se connecter au réseau Internet via le réseau mobile (GSM/3G/4G).	Permet à l'administrateur de gérer les comptes, de consulter les statistiques de location...

1 En vous aidant du texte de l'énoncé et du *document 1*, associer les lettres du schéma simplifié du réseau au contenu des messages circulant entre les équipements dans le tableau ci-dessous.

Contenu du message	Lettre
Informations sur l'état de la station (nombre de places disponibles, état de charge des différents véhicules à destination du serveur)	
Informations sur les places disponibles, l'historique des trajets, etc.	
Statistiques du système, informations de paramétrage	
Données cryptées en provenance et à destination de l'abonné	e
Identifiants de connexion cryptés de façon sécurisée	
Informations sur l'état du véhicule (niveau de charge de la batterie, kilomètres parcourus...)	

2 **a.** Dans le *document 1*, quel est le moyen de connexion utilisé par l'abonné pour se connecter au service ? Indiquer un autre moyen utilisé dans ce réseau.

b. À l'aide du *document 2*, proposer un équipement pouvant remplacer le « ? » du *document 1*. Justifier la réponse.

3 Que se passerait-il pour le système si le câble en rouge dans le schéma simplifié du réseau venait à se rompre ? Selon vous, serait-il toujours possible de louer des véhicules ?

Sujet 57 Corrigé

Les clés pour réussir

L'essentiel à connaître

- Pour **connecter les ordinateurs d'un réseau**, on peut utiliser des **moyens filaires** (câbles Ethernet, téléphoniques) ou des **moyens non filaires**. Les ondes radio (3G, 4G, Wi-Fi...) sont très utilisées pour les communications non filaires.
- Il existe plusieurs types de matériels utilisés pour interconnecter les machines. La **carte réseau** est le composant de l'ordinateur qui lui permet de se connecter. Le **commutateur** (ou ***switch***) permet de connecter plusieurs ordinateurs dans un LAN (réseau local). La **passerelle** permet d'interconnecter deux réseaux (souvent un LAN à Internet).
- En informatique, un **protocole de communication** est un ensemble de règles fixées afin que plusieurs machines puissent communiquer (échanger des données).
- Dans les réseaux, le protocole appelé **Client-Serveur** est couramment utilisé. Le client utilise le réseau pour accéder à des services (*streaming* vidéo, partage de fichiers, messagerie...) fournis par le serveur.

Analyser l'énoncé et les documents

- Afin de bien comprendre le fonctionnement du système, faites une lecture croisée du texte de l'énoncé et du *document 1*. Retrouvez sur le schéma les éléments évoqués dans le texte.
- La légende du *document 1* contient également des éléments importants, ne la négligez pas.
- Le *document 2* contient des éléments de cours qui vous aideront à répondre aux questions.

Bien comprendre les questions

Question 1

- Une des cases du tableau est déjà complétée pour vous aider à comprendre la question.
- Dans les messages, identifiez les éléments qui émettent et reçoivent les messages, cela vous aidera à compléter le tableau. Par exemple, pour le message « Informations sur l'état de la station (nombre de places disponibles, état de charge des différents véhicules à destination du serveur) » : la station émet un message à destination du serveur.

Question 2

- Aidez-vous de la légende du *document 1* pour retrouver le moyen de connexion utilisé.
- Aidez-vous du *document 2* pour effectuer votre choix de matériel.

Question 3

- Vous devez faire appel à votre bon sens : visualisez le système sans ce câble de connexion et posez-vous la question « Cela est-il gênant pour le fonctionnement de tout le système ? ».

1 Voici le tableau corrigé :

Conseil

Procédez par élimination en complétant d'abord les réponses qui vous semblent les plus évidentes.

Contenu du message	Lettre
Informations sur l'état de la station (nombre de places disponibles, état de charge des différents véhicules à destination du serveur)	b
Informations sur les places disponibles, l'historique des trajets, etc.	d
Statistiques du système, informations de paramétrage	f
Données cryptées en provenance et à destination de l'abonné	e
Identifiants de connexion cryptés de façon sécurisée	c
Informations sur l'état du véhicule (niveau de charge de la batterie, kilomètres parcourus...)	a

2 **a. C'est le réseau téléphonique mobile et donc les ondes radio qui servent de moyen de connexion** à l'abonné dans le schéma simplifié du réseau. Dans ce schéma, il y a également la fibre optique qui est utilisée. Attention, « Ondes radio » ne signifie pas forcément « radio FM », les ondes radio sont utilisées par de nombreuses technologies sans fil (Wi-Fi, GSM, 3G/4G, talkie-walkie...).

La fibre optique transporte un signal lumineux à très grande vitesse à l'intérieur d'un fil en silicium. Ce moyen de communication est un des plus rapides existant à ce jour. Il a également l'avantage de fonctionner sur de très grandes distances.

b. Pour remplacer le « ? » dans le schéma, il faut mettre un **commutateur**. C'est le seul équipement capable de **connecter plusieurs machines entre elles**. Il est courant de voir plusieurs commutateurs reliés directement entre eux pour connecter les machines d'un réseau. Cela permet par exemple de relier les machines de deux bâtiments (chaque bâtiment disposant de son commutateur) avec un seul câble reliant les deux commutateurs. Les commutateurs que l'on rencontre le plus souvent servent à relier

Remarque

Le commutateur est aussi souvent appelé par son nom anglais *switch*.

TECHNOLOGIE

des machines à l'aide de câbles Ethernet, mais il en existe aussi pour les câbles de fibre optique.

3 Si le câble rouge est coupé, **la station de recharge n° 3 se retrouvera isolée et ne pourra plus communiquer avec le reste du système**, notamment avec le serveur. **Il ne sera plus possible de louer des véhicules dans cette station**, mais cela n'empêchera pas les autres stations de fonctionner.

Conseil

Essayez d'imaginer un échange entre les différents équipements du réseau sans ce câble.

De nombreux réseaux informatiques sont conçus pour fonctionner de cette manière. Dans la mesure du possible, il faut éviter qu'une seule panne empêche le système entier de fonctionner.
Dans ce réseau, il y a toutefois des équipements « sensibles » qui mettraient tout le système hors service s'ils venaient à tomber en panne. C'est notamment le cas du serveur, du commutateur central et du modem.

Sujet 58 — Réseau de capteurs domestiques

25 pts — 30 min

Sujet inédit

Dans l'habitat d'aujourd'hui, surveiller sa consommation d'énergie et de ressources est devenu capital. Le système Dom@lin utilise un réseau de capteurs sans fil qui surveillent votre habitat (consommation d'eau, d'électricité, température…). Ces modules sont en communication avec un serveur qui stocke et met en forme les données recueillies.
L'utilisateur peut accéder à ces données via un PC client installé dans son domicile ou via son *smartphone* relié à Internet.

Doc. 1 Schéma de l'installation

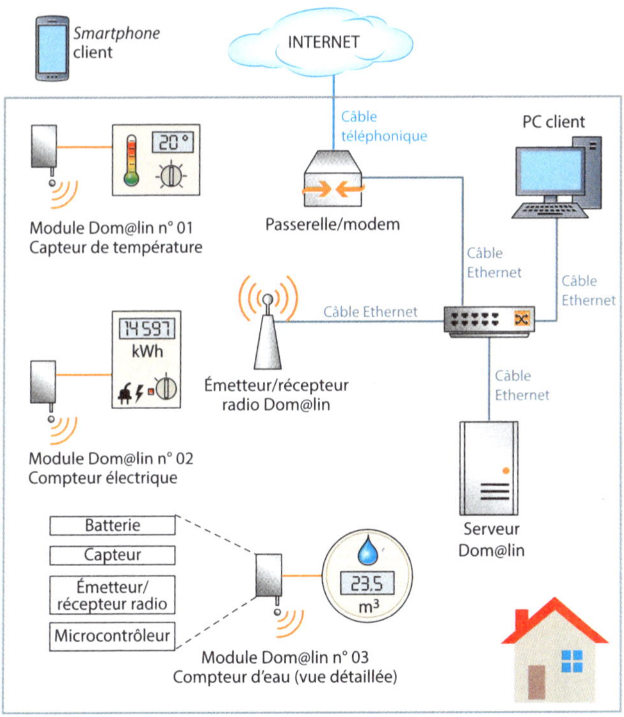

Doc. 2 **Protocole de communication Dom@lin**

Lorsque le serveur Dom@lin souhaite obtenir une information d'un module Dom@lin, il adresse un message « **Requête mesure xx** » à l'émetteur/récepteur Dom@lin *(xx : numéro du module)*.
L'émetteur/récepteur effectue le routage et transmet la requête au module concerné via les ondes radio.
Lorsqu'il reçoit la requête, le module y répond par un message « **mesure module xx : yy** » *(yy : valeur mesurée)*.
L'émetteur/récepteur reçoit le message et le transmet au serveur.
Le serveur traite alors le message reçu et stocke l'information.

1 **a.** Quel est le moyen de connexion utilisé par les modules Dom@lin pour communiquer ? Justifier l'utilisation de ce moyen de connexion dans un réseau de capteurs domestiques.
b. Proposer un moyen de connexion entre le *smartphone* client et le réseau Internet.
c. Quel est le rôle du commutateur dans ce réseau ?

2 À l'aide du *document 1*, compléter la chaîne d'information du module Dom@lin compteur d'eau.

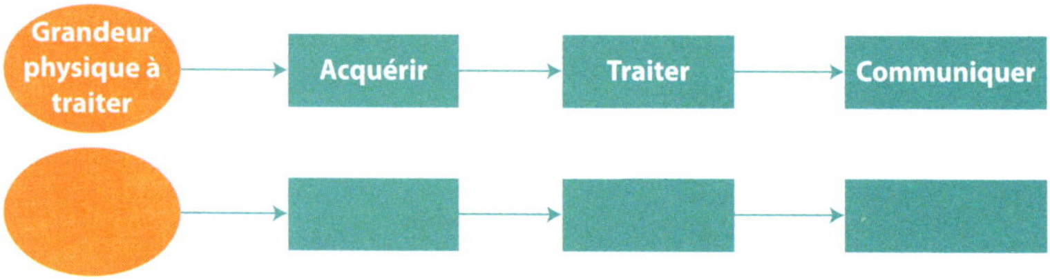

3 À l'aide du *document 2*, compléter le diagramme suivant dans le cas d'une requête de mesure émise par le serveur Dom@lin à l'intention du module capteur de température (à cet instant, il mesure une température de 19 °C).

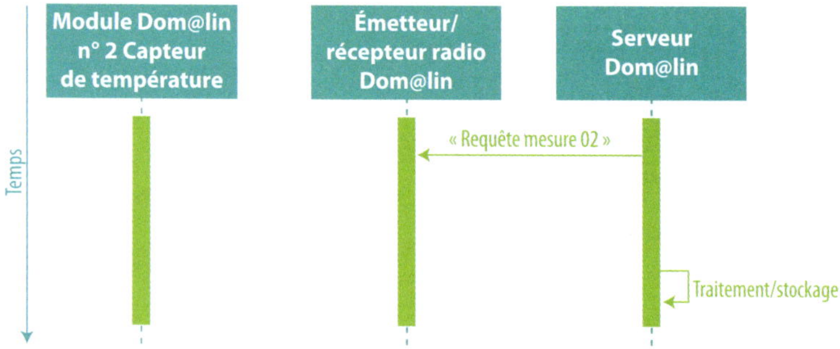

Sujet 58 Corrigé

Les clés pour réussir

L'essentiel à connaître

- Pour **connecter** les ordinateurs d'un réseau, on peut utiliser des **moyens filaires** (câbles Ethernet, téléphoniques) ou des **moyens non filaires**. Les ondes radio (3G, 4G, Wi-Fi...) sont très utilisées pour les communications non filaires.
- Il existe plusieurs types de matériels utilisés pour interconnecter les machines. Le **commutateur (ou *switch*)** permet de connecter plusieurs ordinateurs dans un LAN. La passerelle permet d'interconnecter deux réseaux (souvent un LAN à Internet).
- La **chaîne d'information** est constituée de l'ensemble des composants qui réalisent l'acquisition, le traitement et la communication de l'information.
- En informatique, un **protocole de communication** est un ensemble de règles fixées afin que plusieurs machines puissent communiquer (échanger des données).

Analyser l'énoncé et les documents

- Prenez bien le temps d'analyser et de comprendre le schéma en observant les connexions et les matériels. En effet, il est primordial de comprendre le fonctionnement global du système avant de commencer à répondre aux questions.
- Une partie du *document 1* « Compteur d'eau (vue détaillée) » détaille la composition d'un module, cela vous sera utile pour la question 2.

Bien comprendre les questions

Question 1

- La réponse n'est pas dans le texte, mais dans le *document 1*.
- Pensez à l'installation de ce système dans une maison déjà existante.
- On peut déduire la fonction du commutateur en observant le schéma.

Question 2

- La chaîne d'information comprend très souvent des capteurs qui réalisent la fonction « Acquérir » et une carte programmable (ou microcontrôleur) qui traite l'information d'un élément communiquant.

TECHNOLOGIE

Question 3

- Transposez le texte expliquant le protocole en un schéma, les flèches représentant les messages échangés entre les composants.
- Attention à l'axe du temps qui est de haut en bas dans ce schéma.
- Pensez à remplacer les xx et les yy par les valeurs appropriées.

1 **a. Le système communique avec les modules via une liaison radio sans fil.** L'utilisation d'une communication sans fil rend **l'installation du système moins complexe et moins coûteuse**, surtout si les pièces où se situent les différents modules sont éloignées.
b. Pour communiquer avec le réseau Internet, un *smartphone* peut utiliser le **réseau téléphonique mobile (GPRS, 3G, 4G) ou se connecter à un réseau Wi-Fi.**
c. Le commutateur sert à interconnecter les différents périphériques à l'aide de câbles Ethernet.

Pensez-y !
La fonction « Traiter » est souvent réalisée par le microcontrôleur, le microprocesseur ou la carte programmable.

2 Voici la chaîne d'information du module capteur d'eau :

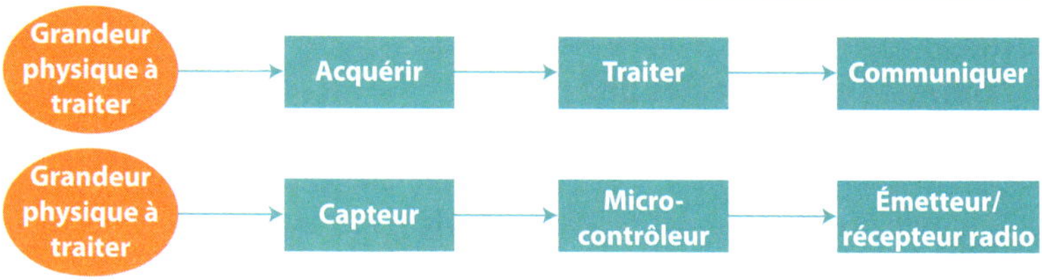

3 La correction du diagramme est la suivante :

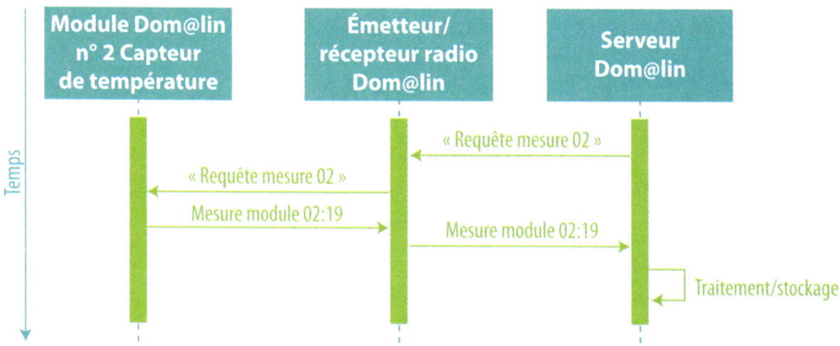

Sujet 59 ROAR, un projet de robot éboueur

25 pts 30 min

Sujet inédit

ROAR est un projet de recherche mené par trois universités. Il vise à robotiser le ramassage des ordures. Contrairement aux solutions déjà utilisées par quelques villes dans lesquelles un bras robot est monté sur un camion classique, les chercheurs ont mis au point une solution plus souple, qui combine un drone et un robot autonome.

Doc. 1 Fonctionnement du système

Lorsque le camion s'arrête, un drone décolle de sa base qui se situe sur le toit du camion. À l'aide d'une caméra, le drone communique la position des poubelles et des éventuels obstacles au robot. Le robot calcule alors sa trajectoire. Il utilise ses pinces pour porter la poubelle jusqu'au camion, puis la vide avant de la remettre en place.

Doc. 2 Trajectoire du robot, vue du drone

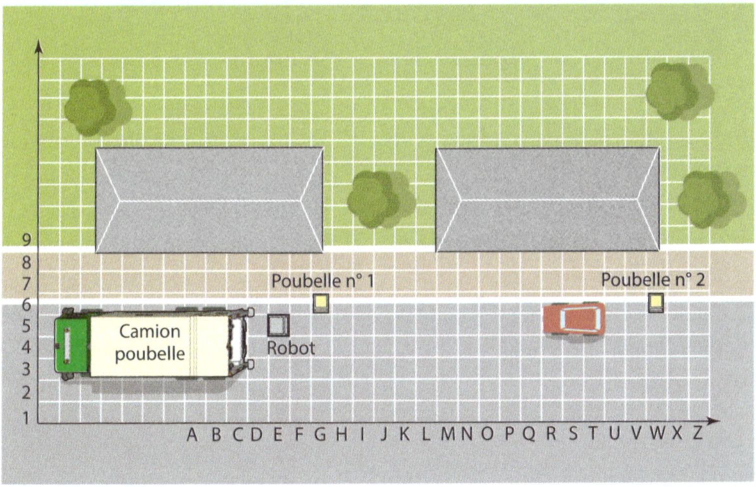

Doc. 3 **Proposition de programmes de ramassage de la poubelle n° 1 (au départ, le robot est dans la case E5)**

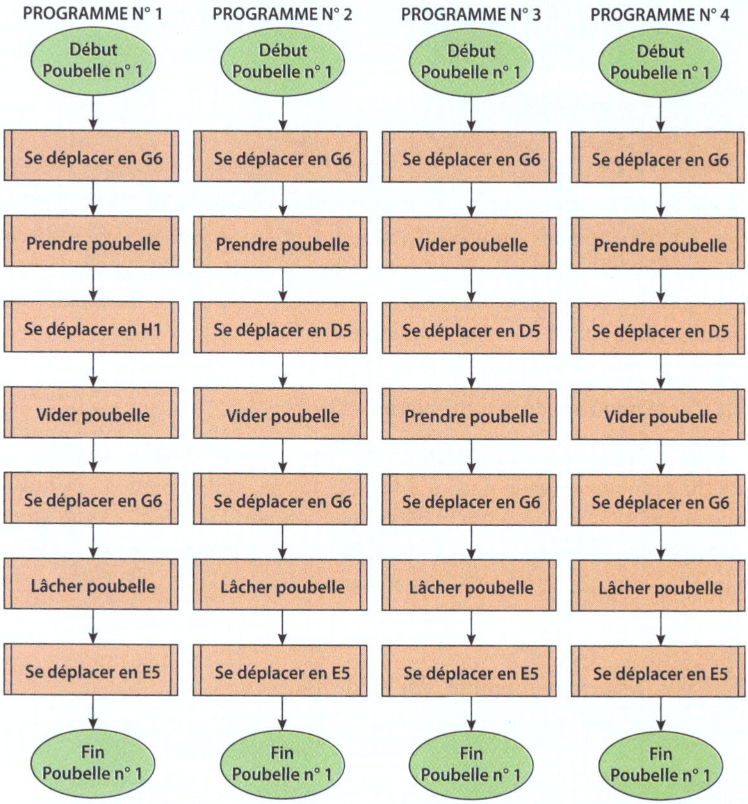

1 **a.** Quelle solution technique peut être considérée comme une alternative au système ROAR ?

b. Quelle est la fonction du drone dans le système ROAR ?

2 Dans le *document 3*, déterminer quel programme permet le ramassage de la poubelle n° 1.

3 Quelle est la particularité de la trajectoire du robot pour le ramassage de la poubelle n° 2 ? Cela va-t-il influencer le programme ?

Sujet 59 Corrigé

Les clés pour réussir

L'essentiel à connaître

- **Un capteur acquiert une grandeur physique** (température, vitesse, présence d'une personne...) et la transforme en une information compréhensible par un ordinateur.
- **Un actionneur transforme l'énergie** qui lui est transmise **en une action**. Cette action peut être un signal lumineux, un mouvement, une production d'énergie thermique, un son...
- Les **interfaces utilisateurs** permettent à l'homme et à la machine de **communiquer**. Ce sont des capteurs et actionneurs particuliers.
- Une **carte programmable** est un système électronique qui exécute un programme enregistré dans sa mémoire.
- Un **objet connecté** est composé d'une carte programmable avec une fonction supplémentaire qui lui permet de communiquer avec un réseau (Internet, GSM, GPS...). Il est dit connecté, car il peut se connecter au réseau Internet.
- Un **programme informatique** est un ensemble d'opérations destinées à être exécutées par un ordinateur.
- Un **algorithme** est une succession d'opérations et d'instructions permettant la réalisation d'une tâche ou la résolution d'un problème.

Analyser l'énoncé et les documents

- Le texte et les schémas permettent de bien saisir les particularités du système. Il faut lire attentivement les textes et analyser de manière approfondie les illustrations.
- Pour le *document 3*, prenez le temps de bien lire les algorigrammes. Parcourez-les de haut en bas en lisant le texte dans les cases et en suivant les flèches avec votre doigt.

Bien comprendre les questions

Question 1

- Les réponses se trouvent dans l'énoncé. Rappelez-vous qu'une solution technique est la manière dont la fonction est réalisée. Une fonction technique peut se définir par un verbe.

Question 2

- Il faut suivre les déplacements ordonnés par les algorithmes sur le *document 3* en vous aidant de la grille.

TECHNOLOGIE

Question 3

- Imaginez la trajectoire la plus courte du robot ramasseur et identifiez les obstacles qu'il peut rencontrer.

1 **a.** Plusieurs solutions de ramassage automatisé des ordures ménagères existent. La solution du **bras robot monté sur un camion poubelle** est une alternative au système ROAR. Ces systèmes permettent de réduire le nombre d'agents nécessaires à la collecte.

Remarque
La robotisation des tâches permet aussi de réduire les coûts de fonctionnement d'un système.

b. Lorsque le camion s'arrête, le drone décolle. Avec sa caméra, **il cartographie le sol** pour indiquer au système le nombre et la position des poubelles à collecter.
Le drone détecte également les obstacles qui pourraient modifier la trajectoire du robot ramasseur. La position de l'obstacle est transmise, et le système adapte la trajectoire du robot pour contourner l'obstacle. Pour que le système fonctionne, le drone doit connaître sa position précise (hauteur et position de vol, position par rapport au camion). Nous pouvons donc facilement imaginer qu'il communique par ondes radio avec le système électronique sur le camion et qu'il utilise plusieurs capteurs pour effectuer ces tâches.

2 Le **programme n° 4** permet le ramassage de la poubelle n° 1.
Le programme utilise la grille du drone (voir trajectoire du robot) pour demander au robot d'effectuer des déplacements.
Il dirige le robot ramasseur jusqu'à la poubelle pour qu'il la soulève avec ses pinces et la ramène au camion. Le camion vide la poubelle et le robot ramasseur la remet à sa place d'origine.
Le programme présenté ici est un ensemble de successions de sous-programmes, reconnaissables par leur double bordure, comme sur le schéma ci-contre.

Remarque
Lisez de haut en bas chaque programme et tracez la trajectoire au crayon sur la grille.

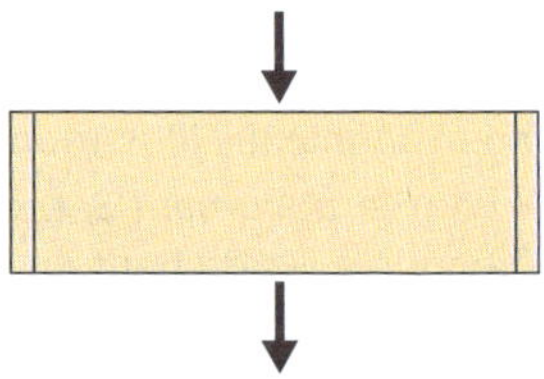

3 Pour ramasser la poubelle n° 2, le robot **rencontre sur sa trajectoire normale une voiture garée** (un obstacle), le programme doit alors être **modifié pour contourner cet obstacle**. Pour des questions de sécurité, la trajectoire du robot doit être corrigée en permanence. En effet, il est facile d'imaginer qu'une personne puisse surgir : un cycliste, un enfant, un ballon...
Pour garantir une sécurité optimale, il sera donc important de calculer le temps de réaction du système et la taille minimale des obstacles qu'il est capable de détecter.

Remarque
Les contraintes de sécurité sont primordiales pour ce type de système. En cas de dysfonctionnement, le robot doit s'arrêter.

Sujet 60 Tondeuse autonome de jardin

25 pts 30 min

Sujet inédit

La tondeuse MagicGarden est un robot tondeuse, qui se déplace dans un jardin de façon autonome pour couper l'herbe.
Le jardin est délimité par un fil périphérique qui marque la zone à tondre et les obstacles à éviter. Le robot utilise un programme enregistré dans une carte programmable pour suivre le plan du terrain et passer sur toute la surface à entretenir. Le robot tondeuse communique avec une base de chargement par liaison radio. Lorsqu'il est déchargé, il s'arrête de tondre et se rend sur la base pour se recharger. Le robot tondeuse dispose également d'une fonction lui permettant de se connecter au réseau Internet à l'aide d'une connexion Wi-Fi. L'utilisateur peut ainsi contrôler la tondeuse (ordre de départ et d'arrêt, progression, niveau de charge de la batterie…) depuis une application de son *smartphone* ou depuis un ordinateur relié à Internet.

Doc. 1 Plan simplifié du robot dans un jardin

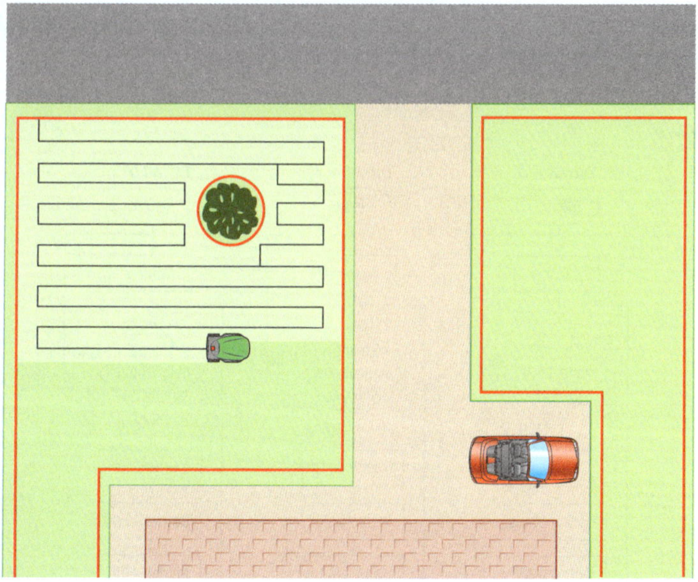

Doc. 2 Le fonctionnement du robot tondeuse

Le robot tondeuse est équipé d'un capteur de champ magnétique. Le fil périphérique est parcouru par un courant électrique et émet donc un champ magnétique qui va être détecté par le robot. Quand le robot détecte le fil, il pivote d'un quart de tour, se déplace d'une distance correspondant au diamètre de coupe (40 cm) et pivote de nouveau d'un quart de tour. Ainsi, il parcourt la totalité du jardin.

1 Après la lecture des *documents 1* et *2*, indiquer si les composants sont des capteurs ou des actionneurs et compléter le tableau ci-dessous en donnant leur fonction.

Composants	Type de composant	Fonction
Détecteur de champ magnétique		
Émetteur radio		
Récepteur radio		
Moteur de la lame de coupe		
Moteur des roues du robot		
Carte programmable	X	

2 Pourquoi peut-on considérer ce robot tondeuse comme un objet connecté ? Justifier la réponse en indiquant le moyen de connexion utilisé et la valeur ajoutée apportée par cette connexion.

3 Quel extrait d'algorithme parmi les suivants pourrait être utilisé par ce robot ?

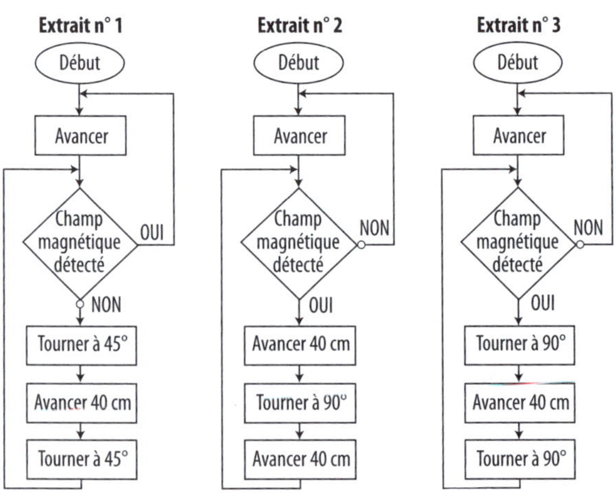

Sujet 60 Corrigé

Les clés pour réussir

L'essentiel à connaître

- Un **capteur** acquiert (mesure) une grandeur physique (température, vitesse, champ magnétique...).
- Un **actionneur** transforme l'énergie qui lui est transmise en une action (par exemple, le moteur électrique transforme l'énergie électrique en mouvement de rotation).
- Une **carte programmable** est un système électronique qui exécute un programme enregistré dans sa mémoire.
- Les **objets connectés** communiquent (échangent des informations) avec d'autres objets ou des utilisateurs par le biais du réseau Internet.

Analyser l'énoncé et les documents

- Lisez attentivement les énoncés et les documents fournis et cherchez à définir les mots les plus compliqués.
- Un champ magnétique est un champ de force invisible résultant du déplacement de courant électrique dans un fil.
- L'intensité du champ magnétique diminue à mesure qu'augmente la distance à sa source.
- L'électroaimant est l'application concrète du principe de champ magnétique. Lorsqu'il est alimenté en électricité, il émet un champ magnétique puissant qui attire les objets ferreux.

Bien comprendre les questions

Question 1

- Dans l'énoncé et les documents, retrouvez les composants du système et identifiez leurs fonctions en vous aidant du texte.

Question 2

- Un moyen de connexion est le support utilisé pour la connexion d'objet : sans fil (infrarouge, Bluetooth, Wi-Fi...) et avec fils (câble RJ45, RJ11, téléphonique...).

Question 3

- Parcourez les différents extraits proposés et aidez-vous du plan (*document 1*) pour repérer si les successions d'actions peuvent convenir.

TECHNOLOGIE

1 Voici le tableau complété :

Composants	Type de composant	Fonction
Détecteur de champ magnétique	Capteur	Il détecte la présence de courant électrique dans un câble.
Émetteur radio	Actionneur	Il envoie des informations à la base de recharge.
Récepteur radio	Capteur	Il reçoit des informations de la base de recharge.
Moteur de la lame de coupe	Actionneur	Il actionne la lame de coupe en rotation.
Moteur des roues du robot	Actionneur	Il permet le déplacement du robot par la mise en rotation des roues.
Carte programmable	X	Il traite les informations des capteurs, stocke le programme du robot, agit sur les actionneurs.

2 Le robot tondeuse peut être considéré comme un objet connecté, il **communique avec le réseau Internet par liaison Wi-Fi**. L'utilisateur peut ainsi contrôler sa tondeuse à distance et vérifier que celle-ci fonctionne bien.

Remarque

Cela impose que le réseau Wi-Fi soit connecté au réseau Internet. Il faut par exemple utiliser le réseau Wi-Fi fourni par sa Box Internet.

3 **L'extrait d'algorithme n° 3** est celui qui convient le mieux au déplacement du robot. Lorsque le robot détecte un champ magnétique, il pivote d'un quart de tour (90°), se déplace d'une distance correspondant au diamètre de coupe (40 cm) et pivote de nouveau d'un quart de tour (90°).

Sujets d'oral

Sujet 61 L'accès à l'eau potable

15 min – 25 min

Sujet inédit

Exposé

Si individuel : 5 min Si collectif : 10 min

Projet

Parmi les parcours et les EPI que nous avons étudiés tout au long du cycle 4, nous avons choisi de vous expliquer pourquoi l'accès à l'eau potable est une nécessité pour les êtres humains. Puis nous avons étudié ce qui pourrait être fait pour améliorer l'accès à l'eau potable dans les camps pour réfugiés ou migrants.

EPI Sciences, technologie et société

Disciplines Physique-Chimie et SVT

Titre du projet L'accès à l'eau potable

Contenu du projet Recherche et exploitation de documents scientifiques liés à une problématique sociétale

Doc. 1 **Les camps pour réfugiés ou migrants dans le monde**

Fotolia/aalutczenko

Traquées par la guerre, la misère ou les tragédies humanitaires, douze millions de personnes vivent regroupées dans des camps pour réfugiés ou migrants partout dans le monde [...] « De la bâche plastique à l'ingénierie urbaine, en passant par les villages consolidés ou les quartiers pérennisés, les camps sont l'enjeu d'une architecture spécifique et variée », estime l'anthropologue Michel Agier. Contre toute attente, l'urgence humanitaire ne rime pas nécessairement avec anarchie et désordre. Ainsi, agissant en véritable maître d'œuvre, le Haut-Commissariat des Nations Unies pour les réfugiés (HCR) requiert désormais l'intervention de spécialistes dès la fondation d'un camp, afin de rationaliser au mieux les installations.

D'après « Recherches : Camps et réfugiés : un monde de transformations, décembre 2014- janvier 2015 », *Sciences au Sud*, n° 77.

Doc. 2 Les actions des associations humanitaires

En Somalie comme dans d'autres pays, l'eau potable manque dans les camps pour réfugiés ou migrants. Des actions sont alors mises en œuvre par des associations humanitaires :

– travaux et actions permettant aux populations d'avoir accès à de l'eau potable (construction et réhabilitation de puits, distribution de filtres en céramique, distribution d'eau par camion, création et maintenance d'un stock de plaquettes de chlore distribuées en cas d'urgence) ;

– travaux assurant aux populations une meilleure situation sanitaire (construction de latrines[1], organisation de séances de promotion à l'hygiène, distribution de kits de première nécessité non alimentaires).

1. Latrines : W.-C.

D'après www.solidarites.org/missions/Somalie/action-humanitaires.html

Doc. 3 Les maladies liées à l'eau

Dans la nature, l'eau n'est pas toujours source de vie, loin s'en faut. Elle véhicule en particulier nombre de micro-organismes, bactéries et virus en tout genre, qui y vivent et s'y développent, ainsi que nombre de parasites qui ont besoin d'eau pour vivre ou se reproduire. Or de tels organismes peuvent engendrer des maladies parfois graves lorsqu'ils pénètrent dans le corps humain. L'eau est ainsi le vecteur de transmission privilégié de ces maladies que l'on dit hydriques.

Les micro-organismes abondent dans les eaux souillées par les déjections animales et humaines, et leur transmission à l'Homme se fait par simple ingestion d'eau infectée. Ils se propagent donc rapidement dans les pays qui ne disposent pas de bonnes conditions d'hygiène. Certaines bactéries

déclenchent de fortes diarrhées. Aujourd'hui, ces épidémies sont surtout le drame des pays chauds qui ne disposent pas de latrines septiques, ni de traitements des eaux. Dans ces conditions en effet, les matières fécales des personnes malades contaminent rapidement les eaux de boisson consommées par les personnes saines [...].
Ces maladies hydriques sont à l'origine de la mortalité très élevée des populations des pays en voie de développement. Dans le monde, environ 6 millions d'enfants meurent chaque année des suites de gastro-entérites et 100 millions de personnes souffrent en permanence de gastro-entérites hydriques. La raison principale de cette situation catastrophique est la pauvreté. Nombre de populations ne disposent pas d'eau potable, les aménagements indispensables aux traitements des eaux usées et à la fabrication d'eau potable étant trop coûteux, ni même des soins que ces affections nécessitent, les infrastructures médicales n'étant pas suffisantes.

D'après http://www.cnrs.fr, CNRS : Centre national de recherches scientifiques

Doc. 4 **Dispositifs de traitement de l'eau**

Les filtres céramiques pour le traitement des eaux sont en usage depuis plusieurs siècles [...] Ils ont souvent la forme d'un pot de fleur ou d'un bol et sont imprégnés de fines particules colloïdales[1] en argent servant de désinfectant et empêchant la prolifération des bactéries dans le filtre. [...] Les tests en laboratoire ont montré que ces dispositifs, s'ils sont bien conçus et bien fabriqués, peuvent éliminer ou désactiver presque toutes les bactéries et parasites protozoaires. Leur efficacité contre les virus est inconnue.
Le nettoyage et la maintenance du filtre sont critiques : [...] il est recommandé d'y joindre un programme éducatif sur un stockage salubre, le nettoyage du filtre et d'autres actions recommandées.
Les avantages des filtres céramiques sont leur facilité d'emploi, leur longue durée de vie (s'ils ne se cassent pas) et leur coût relativement bas. Les inconvénients comprennent une possible recontamination de l'eau conservée sans chlore résiduel et un débit faible, en général un à deux litres par heure.

1. Colloïdale : solution liquide contenant un corps dispersé sous forme de particules minuscules en suspension.

D'après http://drinking-water.org, site Internet de l'Académie nationale des sciences, Washington, USA

Doc. 5 **Quelques paramètres de potabilité d'une eau**

Pour être consommée, l'eau doit répondre à des critères de qualité très stricts :

Paramètres	Critères de qualité	Normes
Micro-biologiques	– Parasites – Virus – Bactéries	Présence non tolérée
Chimiques	– Sels minéraux – Substances chimiques toxiques	– Présence possible – Normes très sévères (quantités très limitées)
Physiques et gustatifs	– Aspects – Saveur, odeur	– Limpide – Non désagréables

D'après http://www.lesagencesdeleau.fr

Entretien avec les examinateurs

Voici des questions que pourrait vous poser le jury :

1 Où y a-t-il des camps pour réfugiés ou migrants ?

2 Pourquoi ne doit-il pas y avoir de parasites dans une eau potable ?

3 Pourquoi les filtres céramiques ne permettent-ils pas d'éliminer les virus ?

Sujet 61 Corrigé

Les clés pour réussir

L'essentiel à savoir

- Les **critères de potabilité** d'une eau portent sur les **paramètres micro-biologiques, chimiques, physiques et gustatifs** de cette eau.
- Les **micro-organismes** sont des organismes microscopiques, généralement unicellulaires, tels que les bactéries et les levures.
- Certains micro-organismes sont **pathogènes** et peuvent provoquer des maladies.
- Les **virus** sont de taille beaucoup plus petite que les micro-organismes.
- Un **parasite** vit aux dépens d'un individu chez lequel il provoque des troubles plus ou moins importants en consommant ses tissus et ses molécules.
- La **contamination** est l'envahissement d'un organisme vivant ou d'un milieu par des micro-organismes.

- Des **filtres céramiques** peuvent être employés pour traiter l'eau dans les pays en voie de développement. Ils permettent d'éliminer la plupart des parasites et des bactéries, mais leur efficacité sur la destruction des virus présents dans l'eau n'est pas démontrée.
- Des **pastilles de chlore** permettent d'éviter une **contamination** trop rapide de l'eau traitée.

Exploiter les documents

Doc. 1 : sa lecture permet de se rendre compte du nombre de réfugiés ou de migrants en 2015. Ce nombre a malheureusement augmenté aujourd'hui.

Doc. 2 : il précise quelques actions menées par des associations humanitaires dans des camps pour réfugiés ou migrants.

Doc. 3 : il décrit les maladies dues à l'eau polluée et donne des informations sur les modes de contamination de cette eau.

Doc. 4 : plusieurs dispositifs de traitement de l'eau adaptés aux pays en voie de développement sont détaillés dans ce document.

Doc. 5 : plusieurs paramètres de potabilité d'une eau sont donnés dans ce document.

Préparer un exposé

Exposer la problématique et la méthodologie suivie

Expliquez pourquoi vous avez choisi d'étudier l'accès à l'eau potable dans les camps pour réfugiés ou migrants, puis comment vous avez travaillé pour rechercher et analyser les documents présentés précédemment.

Répondre à la problématique

Le jury attend un exposé en deux parties :

I. Pourquoi l'accès à l'eau potable est-il une nécessité pour les êtres humains ?

II. Comment améliorer l'accès à l'eau potable dans les camps pour réfugiés ou migrants ?

Exposé

Comme vous le savez, **plus de douze millions de personnes**, traquées par la guerre, la misère ou les tragédies humanitaires, **doivent vivre dans des camps pour réfugiés ou migrants**. La **situation** de ces populations est **souvent préoccupante en matière d'accès à l'eau potable**. Nous avons donc décidé d'étudier l'importance de l'accès à l'eau potable pour les

L'astuce du prof

Prenez le temps de bien expliquer pourquoi vous avez choisi de présenter cet EPI.

êtres humains avant de nous intéresser à son acheminement dans les camps pour réfugiés ou migrants de certains pays du Sud notamment. Pour cela, nous avons recherché des documents portant sur ce sujet avant de les analyser et d'en faire une synthèse que nous vous présentons aujourd'hui.

La consommation d'eau non potable entraîne de très **nombreuses maladies graves** comme des gastro-entérites et des diarrhées qui **tuent** énormément de **personnes**, déjà affaiblies par la dénutrition. D'après un document du CNRS traitant des maladies liées à l'eau, environ **6 millions d'enfants meurent chaque année dans le monde suite à ces maladies hydriques**. En effet, les habitants de certains pays disposent de très peu de latrines septiques et ne sont pas en mesure de traiter l'eau, ce qui explique les micro-organismes, les parasites et les virus retrouvés dans l'eau consommée, en raison notamment de la présence dans l'eau de matières fécales de personnes malades.

Gagnez des points !

Reprenez dès que possible les données chiffrées des documents.

Malheureusement, dans les pays du Sud, comme la Somalie, l'eau potable manque souvent dans les camps pour réfugiés et migrants, et l'eau utilisée par les populations pour boire ou se laver peut être souillée. Les normes de potabilité ne sont pas respectées et des parasites, des virus et des bactéries sont présents dans l'eau. Il est donc indispensable de traiter cette eau souillée qui est un vecteur très important de maladies. Pour cela, **des filtres céramiques** peu coûteux et relativement simples d'utilisation permettent d'éliminer la plupart des parasites et des bactéries dans l'eau. Leur efficacité sur la destruction des virus présents dans l'eau n'est toutefois pas démontrée, et des intervenants doivent être formés pour éduquer la population à l'utilisation correcte de ce matériel. De plus, l'envoi de ce matériel doit être accompagné de **plaquettes de chlore** qui permettent de **mieux conserver l'eau déjà filtrée** et qui peuvent peut-être mieux traiter l'eau en éliminant éventuellement les virus (des tests devront être mis en place pour le vérifier). Cependant, si l'envoi de ce matériel pour traiter les eaux polluées est indispensable pour pallier les situations d'urgence, ce traitement des eaux avec des filtres à céramiques et du chlore n'est pas satisfaisant à long terme. En effet, l'eau traitée contient encore des virus et peut-être d'autres substances chimiques toxiques. Pour améliorer cette situation à plus long terme et pour éviter au maximum la pollution des eaux, il est alors nécessaire :

– de **construire des latrines** afin d'éviter que les déjections polluent l'eau et de limiter la propagation de germes d'origine fécale ;

– de **construire** ou de **réhabiliter des puits** pour augmenter le nombre d'accès directs à l'eau potable. Cela permettrait aussi de mieux irriguer les cultures afin d'améliorer

L'astuce du prof

Ne mélangez pas les différentes parties de votre argumentation : parlez d'abord des mesures d'urgence avant de développer les solutions plus pérennes.

le rendement des surfaces agricoles ;
– de **distribuer des notices d'éducation** à l'hygiène pour que les habitants comprennent mieux le lien entre les déjections dans l'environnement, la pollution des eaux et les maladies hydriques ;
– d'**augmenter le nombre de personnels** soignants et non soignants dans les camps pour réfugiés et migrants afin d'accompagner, de soigner et de former les populations.

En espérant vous avoir convaincu de l'urgence de la situation, nous vous remercions pour votre écoute attentive.

Entretien avec les examinateurs

Les réponses aux questions posées par les examinateurs peuvent être les suivantes :

1 Il y a malheureusement des camps de réfugiés ou migrants **partout dans le monde** : en Afrique, en Europe, en Asie, en Amérique...

2 Il ne doit pas y avoir de parasites dans une eau potable, car ils occasionnent des **troubles plus ou moins importants** dans les organismes des êtres vivants en consommant leurs tissus et leurs molécules.

3 Les filtres céramiques ne permettent pas d'éliminer les virus, car ces derniers sont **beaucoup plus petits** que les micro-organismes.

Sujet 62 Les métiers de l'informatique

15 min – 25 min

Sujet inédit

Exposé

Si individuel : 5 min Si collectif : 10 min

Projet

Parmi les parcours et les EPI que nous avons étudiés tout au long du cycle 4, nous avons choisi de reprendre le travail que nous avons effectué dans le cadre des parcours Avenir en vous présentant différents métiers dans le domaine de l'informatique, ainsi que les compétences à acquérir au collège pour les exercer.

Parcours Avenir

Titre du projet Les métiers de l'informatique

Contenu du projet Connaître les compétences à acquérir pour travailler dans l'informatique

Doc. 1 **Technicien(ne) de maintenance en informatique**

Fotolia/Dmitrimaruta

Une carte son à changer ? Un ordinateur à installer ? Un écran noir ? Polyvalent, le technicien de maintenance en informatique est capable de faire face à de nombreux problèmes. Et ce, avec le plus de rapidité et d'efficacité possible.

Pour devenir technicien de maintenance en informatique, un métier qui ne connaît pas la crise, les formations se situent à deux niveaux : bac professionnel et bac + 2. Actuellement, ce dernier a souvent la préférence des recruteurs. La maîtrise de l'anglais technique est requise.

Après la 3e : Bac pro SEN (systèmes électroniques numériques), spécialité télécommunications et réseaux.

Après le baccalauréat :
– BTS systèmes numériques ou services informatiques aux organisations ;
– DUT informatique, réseaux et télécommunications ou génie électrique et informatique industrielle ;
– DEUST maintenance et installation de réseaux ;
– Licence professionnelle, mention métiers de l'informatique.

D'après http://www.onisep.fr/Ressources/Univers-Metier/Metiers/technicien-technicienne-de-maintenance-en-informatique

Doc. 2 Entretien avec un ingénieur informatique dans le domaine du traitement d'images

Dans le domaine du traitement d'images, Pierre, ingénieur informatique en recherche et développement, est amené à développer des algorithmes, des applications et à concevoir des systèmes d'acquisition (éclairage, caméra). Les applications sont variées : réalité augmentée, robotique, biométrie, imagerie médicale, etc.

Quelles sont les compétences requises pour exercer le métier d'ingénieur informatique ?

L'informaticien résout des problèmes techniques et scientifiques tout en utilisant le travail réalisé par des millions d'autres informaticiens à travers le monde. L'évolution constante et l'émergence de nouvelles technologies imposent de se former en continu et d'acquérir de nouvelles compétences : nouveau langage informatique, nouveau système d'exploitation, etc.

Dans ce métier, il est également très important de savoir chercher de l'information sur Internet et de maîtriser l'anglais scientifique, qui est la langue d'échange dans ce milieu.

Quelle formation avez-vous suivie ?

Après un baccalauréat scientifique, j'ai continué mes études à l'université. J'y ai obtenu un Master en « Systèmes Intelligents et Communicants » recouvrant des domaines tels que l'informatique embarquée et le traitement du signal et de l'image.

En quoi vos connaissances scientifiques sont-elles utiles dans votre pratique quotidienne ?

Je travaille dans le secteur de la biométrie et plus particulièrement dans celui de la reconnaissance d'iris de l'œil. Le système d'acquisition utilisé pour la reconnaissance d'iris est constitué d'une caméra et d'un éclairage spécifique, ce qui permet de distinguer la texture de l'iris, même pour les gens ayant les yeux sombres. S'en suit une étape de détection de l'iris dans l'image, basée sur des algorithmes de traitement d'images. D'autres algorithmes permettent de comparer cet iris à un ou plusieurs millions d'autres iris sur un *smartphone*, un ordinateur ou un supercalculateur.

Qu'aimez-vous dans votre métier ?

La diversité : je peux travailler sur des sujets très variés, dans différents domaines d'application et pour différents supports (téléphones, robots, caméras, etc.). Au quotidien, je développe de nouvelles applications qui seront utilisées par des centaines de personnes.

Entretien avec les examinateurs

Voici des questions que pourrait vous poser le jury :

1 Faut-il forcément suivre des études scientifiques pour travailler dans l'informatique ?

2 Les métiers de l'informatique sont-ils réservés aux garçons ?

3 Qu'est-ce que la biométrie ?

Sujet 62 Corrigé

Les clés pour réussir

L'essentiel à savoir

- Une **carte son** est une carte d'extension d'un ordinateur. La principale fonction de cette carte est de gérer tous les sons reçus ou émis par l'ordinateur, pour les envoyer vers les haut-parleurs. Cette carte se présente sous la forme d'un périphérique que l'on peut connecter à l'ordinateur.
- Un **algorithme** est une suite d'opérations ou d'instructions qui permettent de résoudre un problème.
- Un **système d'exploitation** est un ensemble de programmes qui dirige l'utilisation des capacités d'un ordinateur. C'est l'intermédiaire entre le système informatique et les logiciels utilisés par les êtres humains.
- Un **œil** est constitué notamment d'un **iris**, qui limite la lumière pénétrant dans l'œil par la pupille.

Exploiter les documents

Doc. 1 : ce document de l'Onisep précise les différentes formations que l'on peut suivre pour devenir technicien(ne) de maintenance informatique.

Doc. 2 : l'entretien avec Pierre, ingénieur informatique, permet de mieux comprendre la réalité de son métier.

Préparer un exposé

Exposer la problématique et la méthodologie suivie

Expliquez pourquoi vous avez choisi d'étudier les métiers de l'informatique, puis comment vous avez travaillé dans votre parcours Avenir pour rechercher des documents et pour réaliser l'entretien avec Pierre, ingénieur informatique.

Répondre à la problématique

Pour cet exposé, le jury attend un exposé en deux parties :

I. Les différents métiers de l'informatique

II. Les compétences à acquérir au collège pour pouvoir travailler plus tard dans l'informatique

Exposé

L'informatique recrute ! Nous nous sommes donc intéressé(e)s à ce **secteur porté par des innovations constantes** : robots programmés en médecine, logiciels de commande d'avion, système de commerce électronique… Pour cela, nous avons recherché des documents au CDI avec le professeur documentaliste sur les métiers de l'informatique et nous avons également rencontré Pierre, un ingénieur informatique dans le domaine du traitement d'images.

> **Gagnez des points !**
> N'hésitez pas à insister sur les initiatives que vous avez prises en dehors du collège, par exemple la rencontre avec un ingénieur informatique.

Présent dans tous les domaines et porté par les innovations technologiques, le secteur informatique **génère de nombreux débouchés. Du niveau baccalauréat au niveau bac + 5**, les informaticiens sont recherchés pour leurs connaissances pointues dans un domaine en **perpétuelle évolution**. En effet, des bureaux d'étude aux services administratifs, en passant par les usines et les hôpitaux, les entreprises ne fonctionneraient plus sans l'informatique. Les logiciels interviennent pendant la conception et la fabrication des produits et gèrent également des flux d'information à travers le monde (achats de matières, stocks, ventes, congés, paies, etc.). Internet a également permis le développement du commerce électronique, du multimédia et des jeux vidéo. Ainsi, de nombreuses embauches sont attendues dans les années à venir, notamment dans le Web et le e-commerce. Aujourd'hui, près de la moitié des informaticiens travaillent pour des éditeurs de logiciels ou des sociétés de services. Les autres exercent pour des entreprises qui mettent l'informatique au service de leurs métiers, notamment le secteur public avec l'e-administration (déclaration sur Internet, dossier médical informatisé dans les hôpitaux…), la bancassurance, les transports, l'énergie… **Derrière le terme « informaticien » se cache donc aujourd'hui une multitude de métiers, au niveau technicien ou ingénieur**.

> **L'astuce du prof**
> Ne cherchez pas à être exhaustif. Le but n'est pas de faire la liste de tous les métiers existants liés à l'informatique.

Si l'on souhaite s'orienter vers les métiers de l'informatique, il faut **acquérir dès le collège de nombreuses compétences**. Par exemple, **en mathématiques et en technologie**, il est indispensable de comprendre toutes les parties du programme sur la **programmation informatique**. Il est nécessaire de **savoir écrire, mettre au point et exécuter un programme,** mais aussi de **comprendre le fonctionnement d'un réseau informatique**, c'est-à-dire d'être capable :

– d'analyser les composants et l'architecture d'un réseau ;

– d'**étudier les notions de protocole, d'organisation de protocoles en couche, d'algorithme de routage ;**

– de comprendre le fonctionnement d'Internet…

De plus, si l'acquisition de ces compétences scientifiques est indispensable, cela n'est pas suffisant. Il faut absolument **travailler le français mais aussi l'anglais** pour être **capable de communiquer** convenablement avec l'ensemble de ses interlocuteurs. Enfin, de façon générale, il est important de travailler l'ensemble des disciplines enseignées au collège, car il est nécessaire aujourd'hui d'avoir au minimum le baccalauréat ou un bac + 2 pour travailler dans le secteur informatique.

En conclusion, ce travail sur les métiers de l'informatique a conforté notre idée de travailler dans ce secteur plus tard, ce qui nous a motivé(e)s encore davantage pour obtenir de bons résultats au collège !

Entretien avec les examinateurs

Les réponses aux questions posées par les examinateurs peuvent être les suivantes :

1 Pour travailler dans l'informatique, il faut **suivre des études scientifiques** pour être ingénieur, technicien ou développeur informatique. Cependant, il existe des **exceptions** : une personne ayant fait des études artistiques peut travailler dans le domaine informatique pour rédiger un scénario ou pour créer les personnages d'un jeu vidéo par exemple.

2 Comme quasiment tous les métiers aujourd'hui, l'informatique n'est **pas réservée aux garçons**. Les filles peuvent réussir aussi bien que les garçons dans ce milieu.

3 La biométrie signifie « **mesure du vivant** » ; elle désigne dans un sens très large l'étude quantitative des êtres vivants. L'usage de ce terme se rapporte aujourd'hui de plus en plus à l'usage de techniques informatisées à des fins de **reconnaissance, d'authentification et d'identification**, comme par exemple la reconnaissance de l'iris d'un œil, tel que cela est expliqué par Pierre, l'ingénieur informatique.

Révisions

Nathan live!

▸ En flashant cette page, des exercices interactifs sur tous les thèmes du programme.

1 La constitution et les états de la matière

Les états de la matière

- **Un mélange** contient **plusieurs espèces chimiques** différentes, qui peuvent être solides, liquides ou gazeuses. Au niveau microscopique, l'état solide est compact et ordonné, l'état liquide est compact et désordonné, tandis que l'état gazeux est dispersé et désordonné.
- **Un corps pur** est constitué d'**une seule espèce chimique.**
- **Les températures de changement d'état sont caractéristiques d'un corps pur** dans les conditions de l'expérience :
  - **la vaporisation d'un corps** est le passage de l'état liquide à l'état gazeux de ce corps ;
  - **la liquéfaction d'un corps** est le passage de l'état gazeux à l'état liquide de ce corps ;
  - **la solidification d'un corps** est le passage de l'état liquide à l'état solide de ce corps ;
  - **la fusion d'un corps** est le passage de l'état solide à l'état liquide de ce corps.
- **Les changements d'état** s'accompagnent de **transferts d'énergie.** Durant un **changement d'état, la masse** du corps **se conserve** mais son **volume varie.**

Dissolutions dans une solution

- **Une solution** est un mélange liquide homogène.
- **Les solutés** sont les espèces chimiques dissoutes dans un liquide.
- **Le solvant** est la solution dans laquelle les solutés sont dissous.
- **Un corps est soluble** dans un solvant si le mélange obtenu, la solution, est **homogène**. **La solubilité** de cette espèce chimique dans le solvant est la masse maximale de cette espèce que l'on peut dissoudre dans un litre de solution.
- **Deux liquides sont miscibles** si le mélange de ces deux liquides est **homogène**. Lorsque le mélange est **hétérogène**, les liquides sont **non miscibles.**
- **La solubilité des gaz dans l'eau dépend de la nature du gaz et de paramètres physiques**, par exemple la température.
- **La masse volumique** ρ d'une espèce chimique est le quotient de la masse m d'un échantillon de cette espèce par son volume V :

$$\rho = \frac{m}{V}$$

- ρ : en kilogrammes par mètre cube (kg/m³)
- m : en kilogrammes (kg)
- V : en mètres cubes (m³)

2 Les transformations chimiques

Description de la matière

- La matière est constituée de particules extrêmement petites, **les atomes.**
- **L'atome** est constitué d'un **noyau** et **d'électrons** en mouvement autour du noyau. La charge électrique négative des électrons compense la charge positive du noyau : ainsi, **l'atome est électriquement neutre**.
- **Une molécule** est un assemblage d'atomes.
- **Un ion positif** est un atome qui a perdu 1, 2 ou 3 électrons.
- **Un ion négatif** est un atome qui a gagné 1, 2 ou 3 électrons.

Symbole de l'atome de fer → Fe^{2+} ← Indique le nombre d'électron(s) perdu(s) par l'atome : 2

Symbole de l'atome de chlore → Cl^{-} ← Indique le nombre d'électron(s) gagné(s) par l'atome : 1

Identification et interprétation d'une transformation chimique

- **Dans une transformation chimique, il y a redistribution des atomes** qui constituent les réactifs pour former de nouvelles molécules ou de nouveaux ions que l'on nomme **les produits.**
- **Les ions** peuvent être mis en évidence grâce à **des tests caractéristiques.**
- Au cours d'une **transformation chimique, la masse totale se conserve** : la valeur de la masse des réactifs disparus est égale à la valeur de la masse des produits formés.

Propriétés acido-basiques d'une solution

- **Le pH est un nombre sans unité compris entre 0 et 14.**
- Il est possible de **mesurer le pH** d'une solution à l'aide de **papier pH** ou d'un **pH-mètre.**
- Une solution est **acide** si son **pH est inférieur à 7, neutre** si son **pH est égal à 7, basique** si son **pH est supérieur à 7**.
- **Le pH d'une solution** est lié aux **quantités respectives d'ions hydroxyde HO^- et hydrogène H^+.** Une solution acide contient plus d'ions hydrogène que d'ions hydroxyde, tandis qu'une solution basique contient plus d'ions hydroxyde que d'ions hydrogène.
- **Une solution acide** et **une solution basique peuvent réagir** entre elles pour former **de nouvelles espèces chimiques.**
- **Les solutions acides** peuvent réagir avec **certains métaux** en formant notamment du **gaz dihydrogène $H_{2(g)}$**.
- Si on approche une allumette enflammée de l'ouverture d'un tube contenant du dihydrogène gazeux, une **petite détonation, caractéristique de la présence de dihydrogène**, se produit.

3 L'organisation de la matière dans l'Univers

Structure de l'Univers et du système solaire

- **Le système solaire est constitué d'une étoile, le Soleil, autour de laquelle tournent huit planètes** : Mercure, Vénus, la Terre, Mars, Jupiter, Saturne, Uranus et Neptune.
- **Le Soleil** n'est qu'une étoile moyenne dans une **galaxie** contenant environ 100 milliards d'étoiles. Notre galaxie est nommée **la Voie Lactée**.
- Dans les galaxies, il existe d'autres systèmes planétaires extrasolaires constitués de planètes, **les exoplanètes, qui gravitent autour d'une étoile autre que le Soleil.**

Les ordres de grandeur en astronomie

- **Le mètre, de symbole m, est l'unité de longueur dans le système international.**
- **L'écriture scientifique d'un nombre est l'écriture sous la forme $a \times 10^n$** avec a un nombre décimal tel que $1 \leq a < 10$ et n un entier positif ou négatif.
- **Les distances qui séparent les étoiles ou les galaxies sont considérables.** Le mètre et le kilomètre sont des unités beaucoup trop petites à cette échelle. On utilise **l'année-lumière** (ou année de lumière), **de symbole al, qui est la distance parcourue par la lumière dans le vide, en une année.**

Diamètre du système solaire	Distance Soleil-étoile la plus proche	Diamètre de la Voie Lactée	Distance Voie Lactée-galaxie la plus proche
10^{10} km	4,3 al → ordre de grandeur 1	100 000 al = 10^5 al	10^6 al

- Dans le vide (ou dans l'air), la vitesse de propagation de la lumière est souvent notée c (**$c = 3{,}00 \times 10^8$ m/s**).
- L'ordre de grandeur d'une longueur est la puissance de dix la plus proche de cette longueur.

La matière dans l'Univers

- **La matière observable est partout de même nature et obéit aux mêmes lois.**
- À la mort d'une étoile, **les éléments qui la constituent sont dispersés dans l'Univers** et forment des nébuleuses qui vont donner naissance à de nouveaux systèmes planétaires.
- **Les atomes sont les constituants élémentaires de la matière. Ils sont électriquement neutres.** Ils sont constitués **d'un noyau, chargé positivement, et d'électrons, chargés négativement.**
- Le noyau contient des nucléons : **les neutrons**, particules sans charges électriques, **et les protons**, particules chargées positivement.

4 Mouvement et interaction

Caractérisation d'un mouvement

- **La trajectoire d'un point d'un objet** est la ligne formée par l'ensemble des positions successives occupées par ce point.
- **Lorsque la trajectoire d'un point d'un corps est une droite,** on dit que le mouvement du point est **rectiligne.**
- **Pour caractériser un mouvement,** il est nécessaire de préciser la **vitesse** de l'objet étudié, en indiquant notamment la **direction**, le **sens** et la **valeur** de cette vitesse.
- **Un même mouvement** peut être caractérisé de **manière très différente par plusieurs observateurs.** Il faut préciser **par rapport à quel objet ou observateur** la description d'un mouvement est effectuée.

Mouvements uniformes et non uniformes

- Par rapport à un observateur donné, un **mouvement est uniforme** s'il s'effectue avec **une valeur de vitesse constante.**
- **Pour un mouvement uniforme,** la valeur de la vitesse peut s'écrire : $\boldsymbol{v} = \dfrac{\boldsymbol{d}}{\boldsymbol{t}}$, avec v la valeur de la vitesse en m/s, d la distance parcourue par un point de l'objet en m et t la durée du déplacement en s.

Modélisation d'une interaction

- **Deux corps sont en interaction** si le mouvement de l'un dépend de la présence de l'autre, et réciproquement. Chacun de ces deux corps **exerce une action mécanique sur l'autre,** modélisée (représentée) par **une force** caractérisée par un point d'application, une direction, un sens et une valeur exprimée en newtons (N).
- Les **interactions à distance** ne nécessitent **pas** de contact entre les deux corps pour exister, contrairement aux **interactions de contact**.
- **L'interaction gravitationnelle** entre **deux** corps de centres A et B, de masses respectives m_A et m_B séparés d'une distance d, est modélisée par **des forces d'attraction gravitationnelle** ayant comme :
  - point d'application : le centre de l'astre qui subit la force ;
  - direction : la droite AB ; sens : vers le corps qui exerce la force ;
  - valeur : $F = G \times \dfrac{m_A m_B}{d^2}$ avec F en N, m_A et m_B en kg, d en m et $G = 6{,}67 \times 10^{-11}\ \text{N} \cdot \text{m}^2/\text{kg}^2$ la constante de gravitation.
- Un objet proche de la surface d'un astre subit **une force d'attraction gravitationnelle** exercée par l'astre nommée poids ou force de pesanteur : $\boldsymbol{P} = \boldsymbol{m} \times \boldsymbol{g}$ avec P le poids en N, m la masse de l'objet en kg et g l'intensité de la pesanteur sur l'astre en N/kg.

5 L'énergie et l'électricité

Énergie et puissance

- **Les sources d'énergie renouvelables** peuvent être exploitées de façon illimitée à l'échelle humaine. **Les sources d'énergie non renouvelables** ont des stocks limités, qui ne peuvent pas se renouveler à l'échelle humaine.
- **L'énergie existe sous différentes formes** : énergie chimique, énergie nucléaire, énergie thermique, énergie lumineuse, énergie électrique, énergie cinétique ($E_c = \frac{1}{2} mv^2$), énergie potentielle (dépendant de la position)...
- **Une forme d'énergie peut être convertie en une autre forme** d'énergie ou être **transférée d'un objet à un autre objet**. Lors d'une conversion ou d'un transfert, l'énergie **se conserve**.
- **L'énergie** *E* produite ou consommée par un appareil dépend de la **puissance** *P* et de la **durée** *t* de fonctionnement de l'appareil :

$$\boldsymbol{E = P \times t}$$

- *E* : en joules (J) ou en kilowattheures (kWh)
- *P* : en watts (W) ou en kilowatts (kW)
- *t* : en secondes (s) ou en heures (h)

Lois de l'électricité

- **Dans un circuit électrique à une seule maille, l'intensité du courant électrique est la même** en tout point d'un circuit qui ne compte que des dipôles en série. De plus, d'après **la loi d'additivité des tensions**, la tension entre les bornes du générateur est égale à la somme des tensions entre les bornes des récepteurs.
- **Dans un circuit électrique à plusieurs mailles, d'après la loi d'unicité des tensions, la tension entre les bornes de chaque dipôle en dérivation est la même.** De plus, d'après la **loi d'additivité des intensités**, l'intensité du courant électrique dans la maille principale contenant le générateur est égale à la somme des intensités des courants dans les mailles dérivées.
- **D'après la loi d'Ohm**, la tension *U*, en volts, aux bornes d'un conducteur ohmique est proportionnelle à l'intensité du courant électrique *I*, en ampères (A), qui le traverse :

$$\boldsymbol{U = R \times I}$$

avec *R* la résistance du conducteur ohmique en ohms (Ω).
- **La puissance électrique** *P*, en watts (W), d'un appareil est égale à : $\boldsymbol{P = U \times I}$ avec *U* la tension aux bornes de l'appareil en volts (V) et *I* l'intensité du courant électrique qui traverse l'appareil en ampères (A).

6 Des signaux pour observer et communiquer

Les signaux lumineux

- **Une source primaire de lumière produit elle-même** la lumière qu'elle émet.
- **Un objet diffusant est un objet éclairé qui renvoie dans toutes les directions la lumière qu'il reçoit** et ne produit pas sa propre lumière.
- **L'œil humain est un récepteur de lumière.**
- La lumière visible est une **onde électromagnétique** dont la **fréquence appartient à un domaine très restreint**, compris entre celui des infrarouges (IR) et celui des ultraviolets (UV).
- **Dans un milieu homogène et transparent, comme l'air, la lumière se propage en ligne droite.** Ce phénomène est nommé la propagation rectiligne de la lumière.
- On modélise le trajet rectiligne de la lumière par un **rayon de lumière** qui est une droite munie d'une flèche indiquant le sens de propagation, **de la source de lumière vers l'objet éclairé.**

Modélisation du trajet de la lumière par un rayon lumineux

Les signaux sonores

- **L'oreille humaine est un récepteur sensible à des sons dont la fréquence est comprise entre environ 20 Hz et 20 kHz**, domaine situé entre celui des infrasons et celui des ultrasons.
- **Un son se propage dans un milieu matériel, mais ne peut pas se propager dans le vide.**
- La **vitesse de propagation du son *v*** dépend du milieu matériel.
- La **distance *d* parcourue par un son** pendant la durée *t* est : $d = v \times t$, avec *d* en mètres (m), *t* en secondes (s) et *v* en mètres par seconde (m/s).

Transport d'informations et sécurité

- **Un signal est défini comme une grandeur physique** (tension, courant), **ou un phénomène ondulatoire** (onde sonore ou lumineuse…) **qui transmet une information.**
- **La transmission d'une information s'effectue le long d'une « chaîne »** comportant au moins un émetteur et un récepteur.
- **Pour des raisons de sécurité**, les sources lumineuses utilisées, et notamment **le laser**, doivent être manipulées avec précaution, car elles peuvent présenter **des dangers pour les yeux**. De même, l'exposition prolongée à certains signaux sonores présente des **risques auditifs parfois irréversibles.**

7 Le système solaire et la Terre

Le système solaire

- Le système solaire est constitué du **Soleil** autour duquel gravitent notamment des **astéroïdes et 8 planètes.**
- Les quatre planètes les plus proches du Soleil, dont la Terre, sont **rocheuses** et les quatre les plus lointaines sont essentiellement **gazeuses**.
- La Terre effectue sa **révolution autour du Soleil** en un peu plus de **365 jours** et réalise **une rotation sur elle-même en une journée**.
- La Terre libère de l'**énergie thermique** par dissipation de l'énergie thermique essentiellement produite par les **réactions nucléaires** qui ont lieu dans le manteau et le noyau.
- Le **flux d'énergie thermique** venant de la planète est généralement faible, sauf dans les zones volcaniques où il est fort. L'énergie libérée par la Terre entraîne **le déplacement des plaques lithosphériques.**

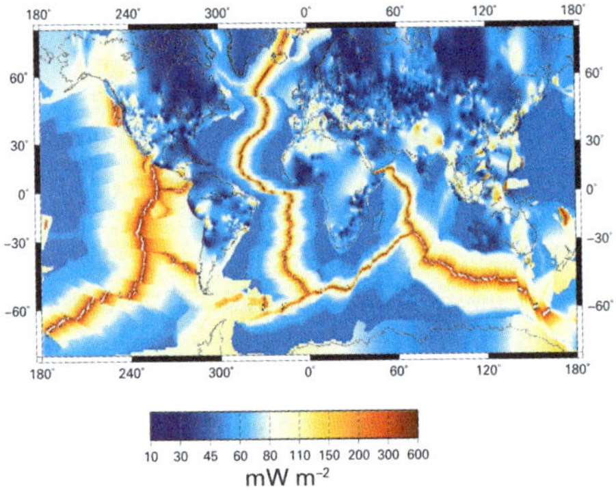

Carte mondiale du flux thermique
Les dorsales océaniques présentent un flux élevé.

L'histoire de la Terre

- La Terre s'est formée il y a **4,4 milliards d'années**. Les premières formes de vie apparaissent seulement au bout de 700 millions d'années.
- L'histoire de la Terre est découpée en 4 grandes ères, dont l'ère précambrienne qui est la plus longue (de – 4,4 milliards d'années à – 540 millions d'années).
- Après le précambrien, trois autres ères se succèdent (**paléozoïque, mésozoïque et cénozoïque**). Elles sont séparées par des événements majeurs qui ont affecté toute la planète et la vie qu'elle portait : **chute de météorite géante et/ou super-volcanisme et/ou changement climatique brutal.**

8 L'environnement et l'action humaine

Climat actuel et climat du passé

- Le **climat** donne des indications sur les températures et les précipitations durant de **longues périodes**.
- La Terre est découpée en **trois grandes zones climatiques** : la **zone polaire,** la **zone tropicale** et la **zone tempérée**.
- Au cours des temps géologiques, les **déplacements des continents et les changements atmosphériques** ont sans cesse modifié les climats régionaux.

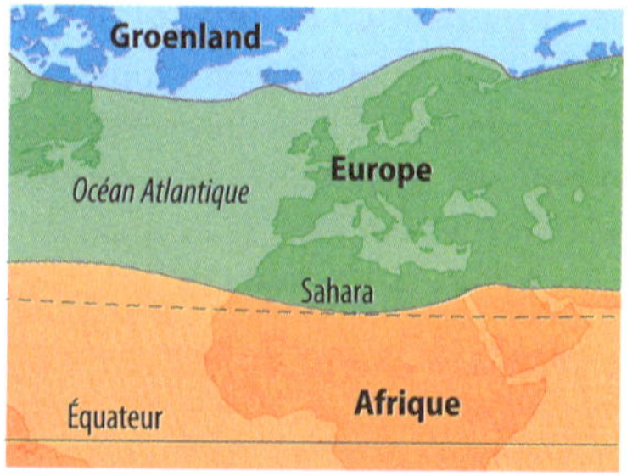

Zones climatiques de l'hémisphère Nord

: zone polaire ; : zone tempérée ; : zone tropicale.

Influence de l'Homme sur le climat

- Depuis 1880, **la température moyenne** de l'atmosphère et des océans **augmente** plus fortement qu'elle ne l'a jamais fait ces 800 000 dernières années. Cette augmentation de température s'accompagne d'un **changement dans la répartition mondiale des précipitations** : il s'agit donc d'un **changement climatique global**.
- Les activités humaines ont entraîné des rejets massifs de dioxyde de carbone, de méthane et de vapeur d'eau dans l'atmosphère. Or, ces **gaz** sont responsables d'un **effet de serre** qui réchauffe l'atmosphère terrestre.

L'Homme face aux aléas de l'environnement

- Un aléa est un **phénomène imprévisible** qui peut être naturel (séisme, éruption volcanique...) ou artificiel (incident nucléaire, pollution chimique...). De nombreux êtres humains vivent dans des **zones à risque**, c'est-à-dire des endroits dans lesquels un aléa de l'environnement peut survenir.
- Face aux risques naturels, l'Homme a mis en place des mesures de **prévention, de protection et d'atténuation**.

L'exploitation des ressources naturelles par l'Homme

- L'Homme exploite les ressources de la planète pour se procurer des aliments, de l'énergie ou pour réaliser ses constructions, mais de **nombreuses ressources naturelles sont limitées**.
- Différentes solutions sont mises en place pour **préserver ces ressources ou les restaurer** : réduction du gaspillage, utilisation des sources d'énergie renouvelables, changement des habitudes de consommation...

9 L'organisation du monde vivant

Organisation et fonctionnement des animaux

- Tous les animaux sont constitués d'**appareils** qui coopèrent entre eux pour assurer le fonctionnement de l'organisme. Ces appareils sont faits d'**organes**, eux-mêmes faits de **cellules**.
- Toutes les cellules de l'organisme sont approvisionnées par un **système circulatoire** contenant un liquide nutritif.
- Chez les animaux, le tube digestif contient des **microbes qui facilitent la digestion** et protègent l'organisme contre des infections.

Organisation et fonctionnement des végétaux

- De nombreux végétaux présentent des **organes différenciés : des feuilles, des tiges et des racines**.
- Ces organes ont des rôles précis :
  - les **feuilles** élaborent la matière organique dont le végétal a besoin à partir de l'eau et du dioxyde de carbone en **convertissant l'énergie solaire** ;
  - les **racines** absorbent **l'eau et les sels minéraux** dont le végétal a besoin ;
  - les **tiges** contiennent des **systèmes conducteurs des sèves** pour acheminer la matière organique des feuilles aux racines et l'eau minéralisée des racines aux feuilles.

Reproduction sexuée et diversité génétique

- Les animaux et les végétaux possèdent des organes sexuels spécialisés dans la production des cellules reproductrices, **les gamètes**.
- Dans les organes sexuels, des **cellules souches** se divisent pour former des gamètes. Lors de cette division cellulaire, les **chromosomes parentaux se répartissent au hasard** dans les cellules filles, avec un chromosome de chaque paire par gamète.
- Ainsi, chaque individu produit des millions de **gamètes génétiquement différents**.
- Au moment de la fécondation, un spermatozoïde parmi tous ceux qui ont été produits **fusionne au hasard** avec un ovule parmi tous ceux qui ont été produits.
- La cellule-œuf issue de la fécondation contient donc une **recombinaison génétique originale** des chromosomes des deux parents.

10 L'évolution du monde vivant

La biodiversité

- La biodiversité désigne la **diversité des espèces vivantes**, mais aussi la diversité des individus dans une espèce et la diversité des milieux de vie.
- La mesure de la biodiversité est réalisée à partir d'**inventaires** et de **comptages des êtres vivants** qui occupent un milieu de vie.
- La Terre présente une très grande diversité d'**écosystèmes**, c'est-à-dire des milieux de vie différents avec des peuplements différents.

Phénotypes et génotypes des individus

- Le **phénotype** est l'ensemble des **caractères observables ou détectables** d'un individu. Tous les individus d'une même espèce partagent les mêmes caractères.
- Le **génotype** est l'ensemble des **gènes** d'un individu. Tous les individus d'une même espèce possèdent les mêmes gènes.
- Chaque gène est **présent sur les deux chromosomes** d'une même paire, mais il peut être représenté par des **allèles** différents.
- Le phénotype d'un individu dépend de la combinaison des allèles qu'il a reçus de ses parents et de l'**influence de son environnement**.

Les mécanismes de l'évolution biologique

- Les allèles sont les résultats des **mutations des gènes**. Les mutations sont des phénomènes rares et aléatoires.
- Pendant la formation des gamètes, les chromosomes porteurs des allèles sont répartis **au hasard**.
- Lors de la fécondation, les paires de chromosomes porteurs des allèles sont réunies **au hasard**.
- Dans un environnement donné, certains allèles donnent un avantage aux individus qui en sont porteurs. **Les individus avantagés dans une population survivent mieux que les autres** : c'est la **sélection naturelle**.

Les relations de parenté entre les êtres vivants

- Malgré la très **grande diversité** des êtres vivants, la présence de **caractères partagés** permet d'établir des groupes. Les mammifères, par exemple, regroupent tous les animaux possédant un squelette osseux, des poumons avec des alvéoles et des mamelles.
- La présence de caractères partagés entre des espèces sont des indices d'une **histoire commune** lors de l'évolution. Toutes les espèces actuelles sont parentes et possèdent des ancêtres communs. **Les plus proches parents de l'espèce humaine sont les espèces de gorille, de chimpanzé et d'orang-outan.**

11 Le système nerveux, l'appareil digestif et l'activité physique

Perception et traitement des signaux sensoriels

- Le cerveau reçoit en permanence des **informations nerveuses** en provenance des organes des sens et de capteurs internes.
- Le **cortex cérébral** est constitué par plus de **100 milliards de neurones**.
- Les **neurones** sont connectés entre eux par des **fibres nerveuses** terminées par une zone de contact appelée **synapse**.
- Les fibres nerveuses conduisent des **messages** de nature **bioélectrique**. La transmission du message nerveux dans la synapse est de nature **chimique**.

Activité cérébrale et hygiène de vie

- Pour fonctionner correctement, **les cellules nerveuses nécessitent un approvisionnement constant en nutriments et en dioxygène.**
- Pour fonctionner correctement, **le cerveau nécessite des phases de repos** pendant lesquelles il réorganise les informations traitées pendant la journée.
- **Les cellules nerveuses communiquent par l'intermédiaire de signaux électriques et chimiques.** Leur fonctionnement est donc particulièrement sensible à l'effet de substances chimiques psychotropes comme l'alcool, le cannabis.

Nutrition et activité physique

- Les aliments sont **digérés**, c'est-à-dire **transformés en nutriments** tout au long du tube digestif.
- Les molécules organiques des aliments sont découpées par l'action d'**enzymes digestives libérées par les glandes salivaires, l'estomac, le pancréas et l'intestin.**
- Les nutriments issus de la digestion et l'eau de boisson traversent la paroi de l'intestin grêle et passent dans la circulation sanguine : c'est l'**absorption intestinale.**
- Toutes les cellules de l'organisme **assimilent** les nutriments du sang et les **convertissent en énergie** ou les utilisent comme matériaux de construction.
- Les apports alimentaires quotidiens couvrent les besoins en matière et en énergie de l'organisme. Si les apports sont supérieurs aux besoins, l'organisme **stocke** les nutriments dans **ses réserves de graisses.**
- **Une pratique sportive régulière** améliore l'équilibre entre les apports et les besoins.

12 L'immunité et la procréation

Vivre avec les microbes

• **Les microbes sont présents partout** dans notre environnement. **La plupart des microbes sont inoffensifs**, certains sont bénéfiques et d'autres encore sont **pathogènes** (ils provoquent des maladies).

• L'organisme produit des cellules spécialisées dans la reconnaissance et l'élimination des microbes : les **leucocytes** ou **globules blancs**.

• Lors de la **vaccination**, **les leucocytes apprennent à reconnaître des microbes pathogènes.** Ainsi, en cas d'infection réelle, l'organisme réagit plus efficacement.

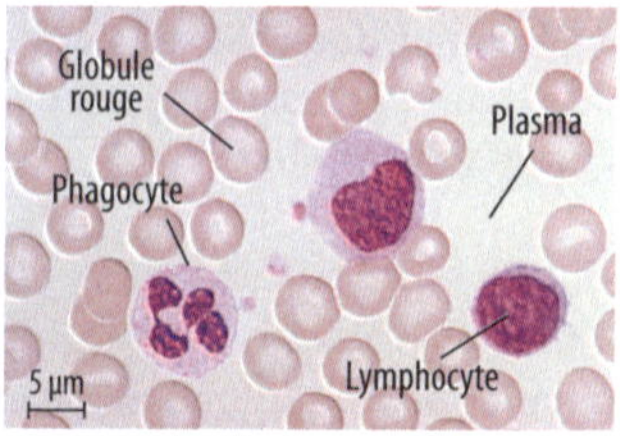

Leucocytes dans un frottis sanguin

Fonctionnement des appareils reproducteurs

• À la puberté, l'organisme produit des **hormones sexuelles : testostérone** pour les testicules, **progestérone** et **œstradiol** pour les ovaires.

• Chez l'homme, la production de testostérone est continue jusqu'à la mort et engendre le **fonctionnement continu** de l'appareil reproducteur, dont la production de spermatozoïdes.

• Chez la femme, la production des hormones sexuelles varie au cours d'un **cycle de 28 jours** en moyenne. Elle est liée à :
– un cycle dans les ovaires, avec **une ovulation par mois** en milieu de cycle ;
– un cycle dans l'utérus, avec le développement de la muqueuse de l'utérus en préparation à l'implantation d'un embryon, puis la **destruction de cette muqueuse** s'il n'y a pas eu d'implantation, qui se manifeste par les **règles**.

Sexualité et responsabilité individuelle

• Pendant le développement de l'embryon puis du fœtus, **la mère approvisionne le futur bébé par voie sanguine** par l'intermédiaire du placenta. Or, le placenta laisse passer **les médicaments, les drogues, les virus** qui pourraient être présents dans le sang de la mère.

• Un couple peut choisir d'avoir ou de ne pas avoir d'enfant en utilisant un moyen de contraception. **La contraception vise à empêcher la fécondation et/ou l'implantation de l'embryon** dans la muqueuse utérine.

• Parmi l'ensemble des moyens de contraception, **seul le préservatif protège des infections sexuellement transmissibles (IST).** La plupart des IST provoquent des symptômes très discrets au début de l'infection.

13 Le design, l'innovation et la créativité

Définition du besoin et rédaction du cahier des charges

• Les objets techniques et les services sont créés pour **répondre à un besoin.** Lorsqu'une entreprise ou une personne souhaite créer un nouveau produit, elle doit définir précisément les attentes des futurs utilisateurs.

• Le **cahier des charges** peut être rédigé lorsque le besoin est défini. C'est un document qui regroupe de façon détaillée l'ensemble des **fonctions** que l'objet devra satisfaire et les **contraintes** qu'il devra respecter.

Les étapes d'un projet

• Un projet peut être de **nature très variée** : construction d'un bâtiment, développement d'une application logicielle, élaboration d'un service...

• Un projet comporte **plusieurs étapes**. Ces étapes guident la création et optimisent le temps passé sur le projet.

• Le **planning prévisionnel** permet d'organiser le projet et d'identifier les antériorités et les tâches pouvant être réalisées simultanément afin de les répartir de façon optimale sur toute la durée du projet. Il permet de **suivre l'avancement** d'un projet et d'**anticiper d'éventuels retards**.

	Semaine 1	Semaine 2	Semaine 3	Semaine 4	Semaine 5
Étude du besoin	■				
Rédaction du cahier des charges		■			
Conception du logiciel			■		
Tests				■	
Publication en ligne					■

Exemple de planning pour la conception et le développement d'un logiciel

Conception et réalisation d'un projet

• Le processus de création de l'objet technique consiste à **rechercher des solutions répondant à chaque fonction technique**.

• À la suite de ces recherches, il faut proposer des **innovations** en s'aidant de croquis et de schémas pour échanger ses idées.

• Avant de réaliser un **prototype**, les logiciels de conception assistée par ordinateur (**CAO**) permettent de réaliser des **modèles numériques**.

14 Évolution et cycle de vie

Évolution des objets

• Les connaissances scientifiques et technologiques progressent tous les jours. L'évolution des techniques permet de faire évoluer les objets dans de nombreux domaines concernant :

– **les matériaux** : l'objet tend à devenir plus léger, plus résistant et à être composé de matériaux moins coûteux et moins polluants ;

– **l'énergie** : l'objet consomme moins d'énergie ou bien consomme une énergie plus propre et gagne en autonomie ;

– **le design/l'ergonomie** : les objets sont plus simples à utiliser, plus intuitifs, les formes et couleurs évoluent pour s'adapter aux usages, à la mode.

• La **rupture technologique** est une nouvelle technologie qui apporte une solution très différente et plus performante à un problème technique déjà existant. Par exemple, l'écran plat est une rupture technologique ayant succédé à l'écran cathodique.

Familles et lignées

• Les objets qui répondent au **même besoin** (usage) sont regroupés en **familles**, cela permet de faciliter leur classement.

• Une **lignée** regroupe **les objets d'une même famille qui utilisent le même principe technique** pour répondre au besoin. Par exemple, la famille des véhicules aériens regroupe les objets qui servent à se déplacer dans les airs. On y retrouve les lignées : avions à réaction, avions à hélice, hélicoptères...

Cycle de vie et impact environnemental

• Les objets ont un **cycle de vie.** Les étapes que l'on retrouve généralement dans le cycle de vie d'un produit sont l'**extraction des matières premières**, la fabrication, le transport, la **distribution**, l'**utilisation**, la **fin de vie.**

• Pour **limiter l'impact environnemental** de nos objets, de nombreuses solutions existent tout au long de leur cycle de vie : diminuer la consommation d'énergie lors de l'extraction des matières premières, réduire la quantité de matériaux utilisée pour fabriquer l'objet, utiliser des procédés de fabrication plus économes en énergie, supprimer les emballages inutiles...

Les principales étapes du cycle de vie

15 La structure et le fonctionnement des objets et systèmes techniques

Analyse fonctionnelle d'un système

- Un **système** est un **objet complexe qui possède plusieurs fonctions**, alors qu'un objet simple dispose d'une seule fonction. Comme un objet, un système est créé pour répondre à un besoin.
- **Un système utilise de l'énergie**. Cette énergie est **transformée** dans le but de satisfaire la fonction d'usage. Par exemple, une tasse est un objet simple, qui dispose d'une seule fonction : contenir un liquide. Une barrière de parking automatique est un système complexe, qui utilise de l'énergie et dispose de plusieurs fonctions.
- Un système peut être décomposé en **fonctions techniques**. Une fonction technique est un sous-ensemble qui a un rôle précis dans le fonctionnement de l'objet.

Choix des solutions techniques

- Une solution technique est un **ensemble de composants** qui permet de réaliser une fonction technique.
- Le **choix d'une énergie et des matériaux** s'effectue en fonction des contraintes définies dans le cahier des charges.

Chaîne d'énergie et chaîne d'information

- Dans un système, un **flux** est un **déplacement d'énergie, de matière ou d'information**. Ce flux a une origine, une destination et suit un trajet.
- Le système effectue des opérations élémentaires sur les flux d'énergie et d'information qu'il utilise :

- **stockage** ;
- **transmission** ;
- **transformation**.

Flux d'énergie →

Source d'énergie → Alimenter → Distribuer → Transformer → Transmettre → Action souhaitée

Chaîne d'énergie

Flux d'information →

Grandeur physique à traiter → Acquérir → Traiter → Communiquer → Ordre à effectuer

Chaîne d'information

16 De la modélisation à la validation du prototype

Modélisation d'un système ou d'un objet technique

- **La modélisation 2D correspond à la représentation d'un objet technique en 2 dimensions**, c'est-à-dire **« à plat »**. Cette représentation se dessine généralement sur un plan.
- **La modélisation 3D, appelée aussi tridimensionnelle, est la représentation d'un objet technique en 3 dimensions** : sa longueur, sa hauteur et sa profondeur, que l'on peut définir selon 3 axes X, Y et Z. La représentation 3D permet de visualiser l'apparence de l'objet ou du système. Elle comprend moins d'informations techniques que le plan.

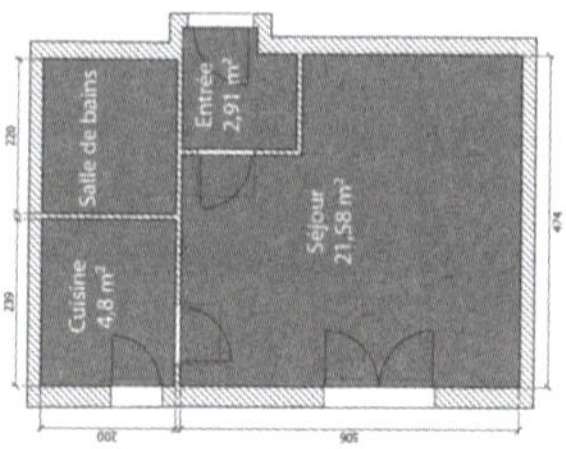

Plan d'un appartement

Vue en 3D d'un appartement

Simulation du comportement d'un système ou d'un objet technique

- **Les outils de simulation peuvent être utilisés pour simuler les efforts sur une structure** (hangar, maison, immeuble), afin d'évaluer sa déformation en fonction du vent, du poids de la neige, des tremblements de terre... Elle permet également de simuler l'usure, les frottements ou la déformation d'une pièce dans un système en mouvement.
- **Les logiciels de simulation permettent de simuler le comportement de composants électroniques ou électriques** pour tester leur fonctionnement.
- **La simulation logicielle permet de corriger les erreurs dans le programme.** On peut visionner l'état des variables, le résultat des tests, les blocages dans les boucles...

Contrôle et validation du prototype

- Au cours de la fabrication, on utilise des **instruments de mesure ou des gabarits pour contrôler les dimensions de l'objet**.
- **Le prototype est l'objet qui va subir des tests.** À l'aide du cahier des charges, un technicien vérifie que les contraintes imposées sont respectées.
- **Si les contraintes sont respectées, le prototype est validé**, et la fabrication en série peut commencer.

17 Les réseaux informatiques

Généralités sur les réseaux

• **Un réseau informatique est un ensemble d'ordinateurs ou de terminaux** (imprimantes, téléphones, objets connectés...) **reliés entre eux** et capables de communiquer ensemble.

• **Internet est le plus grand réseau informatique du monde**, il connecte des milliards d'ordinateurs et de terminaux.

• **Un réseau LAN (*Local Area Network*) est un réseau privé** (entreprise, collège, domicile...). Il peut cependant être relié à Internet par l'intermédiaire d'une passerelle.

Moyens et matériels d'interconnexion

• Pour connecter les ordinateurs d'un réseau, on peut utiliser des **moyens filaires** (câbles Ethernet, téléphonique) ou des **moyens non filaires**. Les ondes radios (3G, 4G, Wi-Fi...) sont très utilisées pour les communications non filaires.

• Il existe plusieurs types de matériels utilisés pour interconnecter les machines :
- la **carte réseau** est le composant de l'ordinateur qui lui permet de se connecter ;
- le **commutateur** (ou ***switch***) permet de connecter plusieurs ordinateurs dans un LAN ;
- la **passerelle** permet d'interconnecter deux réseaux (souvent un LAN à Internet).

Protocoles et routage

• **En informatique, un protocole de communication est un ensemble de règles** fixées afin que plusieurs machines puissent communiquer (échanger des données).

• **Dans les réseaux, le protocole appelé Client-Serveur est couramment employé.** Le client utilise le réseau pour accéder à des services (*streaming* vidéo, partage de fichiers, messagerie...) fournis par le serveur.

• **De nombreux réseaux (comme le réseau Internet) sont dits « maillés ».** Cela signifie que chaque équipement peut avoir un ou plusieurs liens avec les autres équipements du réseau, formant ainsi une sorte de toile.

• **Les protocoles de routage permettent d'acheminer de façon optimale les données** d'un équipement à un autre à travers le réseau.

18 L'écriture, la mise au point et l'exécution d'un programme

Capteurs, actionneurs, interface

- **Un capteur acquiert une grandeur physique** (température, vitesse, présence d'une personne...) et la transforme en une information compréhensible par un ordinateur.
- **Un actionneur transforme l'énergie qui lui est transmise en une action**. Cette action peut être un signal lumineux, un mouvement, une production d'énergie thermique, un son...
- **Les interfaces utilisateurs permettent à l'homme et à la machine de communiquer**.

Cartes programmables et objets connectés

- **Une carte programmable est un système électronique qui exécute un programme** enregistré dans sa mémoire.
- Les principaux composants d'une carte programmable sont le **processeur**, la **mémoire**, les **entrées/sorties**, l'**alimentation**.
- **Un objet connecté est composé d'une carte programmable avec une fonction lui permettant de se connecter au réseau Internet**. La connexion s'effectue le plus souvent sans fil à l'aide du Wi-Fi, du Bluetooth ou par le réseau de téléphonie mobile (3G, 4G). Grâce à cette connexion, l'objet connecté peut échanger des informations avec d'autres objets ou des utilisateurs.

Programmes et algorithmes

- **Un programme informatique est un ensemble d'opérations** destinées à être exécutées par un ordinateur.
- **Un algorithme est une succession d'opérations et d'instructions** permettant la réalisation d'une tâche ou la résolution d'un problème.

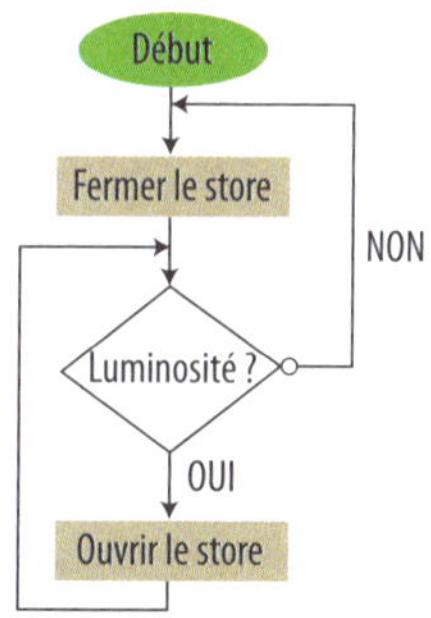

Algorithme qui gère l'ouverture et la fermeture d'un store en fonction de la luminosité

19 Observation du vivant

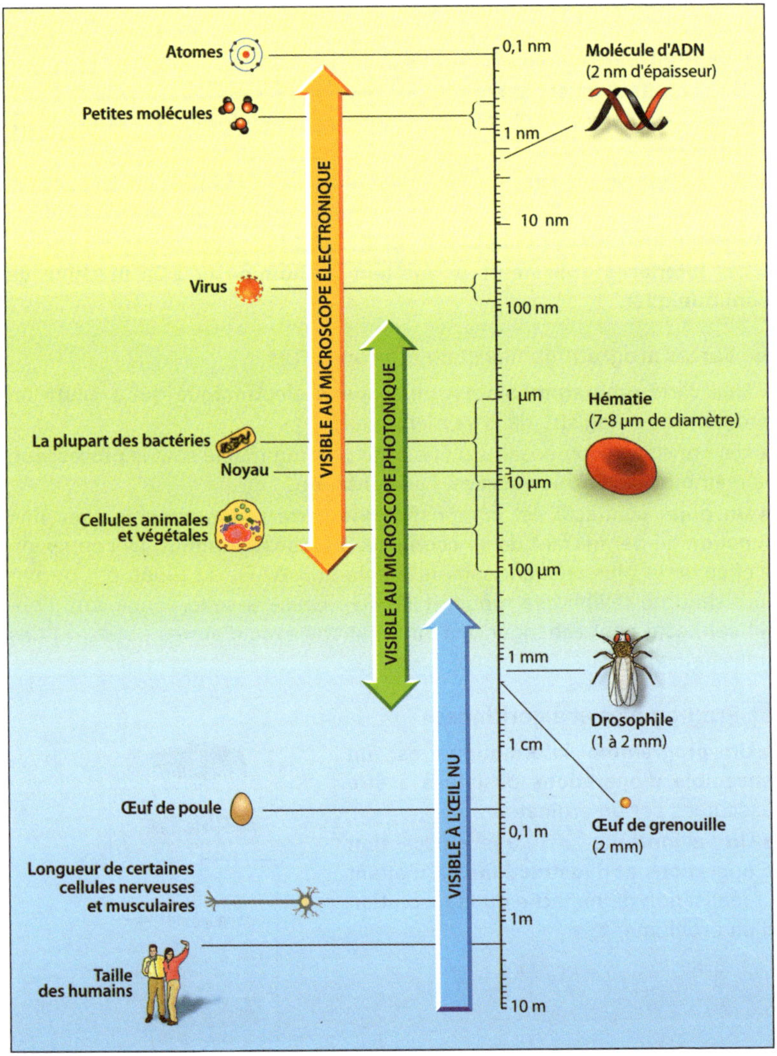

20 Classification périodique des éléments

Numéro atomique → Z — X ← Symbole de l'élément — Nom

H 1 hydrogène																	He 2 hélium
Li 3 lithium	Be 4 béryllium											B 5 bore	C 6 carbone	N 7 azote	O 8 oxygène	F 9 fluor	Ne 10 néon
Na 11 sodium	Mg 12 magnésium											Al 13 aluminium	Si 14 silicium	P 15 phosphore	S 16 soufre	Cl 17 chlore	Ar 18 argon
K 19 potassium	Ca 20 calcium	Sc 21 scandium	Ti 22 titane	V 23 vanadium	Cr 24 chrome	Mn 25 manganèse	Fe 26 fer	Co 27 cobalt	Ni 28 nickel	Cu 29 cuivre	Zn 30 zinc	Ga 31 gallium	Ge 32 germanium	As 33 arsenic	Se 34 sélénium	Br 35 brome	Kr 36 krypton
Rb 37 rubidium	Sr 38 strontium	Y 39 yttrium	Zr 40 zirconium	Nb 41 niobium	Mo 42 molybdène	Tc 43 technétium	Ru 44 ruthénium	Rh 45 rhodium	Pd 46 palladium	Ag 47 argent	Cd 48 cadmium	In 49 indium	Sn 50 étain	Sb 51 antimoine	Te 52 tellure	I 53 iode	Xe 54 xénon
Cs 55 césium	Ba 56 baryum	L	Hf 72 hafnium	Ta 73 tantale	W 74 tungstène	Re 75 rhénium	Os 76 osmium	Ir 77 iridium	Pt 78 platine	Au 79 or	Hg 80 mercure	Tl 81 thallium	Pb 82 plomb	Bi 83 bismuth	Po 84 polonium	At 85 astate	Rn 86 radon
Fr 87 francium	Ra 88 radium	A	Rf 104 rutherfordium	Db 105 dubnium	Sg 106 seaborgium	Bh 107 bohrium	Hs 108 hassium	Mt 109 meitnerium	Ds 110 darmstadtium	Rg 111 roentgénium	Cn 112 copernicium	Nh 113 nihonium	Fl 114 flérovium	Mc 115 moscovium	Lv 116 livermorium	Ts 117 tennessine	Og 118 oganesson

L = Lanthanides : 57 à 71 **A = Actinides : 89 à 103**

D'après www.iupac.org

■ **Algorithme** : Succession d'opérations et d'instructions permettant la réalisation d'une tâche ou d'un problème.

■ **Attribut** : Caractère observable d'un organisme permettant de le classer.

■ **Biodiversité** : Toutes les espèces vivant dans un milieu.

■ **Cahier des charges** : Support décrivant l'ensemble des contraintes d'un projet de confection d'un objet technique.

■ **Caractéristique (d'un matériau)** : Qualité physique permettant de comparer les avantages d'un matériau par rapport à un autre.

■ **Chaîne alimentaire** : Succession de relations « mangeur-mangé » entre des êtres vivants. Elle indique qui est mangé par qui.

■ **Contrainte** : Caractéristique ou fonction imposée à un objet technique pour l'adapter à son usage, à son environnement ou à des choix esthétiques.

■ **Conversion d'énergie** : Transformation d'une forme d'énergie en une autre forme d'énergie.

■ **Décantation** : Technique qui consiste à laisser reposer un mélange en attendant que les constituants se séparent spontanément.

■ **Écosystème** : Ensemble composé du milieu de vie et des êtres vivants qui interagissent.

■ **Érosion** : Dégradation et transformation du relief et des roches sous l'action de divers éléments comme l'eau ou le vent.

■ **Espèce** : Ensemble d'êtres vivants ayant des caractères communs et pouvant se reproduire entre eux tout comme leurs descendants.

■ **Filtration** : Séparation des constituants solides et liquides d'un mélange grâce à un filtre.

■ **Fœtus** : Étape du développement à partir de laquelle le jeune ressemble à sa forme adulte.

■ **Fonction technique** : Action réalisable par l'objet technique.

■ **Fossile** : Empreinte ou reste transformé en roche d'un être vivant conservé dans une roche sédimentaire.

■ **Interaction** : Effet qu'exercent l'une sur l'autre deux parties.

■ **Maquette virtuelle** : Modèle numérique qui représente l'objet dans un logiciel de conception assistée par ordinateur (CAO).

■ **Matière organique** : Matière produite par les êtres vivants, qui constitue leurs différents organes.

■ **Micro-organisme** : Organisme microscopique comme les bactéries ou certains champignons.

■ **Nutrition** : Fonction biologique qui permet d'approvisionner les organes selon leurs besoins.

■ **Objet technique** : Objet réalisé ou modifié par l'être humain.

■ **Performance** : Résultat maximal qui peut être atteint.

■ **Planning de fabrication d'un objet technique** : Calendrier qui définit les étapes de fabrication et d'assemblage d'un objet technique.

■ **Procédé de mise en forme** :Technique permettant de donner une forme déterminée à un matériau.

■ **Protection** : Ensemble des méthodes et techniques qui permettent de réduire les dommages causés aux constructions et le nombre de victimes suite à un phénomène naturel.

■ **Prototype** : Premier exemplaire d'un objet sur lequel une série de tests sera effectuée pour valider les solutions techniques retenues.

■ **Puberté** : Passage de l'enfance à l'âge adulte.

■ **Régime alimentaire** : Ensemble des aliments consommés par un animal.

■ **Réseau** : Ensemble de deux ou plusieurs ordinateurs reliés par des câbles ou des ondes (sans fil) pour communiquer.

■ **Révolution** : Mouvement d'un objet tournant autour d'un astre.

■ **Risque naturel** : Possibilité pour une population de subir une catastrophe naturelle.

■ **Rotation** : Mouvement d'un objet tournant sur lui-même, autour d'un axe de rotation qui le traverse.

■ **Source d'énergie non renouvelable** : Source d'énergie dont les stocks sont limités à l'échelle de temps humaine.

■ **Source d'énergie renouvelable** : Source d'énergie dont le renouvellement naturel est assez rapide pour qu'elle puisse être considérée comme inépuisable à l'échelle de temps humaine.

■ **Système solaire** : Système composé du Soleil et d'astres tournant autour de cette étoile, dont les 8 planètes : Mercure, Vénus, Terre, Mars, Jupiter, Saturne, Uranus et Neptune.

■ **Trajectoire** : Ligne décrite par un objet au cours du temps lors de son déplacement.

■ **Valorisation** :Transformation d'un déchet en vue de lui donner une utilisation plus noble.

Dépôt légal : août 2017 - N° de projet : 10232674
Imprimé en France par Maury-Imprimeur
45330 Malesherbes
N° d'imprimeur : 218450